Osca

di Sonia Peronaci

nella collezione Oscar
Divertiti cucinando
Le mie migliori ricette

GialloZafferano

Sonia Peronaci

LE MIE MIGLIORI RICETTE

OSCAR MONDADORI

© 2011 Arnoldo Mondadori Editore S.p.A., Milano

I edizione Come*fare* novembre 2011
I edizione Oscar bestsellers gennaio 2013

ISBN 978-88-04-62567-4

Questo volume è stato stampato
presso Mondadori Printing S.p.A.
Stabilimento NSM - Cles (TN)
Stampato in Italia. Printed in Italy

Anno 2014 - Ristampa 4 5 6 7

Fotografie di Mauro Padula
© GialloZafferano

Le mie migliori ricette

Alle mie bambine grandi, Deborah, Valentina e Laura, che hanno reso la mia cucina un luogo vivo e amato, dove ci siamo raccontate, ci siamo scambiate confidenze e siamo cresciute, tutte e quattro insieme.

Agli impavidi e ai curiosi degli anni 2000, che hanno imparato a usare il computer anche se era difficile, dimostrando a figli e nipoti che "fuori tempo massimo" è un'espressione che andrebbe rivista, e condividono in rete i loro talenti, la loro esperienza e il loro sapere. Grazie per essere affamati, grazie per essere folli.

Ove non diversamente indicato, con "olio" si intende l'extravergine d'oliva, con zucchero quello semolato e il forno è sempre da ritenersi in modalità statica.

La cucina è amore, per il cibo, per la qualità, per la creatività. Tutto il resto è un'evoluzione naturale: non si può che fare bene ciò che si ama. E non si può non esserne riamati, non riceverne qualche cosa indietro. Io amavo talmente tanto la cucina che a quarant'anni suonati, con tre figlie e due cani, ho ricominciato da lì.

Mi occupavo di conti, tasse e balzelli, ma ero parecchio più felice quando cuocevo i cantucci nel forno a legna, tiravo la sfoglia e sperimentavo varianti dello strudel della nonna. Così ho impacchettato tutto (pure i cani), sono salita su un treno – e rischiare mi è costato – ma adesso mi guardo e capisco che è stata la scelta giusta. Ho preso il mio sogno, l'ho impastato, l'ho lasciato lievitare in un luogo fresco e asciutto. Quando è stato il momento gli ho dato forma, l'ho infornato e decorato e adesso, alla faccia della linea, ne mordo un boccone ogni giorno.

Ho passato la fase pionieristica (che equivale circa a guadagno zero e speranza cento), quella dell'arrembaggio (guadagno uno, auto-motivazione novantanove), quella della soddisfazione (guadagno venti, sto seduta sugli allori ottanta, ma è durata poco).

Oggi sono nella fase della felicità. Sono uscita dalla cucina di casa mia e ho un gruppo di lavoro – la mia squadra – con il quale condivido una stanza davvero tutta per me, composta da due cucine, uno spazio per la redazione, un grande tavolo dove mangiamo tutti insieme. E ho centinaia di migliaia di persone con le quali mi confronto attraverso il computer. Cresco insieme a tutti loro, grazie ai loro stimoli, alle loro richieste, alla possibilità di sperimentare idee e sapori, al fatto di avere tutto il tempo del mondo per inventare, approfondire, studiare.

Questo libro racconta la storia di un grande amore, ricambiato, tra me e la cucina. È questo il mio segreto: l'amore. Non si può che fare bene ciò che si ama.

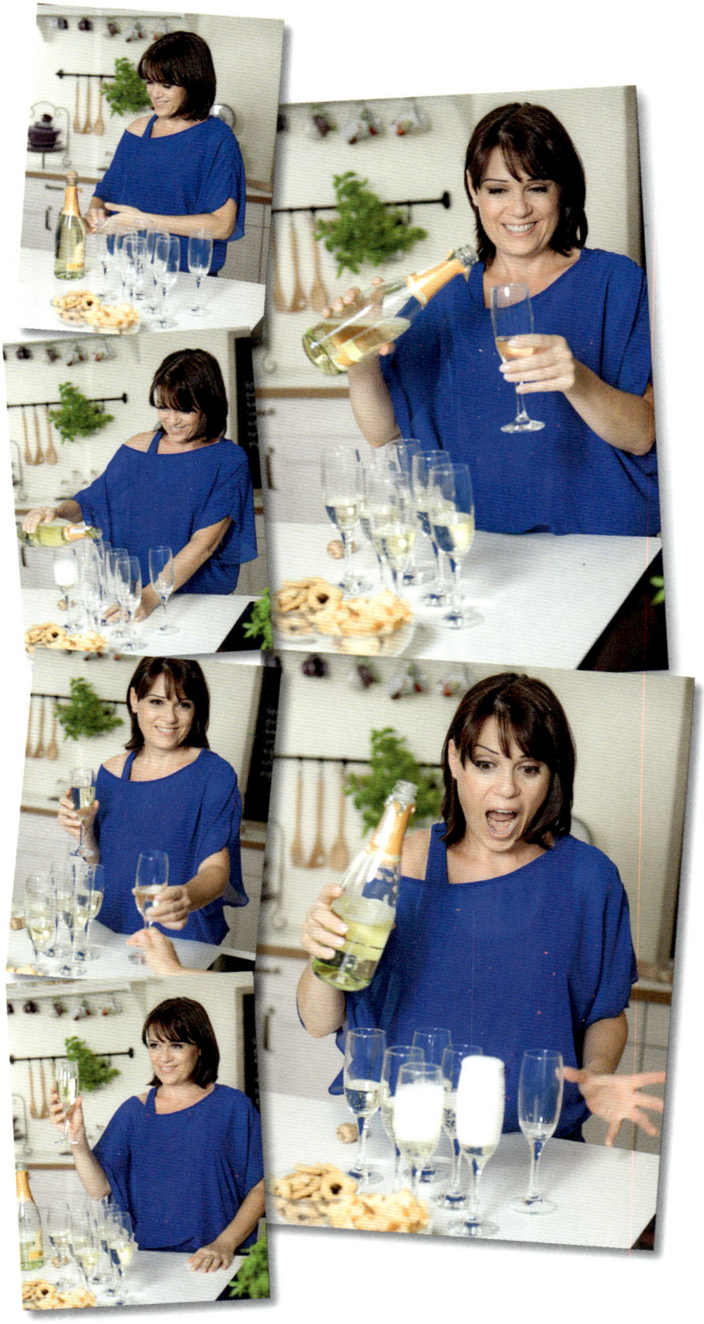

Antipasti

L'amara verità è che mangiamo tutti i giorni. E sempre le stesse cose.

Sogno una cucina nella quale non ci sia spazio per la noia, ma per la creatività, l'invenzione, la sperimentazione.

La cucina per me è elasticità mentale, disponibilità a uscire dai confini del nostro "ricettario di famiglia", che comprende di solito non più di una decina di piatti, anche se siamo figli di chef. La cucina è desiderio di cambiare, di imparare a eseguire e, poi, a inventare.

I miei antipasti vogliono essere questo: idee per stupire e stupirci, scoprendo un'inaspettata abilità, un sapore, un profumo, una mescolanza che non avevamo immaginato.

I miei antipasti sono duttili: si prestano a diventare finger food, colorati piatti da bambini, la scenografica entrée per una cena importante, cibi romantici per una cenetta tra innamorati.

I miei antipasti sono spunti per chi ha voglia di buttarsi e poco tempo a disposizione: per questo sono basati su pochi ingredienti, tutti reperibili, il meno costosi possibile.

Ne manca solo uno: il vostro tocco.

ANTIPASTI
ARANCINI DI RISO

Mani in pasta

Gli arancini di riso sono i principi dello street food. Adoro la cucina siciliana, dagli antipasti ai dessert. È ricca, elaborata, raffinatissima: un tripudio di sapori e storia.
L'unico posto dove è ammesso comprare gli arancini (perché sono buoni ovunque) è la Sicilia: se vivete in un'altra regione, per quanto laboriosi, vale la pena provare a farli. I bambini impazziranno di gioia nel dare forme ovali, a pera o rotonde e nel pasticciare con il ripieno, e voi sarete immensamente soddisfatti quando, dopo una doccia per togliervi di dosso l'odore di fritto, gusterete questa meraviglia fatta in casa.

Difficoltà: ★★ Cottura: 60' Preparazione: 60' Dosi: 15 arancini

PER GLI ARANCINI
Burro: 30 g
Pecorino grattugiato: 100 g
Riso: 500 g
Uova: 3 tuorli
Zafferano: 1 bustina
Sale: q.b.

PER IL RIPIENO
Burro: 25 g
Carne: 150 g
Cipolle: ½
Piselli: 80 g
Concentrato di pomodoro: 40 g
Scamorza: 100 g
Vino: 100 ml
Pepe nero macinato: q.b.

PER IMPANARE
Uova: 2
Pangrattato: q.b.

PER FRIGGERE
Olio di semi

1 Lessate il riso in poca acqua salata (circa mezzo litro), così che, a fine cottura, sia completamente assorbita: in questo modo l'amido rimarrà tutto in pentola e voi otterrete un riso molto asciutto e appiccicoso. Nel frattempo, sciogliete lo zafferano in pochissima acqua, oppure nei tre tuorli sbattuti, e unite il composto al riso ormai cotto. Aggiungete il formaggio grattugiato e il burro e mescolate bene per amalgamare il tutto, dopodiché versate e livellate il riso in un grande piatto e lasciatelo raffreddare.

2 A parte, fate soffriggere in un tegame la cipolla finemente tritata con due cucchiai d'olio e il burro, poi unite la carne macinata. Fatela rosolare a fuoco vivace, quindi aggiungete il vino e sfumatelo. A questo punto potrete versare nel tegame il concentrato di pomodoro, che avrete precedentemente diluito in un bicchiere d'acqua, aggiustare di sale e di pepe e far cuocere per almeno 20 minuti a fuoco moderato.

3 Nel frattempo, mettete i piselli in un tegame e cuoceteli per 10 minuti assieme a un cucchiaio di olio e un mestolo di acqua. Intanto, approfittate per tagliare a cubetti la scamorza. Quando i piselli saranno cotti ma ancora croccanti, spegnete il fuoco e uniteli al ragù ormai addensato e piuttosto asciutto.

4 Stendete uno strato sottile di riso ormai freddo (ci vorranno almeno un paio di ore) sul palmo della vostra mano. Al centro formate un incavo, nel quale porrete un cucchiaio di ragù e piselli e due o tre dadini di scamorza: coprite il ripieno con un altro strato sottile di riso e poi modellate l'arancino. Una volta esauriti gli ingredienti, passate tutti gli arancini nell'uovo sbattuto e nel pangrattato e friggeteli in abbondante olio bollente (180°). Consiglio di utilizzare una friggitrice o un pentolino piuttosto piccolo e alto, così che gli arancini siano completamente sommersi dall'olio durante la frittura.

5 Per immergerli servitevi di un mestolo forato e toglieteli dal tegame solo quando saranno ben dorati. Una volta scolati su un foglio di carta assorbente, saranno pronti per essere serviti, caldi oppure a temperatura ambiente.

ANTIPASTI
BIGNÈ SALATI

Banchetto luculliano

I bignè salati stupiscono sempre. Mi è capitato di prepararli per aprire una cena di Natale e hanno riscosso grande successo: siamo talmente abituati a considerare la pasta choux "roba da dolci" che, quando la incontriamo nella sua versione salata, rimaniamo meravigliati e allarghiamo gli occhi, come se avessimo visto un qualcosa di totalmente inaspettato, con grande soddisfazione dello chef. La preparazione lunga fa dei bignè salati un piatto da feste e occasioni speciali. Il divertimento sta nello scatenare la fantasia e inventare farciture sfiziose, magari adatte alla stagione. Qui li trovate al granchio e formaggio.

Difficoltà: ★★   Cottura: 15'   Preparazione: 90'   Dosi: 20 bignè

PER I BIGNÈ
Acqua: 70 ml
Burro: 30 g
Farina: 45 g
Uova: 1 intero e 1 tuorlo
Sale: 1 pizzico

PER LA FARCIA DI GRANCHIO
Polpa di granchio: 120 g
Burro: 20 g
Aglio: 1 spicchio
Olio: 1 cucchiaino
Paprika: 1 cucchiaino
Sale: q.b.

PER LA FARCIA AL FORMAGGIO
Groviera: 60 g
Pepe: q.b.

PER LA BESCIAMELLA
Latte: 250 ml
Burro: 25 g
Farina: 30 g
Noce moscata: 1 pizzico
Sale: q.b.

1 Preriscaldate il forno a 200° e imburrate due placche da forno. Preparate i bignè secondo la procedura di pagina 286 con le dosi indicate in questa ricetta. Dopo aver disposto i vari mucchietti di pasta choux sulle placche, cuocete i bignè in forno caldo e teneteli da parte a raffreddare.

2 Nel frattempo preparate la besciamella con le dosi indicate e secondo il procedimento che trovate a pagina 278. Tagliate il formaggio a fette spesse circa 0,5 cm e grattugiatelo.

3 In un pentolino, fate scaldare il burro con l'olio e l'aglio e saltate un paio di minuti la polpa di granchio. Regolate di sale e paprika e trasferite il tutto in una ciotola, dove verserete parte della besciamella. Mescolate bene.

4 In un recipiente a parte incorporerete il groviera grattugiato e la besciamella avanzata, regolando eventualmente di sale e di pepe. Le farce sono pronte.

5 Tagliate i bignè a metà con un coltellino dalla lama sottile e affilata, vuotateli all'interno e riempiteli con le due farce, lasciando da parte una piccola quantità di ognuna, che vi servirà per guarnire la sommità dei bignè assieme al timo e all'erba cipollina.

Il consiglio di Sonia:

„ Dato che questo antipasto richiede una preparazione lunga, se intendete servirlo per un'occasione speciale vi converrà cucinare farce e bignè il giorno prima, in modo da sveltire le operazioni prima di cena. Se preparate la pasta choux in casa, potete sbizzarrirvi con le forme oltre a quella dei classici bignè: io di solito faccio delle ciambelline o degli éclair (piccoli bastoncini).

ANTIPASTI
BOCCONCINI DI PATATE CON FORMAGGIO E PANCETTA

Ho assaggiato questa ricetta per la prima volta a casa di una mia amica: eravamo una decina, lei ha sfoderato questi bocconcini e siamo tutti impazziti. Da quando li ho introdotti in casa le mie figlie me li chiedono praticamente tutte le settimane.
Sono come le ciliegie: non si smetterebbe mai di mangiarli. In un unico morso regalano al palato tutte le consistenze possibili: quella croccante della pancetta, quella morbida del formaggio, quella soda della patata. Una meraviglia. È un'idea buona e insolita per un aperitivo o un antipasto originale e sfizioso.

Difficoltà: ★   Cottura: **40'**   Preparazione: **30'**   Dosi: **12 bocconcini**

Emmentaler: 100 g
Pancetta: 24 fettine
Patate novelle: 12
Olio: q.b.

1 Sbucciate le patate novelle e lessatele. Quando saranno cotte (sinceratevene inserendo all'interno uno stecchino), scolatele, fatele raffreddare e arrotolate una fetta di formaggio attorno a ciascuna.

2 Poi fate la stessa cosa con due fette di pancetta, che serviranno a tenere fermo il formaggio.

3 Oleate una teglia, disponetevi i bocconcini, fateli cuocere in forno a 180° finché la pancetta non diventi croccante (circa 20 minuti) e serviteli ben caldi.

Il consiglio di Sonia:

"Se non vi piacesse l'emmentaler, potete utilizzare un qualsiasi altro formaggio che consenta la realizzazione di fettine facilmente "arrotolabili", come le sottilette o la scamorza, affumicata e non. Per ridurre ulteriormente i tempi di preparazione, potete utilizzare le patate novelle già sbollentate che si trovano sottovuoto al supermercato. In ogni caso, il risultato è assicurato!"

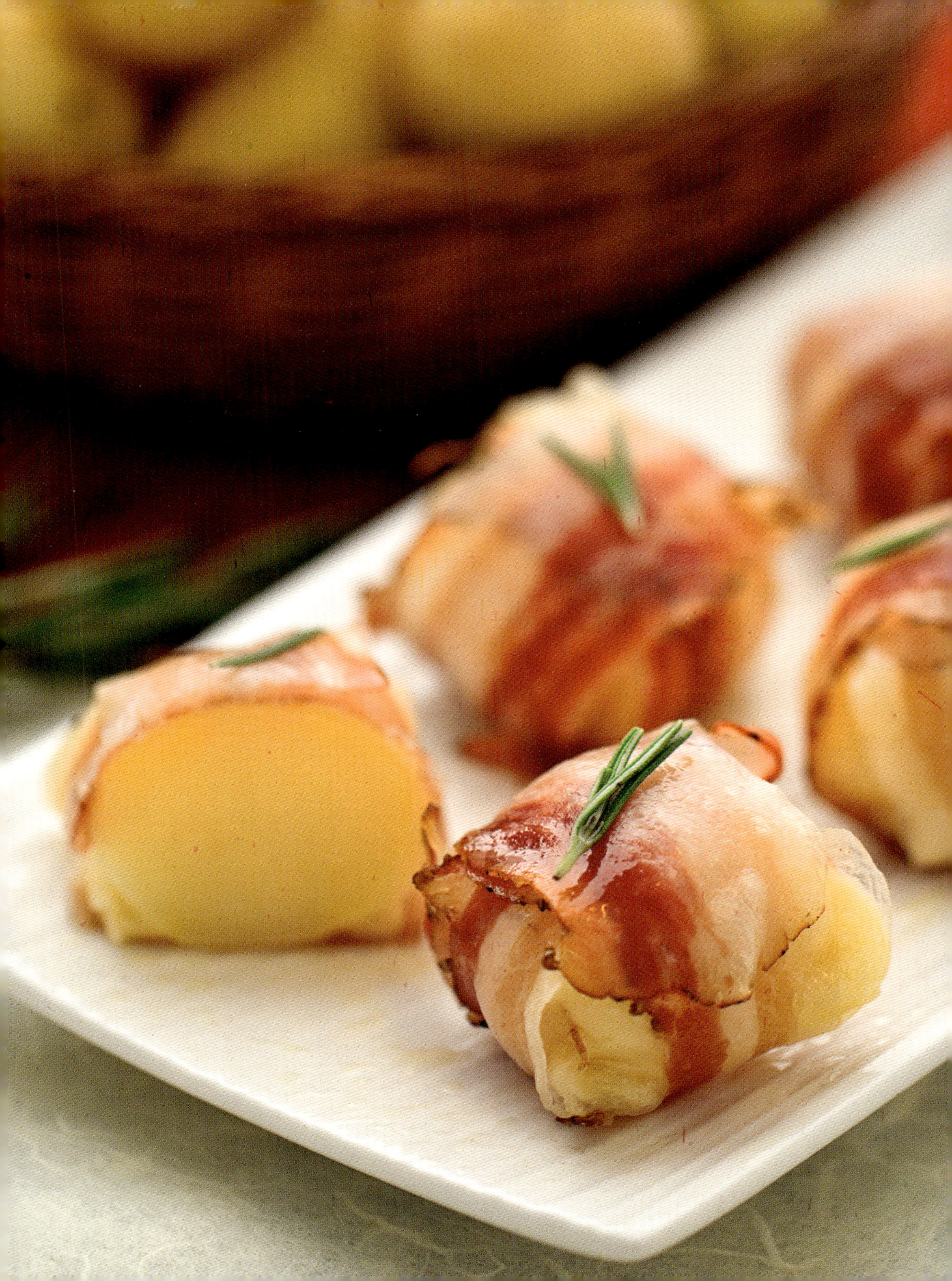

ANTIPASTI
BRUSCHETTE AL LARDO E ROSMARINO

Le bruschette al lardo sono un finger food sfiziosissimo, ideale per un buffet all'aperto o un aperitivo. Le ho scoperte in Toscana, durante una fuga dalla città che mi sono concessa qualche anno fa. Ho preso possesso della mia camera nell'agriturismo e, da vera milanese, per evitare di risalire in macchina ho cenato lì. Il cuoco doveva essere un buongustaio, perché l'intera cena è stata memorabile. Queste bruschette, che ha servito come antipasto, erano deliziose. Veloci e non banali, si basano interamente sulla qualità del lardo, che deve essere sottile e tenero al punto di sciogliersi in bocca.

Difficoltà: ★ | Cottura: **5'** | Preparazione: **15'** | Dosi: **4 persone**

Lardo di Colonnata: 200 g
Pane: 1 filoncino
Pomodorini ciliegino: 4
Rosmarino fresco: 1 rametto
Pepe macinato fresco: q.b.

1 Affettate il pane ricavando delle fettine alte circa 1 cm che farete tostare in forno a 200° finché non diventeranno dorate (bastano pochi minuti).

2 Mentre le lasciate intiepidire, lavate e tagliate in quarti i pomodorini.

3 Affettate finemente il lardo e disponetelo sul pane, dopodiché cospargetelo di pepe macinato.

4 Posizionate su ogni bruschetta un quarto di pomodoro e del rosmarino lievemente tritato. Servite immediatamente.

Il consiglio di Sonia

" Potete strofinare leggermente dell'aglio fresco su ogni fetta di pane, secondo la classica ricetta toscana. Se non vi piace il lardo, potete sostituirlo con della pancetta coppata, oppure tesa. "

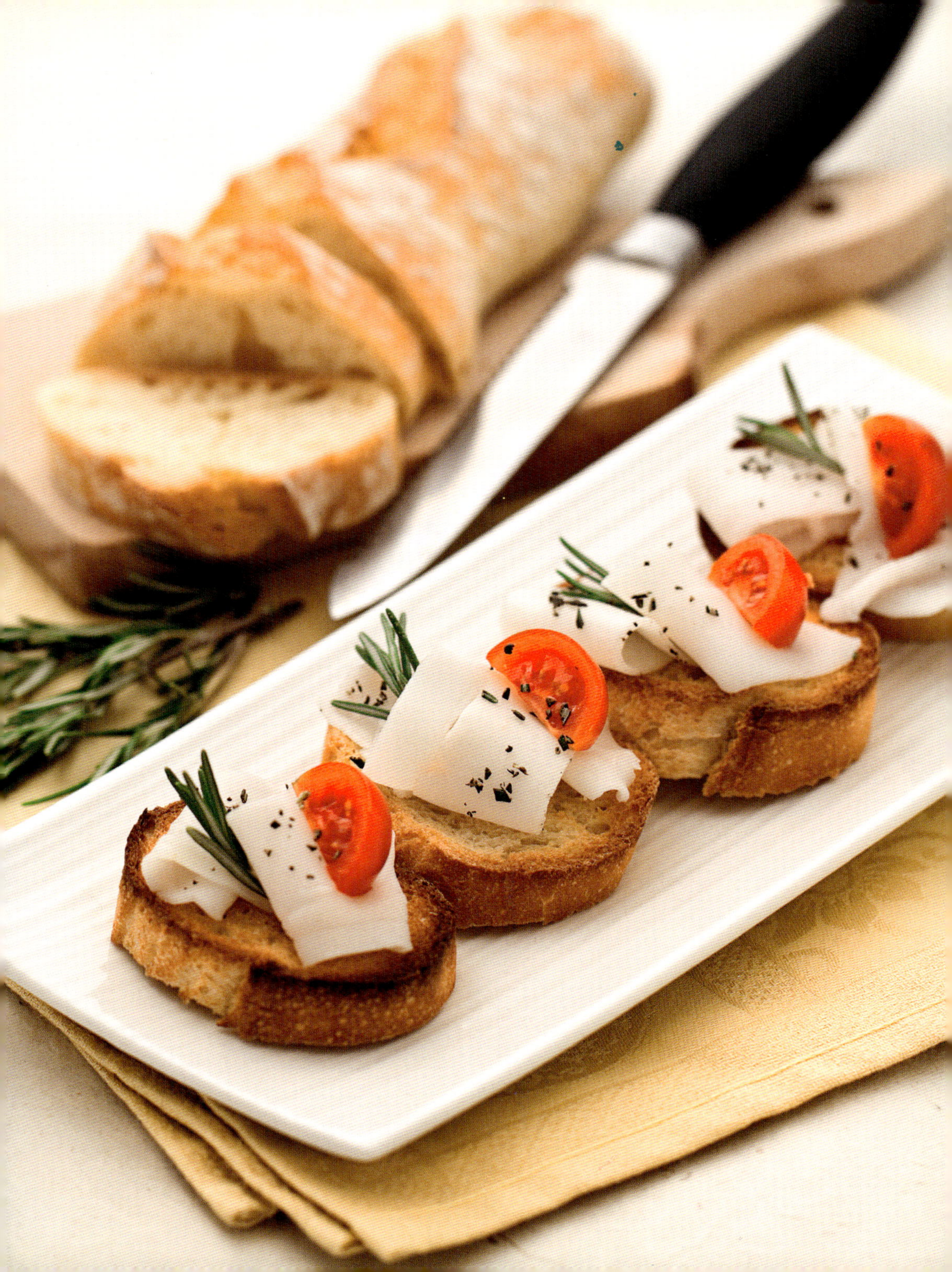

ANTIPASTI
CAPONATA

Pranzo della domenica

La caponata in Sicilia è un laboriosissimo antipasto, molto sostanzioso, che in altre parti d'Italia funge invece da contorno. La ricetta, come tutte quelle tradizionali, ha infinite interpretazioni e rivisitazioni, al Sud addirittura di casa in casa: al civico 12 mettono l'uvetta, al 14 non se ne parla; ad Aci Trezza preferiscono le olive verdi, ad Aci Castello quelle nere. Per cercare di capirci qualcosa ho studiato a fondo e ho finito per elaborare anch'io la mia personale versione, che mira a ridurre la quantità di olio. Non che io sia una fan del cibo dietetico, semplicemente ne sono così golosa che per poterne mangiare di più dovevo trovare un trucco per alleggerirla.

Difficoltà: ★   Cottura: **45'**   Preparazione: **20'**   Dosi: **6 persone**

Cipolle: 2
Melanzane: 1 kg
Pomodori: 500 g
Gambi di sedano: 600 g
Olive denocciolate: 200 g
Pinoli: 60 g
Zucchero: 50 g
Capperi dissalati: 3 pugni
Aceto: ½ bicchiere
Basilico: qualche foglia
Olio: q.b.
Sale grosso: q.b.

1 Lavate, mondate e tagliate a cubetti di circa 1,5 cm di lato le melanzane (del tipo allungato) e disponetele a strati in un colapasta o setaccio, spolverizzando ogni strato con del sale grosso affinché perdano l'amaro. Lasciatele riposare per almeno 1 ora.

2 Nel frattempo, tagliate i gambi di sedano a listarelle e sbollentateli in acqua salata, poi scolateli, asciugateli nella carta da cucina e soffriggeteli in olio e a fuoco basso.

3 In un'altra padella, fate soffriggere le cipolle affettate e, quando saranno appassite, unite i capperi dissalati, i pinoli e le olive denocciolate, proseguendo con la cottura per altri 10 minuti. A questo punto aggiungete i pomodori spezzettati o tagliati a cubetti e lasciate cuocere per circa 20 minuti a fuoco vivace.

4 Intanto scolate e sciacquate le melanzane, asciugatele con la carta da cucina e friggetele in una capiente padella. Quando saranno ben rosolate, unite i gambi di sedano, il composto con i pomodori e amalgamate il tutto a fuoco basso. Cospargete poi gli ingredienti con lo zucchero e sfumate il mezzo bicchiere di aceto.

5 La caponata è pronta: una volta raffreddata, servitela guarnita con foglie di basilico intere e spezzettate.

Il consiglio di Sonia:

" Se non consumate tutta la caponata (o volete prepararla in anticipo) potete conservarla in frigorifero per 3 o 4 giorni, chiusa in un contenitore ermetico di vetro o protetta dalla pellicola trasparente. Ricordate di riportarla a temperatura ambiente almeno 2 ore prima di servirla. A Palermo vi capiterà di mangiarla insieme a dei moscardini infarinati e fritti; un'altra comune variante consiste nell'aggiungere dei filetti di peperone dolce, che friggerete insieme alle melanzane.

ANTIPASTI
CAVIALE DI MELANZANE

L'insospettabile

Servito nei bicchierini da finger food non si riconosce nemmeno. Gli ospiti di solito mi chiedono: «Che cos'è?» e io, perfida: «Assaggia, poi mi dici». Pensano di degustare chissà quale misteriosa ed esotica prelibatezza, infatti quando svelo che si tratta di melanzane – «Con che cosa?», «Con poco e niente» – rimangono tutti stupefatti. Il caviale di melanzane renderà unica la vostra serata, caratterizzandola e conferendo stile alla padrona di casa. E pensare che fa chic e non impegna: basta l'olio buono a farne una vera sorpresa per il palato…

Difficoltà: ★   Cottura: **60'**   Preparazione: **80'**   Dosi: **4 persone**

Melanzane: 600 g
Aglio: 1 spicchio
Limoni: ½ (succo)
Paprika: 1 cucchiaino
Olio: 2 cucchiai
Sale: q.b.
Menta fresca: q.b.

1 Lavate e asciugate le melanzane, quindi disponetele su una teglia da forno senza bucarle, così da non far fuoriuscire troppo liquido. Cuocetele in forno caldo a 180° per almeno 1 ora, 1 ora e venti.

2 Quando saranno pronte, apritele a metà e, con l'aiuto di un cucchiaio, prelevate la polpa, strizzatela in un colino e frullatela insieme all'aglio precedentemente schiacciato o tritato, riducendo tutto in purea. Aggiungete l'olio e regolate di sale poi, in una terrina, amalgamate delicatamente con la paprika e il succo di mezzo limone (fondamentale per evitare che la crema annerisca).

3 Infine, prima di coronare il piatto con un ultimo filo d'olio a crudo, aggiungete la menta tritata a coltello e servite insieme a crostini o grissini rustici.

Il consiglio di Sonia:

" Per questa ricetta sono perfette le melanzane viola e tonde, dalla polpa più dolce. In alternativa alla menta si possono utilizzare il basilico fresco, oppure il coriandolo o il prezzemolo tritati, in modo da variare il gusto del caviale a seconda della pietanza a cui lo si vuole accompagnare. "

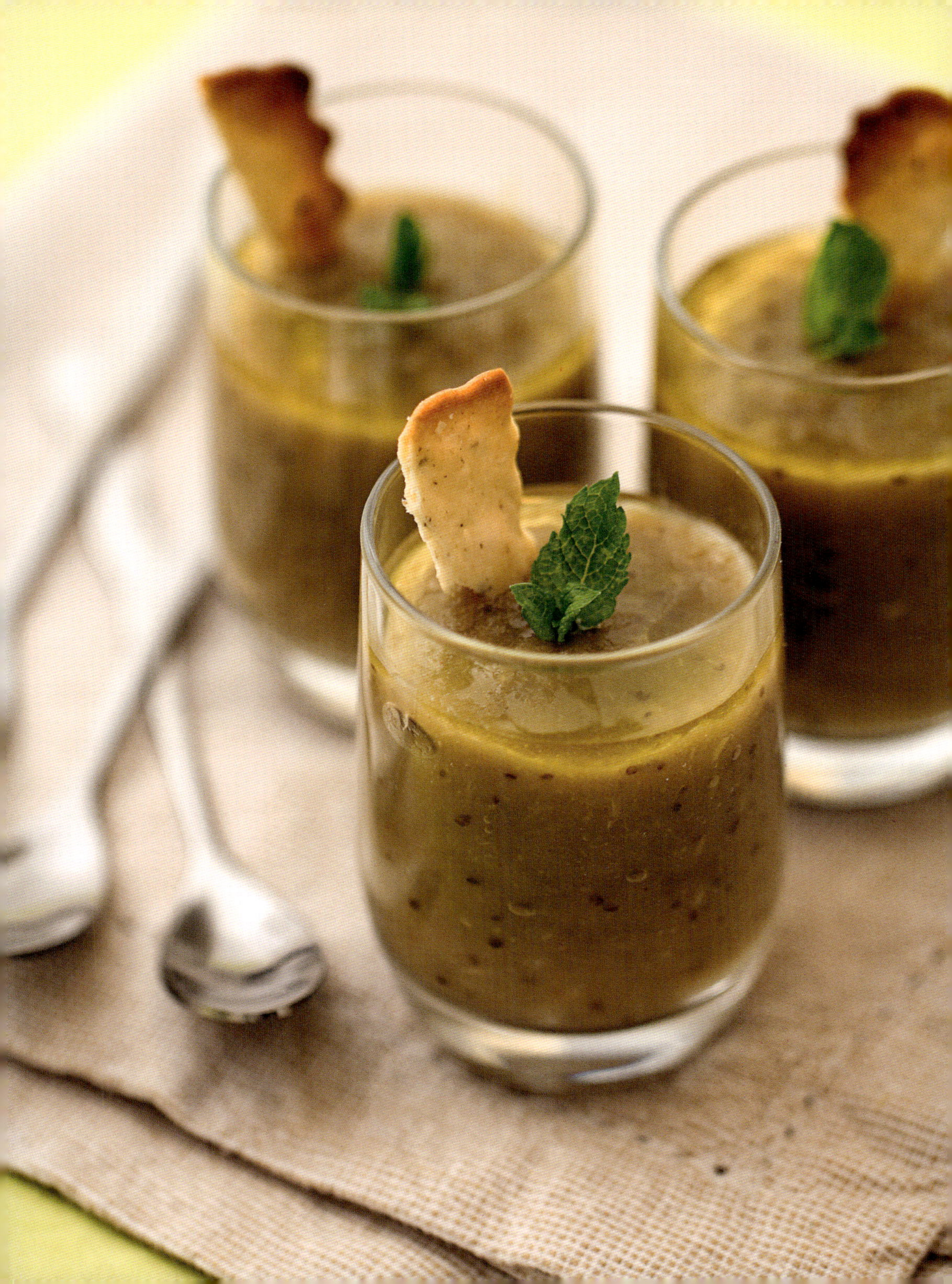

ANTIPASTI
CIPOLLINE IN AGRODOLCE

In un buffet ricco e colorato le cipolline in agrodolce, veloci da preparare, invitanti e buonissime, non possono mancare.
Sulle cipolle, però, devo ammettere di non essere imparziale: le amo spudoratamente, non c'è piatto salato nel quale non le infili. Le consiglio a tutti, anche perché basta un piccolo accorgimento per godersele senza temere che rimangano sullo stomaco: vanno fatte appassire a fuoco bassissimo per almeno quindici minuti. A quel punto, praticamente trasparenti, sono cotte e leggere come l'aria, non le sentirete nemmeno nel risotto.

Difficoltà: ★   Cottura: **45'**   Preparazione: **10'**   Dosi: **4 persone**

Cipolline: 500 g
Burro: 30 g
Aceto balsamico: 50 ml
Zucchero: 30 g
Alloro: 2 o 3 foglie

1 Sbucciate e lavate le cipolline. Quindi, fate fondere il burro in una casseruola aggiungendo lo zucchero mano a mano, senza smettere di mescolare. Dopo 5 minuti versatevi l'aceto balsamico, fate sfumare e aggiungete le cipolline e le foglie di alloro.

2 Coprite la casseruola con un coperchio, così da preservare l'umidità all'interno. Se necessario aggiungete un mestolo d'acqua calda. Lasciate cuocere a fuoco lento per circa 40 minuti, mescolando di tanto in tanto.

Il consiglio di Sonia:

" Una versione light della ricetta prevede la sostituzione del burro con l'olio: il sapore sarà lo stesso, le calorie qualcuna in meno. Altra chicca: per preparare la salsa agrodolce potete usare il miele al posto dello zucchero. Il risultato sarà dolcissimo. "

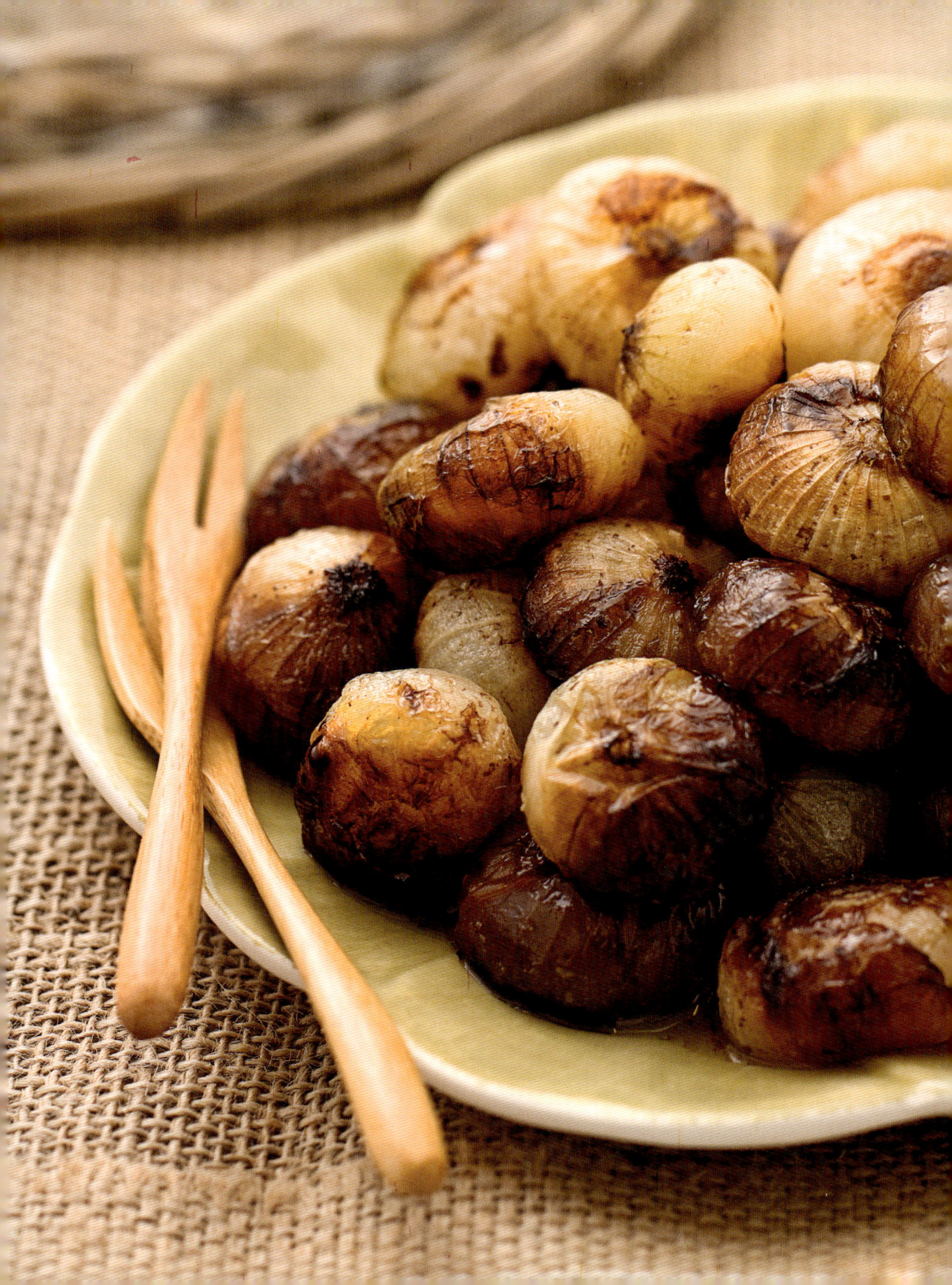

ANTIPASTI
COZZE GRATINATE

Quando La Giornalista Che Da Trent'anni Si Occupa Di Food per una delle Maggiori Testate Italiane chiamò in redazione chiedendo se poteva venire a trovarci rimanemmo tutti stecchiti. «E adesso, cosa le facciamo?» L'istinto mi diceva: «Tutto, fai tutto», poi per fortuna intervenne il raziocinio. Non potevo pretendere che assaggiasse decine di portate, così feci una selezione dei miei cavalli di battaglia. Arrivò gentile e distaccata, ne avemmo un po' timore finché non mise in bocca una cozza gratinata. Allora si sciolse, mangiò il piatto intero e inaugurammo un piacevole pomeriggio di chiacchiere tra donne.

Difficoltà: ★   Cottura: 15'   Preparazione: 30'   Dosi: 4 persone

Cozze: 1 kg
Parmigiano reggiano: 50 g
Pane raffermo: 80 g
Peperoncino: 1 rosso fresco
Prezzemolo: 3 cucchiai
Aglio: 3 spicchi
Olio: 4 cucchiai
Vino bianco: ½ bicchiere
Pepe: q.b.

1 Pulite accuratamente le cozze, raschiandole e togliendo il bisso tirando con un coltellino. Mettetele poi in un tegame con gli spicchi d'aglio, un cucchiaio di prezzemolo tritato, il peperoncino rosso privato dei semi e il vino bianco, chiudendo con un coperchio. Cuocendo a fuoco vivace, le cozze si apriranno. Scolatele e filtrate il liquido di cottura con un colino a maglie strette.

2 A parte, ponete in una ciotola la mollica di pane triturata, il parmigiano grattugiato, i due cucchiai di prezzemolo tritato rimasti e l'olio. Amalgamate il tutto e aggiungete il liquido di cottura fino a ottenere un composto cremoso, né troppo asciutto né troppo liquido, che peperete a piacere. Con questo composto andrete a riempire il guscio della cozza cui è attaccato il mollusco, dopo averla privata dell'altro.

3 Disponete le cozze su una teglia coperta da carta da forno e irroratele con l'olio. Infornate nel forno già caldo (200°) in modalità grill per circa 10 minuti, fino a quando si saranno ben gratinate.

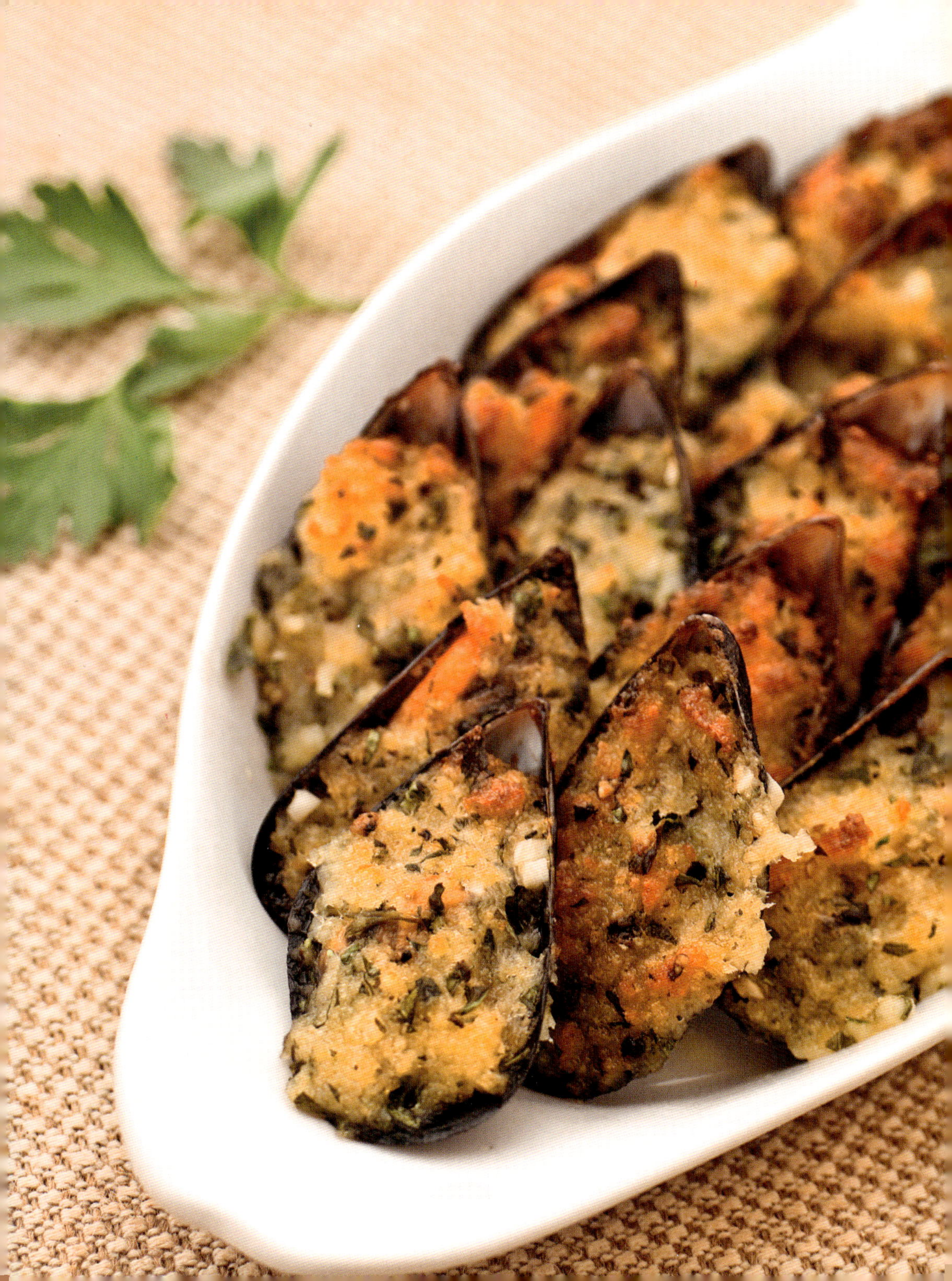

ANTIPASTI
CROCCHETTE DI PATATE

Mani in pasta

Sofa food: in altre parole, quando una legione di amici se ne sta beatamente stravaccata sul vostro divano a guardare la partita o la maratona del Signore degli Anelli. No panic: la soluzione c'è, ed è ingozzarli con cibi che si preparino rapidamente, costino poco, da mangiare con le mani e universalmente apprezzati. Cioè con le crocchette di patate.

Sfido chiunque a trovare qualcuno a cui non piacciono: risvegliano il nostro lato bambino, mentre a chi è ancora piccolo potrebbe piacere prepararle, pasticciare con la purea di patate e dare diverse forme prima della panatura. Tra l'altro, fatte in casa sono eccellenti, provare per credere.

Difficoltà: ★ **Cottura:** 2' a crocchetta **Preparazione:** 45' **Dosi:** 30 crocchette circa

PER LE CROCCHETTE
Patate (farinose o rosse): 1 kg
Parmigiano reggiano: 100 g
Uova: 2 tuorli
Noce moscata: ½ cucchiaino
Pepe macinato a piacere
Sale: q.b.

PER IMPANARE
Uova: 2 tuorli
Pangrattato: q.b.

PER FRIGGERE
Olio di arachidi: q.b.

1 Lavate le patate e lessatele con tutta la buccia in acqua salata. Una volta cotte (se sono di media dimensione ci vorranno 15-20 minuti in pentola a pressione e circa 40 secondo il metodo tradizionale), lasciatele intiepidire quel tanto che basta per poterle maneggiare, poi sbucciatele con un coltellino. Passatele in uno schiacciapatate ancora calde e lasciate che la purea ricada in una ciotola, nella quale aggiungerete il sale, il pepe, la noce moscata, i tuorli e il formaggio grattugiato. Mischiate tutto con un mestolo fino a ottenere un composto morbido e asciutto.

2 Prendetene una cucchiaiata e datele forma cilindrica, poi impanate ogni pezzo passandolo prima nei due tuorli sbattuti, poi nel pangrattato.

3 Per friggere le crocchette, immergetele completamente in un tegame non troppo grande pieno di olio di arachidi, a 180°. Tuffatevi 3-4 pezzi per volta, in modo che non si abbassi repentinamente la temperatura dell'olio provocando una fastidiosa schiuma, e prelevateli con una schiumarola quando saranno ben dorati. A quel punto, metteteli a scolare in un piatto foderato di carta assorbente e serviteli ancora caldi.

Il consiglio di Sonia

" Le patate ideali per questa ricetta sono farinose, come quelle nuove, dalla pelle chiara e sottile. Se avete dei dubbi, acquistando quelle rosse non sbagliate di sicuro. Se desiderate crocchette che tengono la forma e molto croccanti, potete impanarle due volte: dopo la prima impanatura, passatele ancora nell'uovo e nel pangrattato. Un'idea per una versione ancora più sfiziosa? Potete farcire ogni pezzo con un bocconcino di formaggio che fili durante la cottura ma che non rilasci acqua (come la scamorza, semplice o affumicata). "

ANTIPASTI
FROLLINI AL PARMIGIANO

Questi biscottini salati sono entrati a far parte delle ricette di Giallozafferano passando dalla porta principale: la cucina della mia amica Margherita, una vera miniera di idee sorprendenti. Aveva organizzato un aperitivo e ha voluto utilizzare noi ospiti come cavie: i frollini sono andati a ruba e, da allora, ciascuna delle presenti ne ha elaborato una versione personalizzata.
Io ho voluto farli assaggiare alle mie figlie e li ho preparati qualche giorno dopo. Prima di cena eravamo tutti davanti al forno a pregarlo di cuocere più in fretta: non si può essere immersi nel profumo di parmigiano e dover aspettare!

Difficoltà: ★ Cottura: **20'** Preparazione: **45'** Dosi: **30-35** frollini circa

PER I FROLLINI
Farina: 125 g
Burro salato: 80 g
Parmigiano reggiano: 100 g
Pepe: 1 pizzico
Sale: 1 pizzico

PER DECORARE
Uova: 1
Pinoli, cumino, sale affumicato, zafferano, pepe di Sichuan...

1 Mettete in una ciotola (o su una spianatoia) la farina con il parmigiano grattugiato finemente, aggiungete il burro a fiocchetti, il sale e il pepe, quindi impastate con le dita fino a ottenere una pasta liscia, che stenderete con un mattarello.

2 Poi, con l'aiuto di formine d'acciaio, ritagliate le forme che preferite e disponetele su una teglia foderata con la carta da forno.

3 In una terrina a parte sbattete l'uovo e spennellate la superficie dei frollini, quindi spolverate ciascuno con delle spezie diverse.

4 Le sagome, già guarnite, andranno infornate a 180° per 10 minuti, poi estratte e lasciate raffreddare prima di servirle.

Il consiglio di Sonia

"La scelta delle spezie può essere molto personale: io di solito utilizzo pepe di Sichuan, pinoli, sale affumicato, cumino, sale nero, aghi di rosmarino, scagliette di mandorle e zafferano. Se volete dei biscottini che tendono al dorato, potete spennellarli con l'uovo intero; spennellandoli con il solo albume saranno più lucidi ma più chiari. Per dei frollini più saporiti potete utilizzare metà dose di parmigiano e metà di pecorino."

ANTIPASTI
FUNGHI TRIFOLATI

I funghi trifolati sono uno di quei piatti che intanto vale la pena preparare, poi si deciderà che cosa farne. Sono campioni di versatilità: ottimi come contorno per cacciagione e polenta, possono essere un prelibato condimento per paste e risotti, o addirittura per la pizza. Per non parlare delle bruschette da urlo che potreste ricavarci…
Quindi, bando alle ciance, che si dia inizio alla preparazione. Io amo mescolare funghi diversi, tenendo interi quelli minuscoli e tagliando in sezione gli altri, in modo che mantengano la loro forma. Il sapore sarà delizioso e anche l'occhio avrà la sua parte.

Difficoltà: ★   Cottura: **20'**   Preparazione: **15'**   Dosi: **4 persone**

Funghi misti: 600 g
Burro: 40 g
Aglio: 1 spicchio
Olio: 4 cucchiai
Prezzemolo: in abbondanza

1 Innanzitutto dovrete pulire i funghi, eliminando eventuali residui di terra. Potete raschiare il fondo del gambo, cercando di tagliarne il meno possibile, e poi strofinarli con un panno umido. Se dovessero essere particolarmente sporchi, potete passarli sotto l'acqua corrente per pochi istanti, avendo cura di tamponarli subito dopo, per evitare che assorbano l'acqua. A questo punto potete procedere con il taglio a fettine spesse circa 0,5 cm (non meno, altrimenti rischiano di spezzarsi), cercando di fare in modo che le pezzature siano uniformi, in modo che coincidano anche i tempi di cottura.

2 Nel frattempo scaldate in una padella antiaderente il burro con l'olio e lo spicchio d'aglio tagliato a metà.

3 Versate quindi in pentola tutti i funghi (prima i porcini, poi i pleurotus e gli champignon, infine i chiodini), cuocete per una decina di minuti a fuoco vivace mescolando delicatamente. Quindi salate e aggiungete il prezzemolo finemente tritato, lasciando il tutto sul fuoco a fiamma bassa per altri dieci minuti.

Il consiglio di Sonia

> Contrariamente a quanto si possa pensare, i funghi hanno bisogno di una cottura veloce, altrimenti rischiano di diventare una specie di poltiglia: se vogliamo mantenerne la forma, quindi, ricordatevi di utilizzare una fiamma vivace. Se volete conservare i funghi trifolati per altre preparazioni, lasciate la cottura a metà, senza aggiungere prezzemolo e sale: la completerete quando sarà il momento.

ANTIPASTI
INSALATA RUSSA

Una sicurezza

Nella mia famiglia cucinano tutti tranne Leo e Luna, i miei due cagnolini, gli assaggiatori ufficiali. Mia madre è forse la più sbrigativa, ma ho visto anche lei avere momenti di grande afflato culinario, per esempio in occasione del Natale. Ricordo quando preparava delle insalate russe da far invidia agli zar: sembravano delle torte tanta era la cura che metteva nel presentarle, dando loro diverse forme e decorandole con fettine sottili bianche e gialle di uova sode. Io ho tentato per anni di emulare tali capolavori, finché non sono stata bacchettata dalla redazione di Giallozafferano, fervida sostenitrice di un'estetica più contemporanea. Lo ammetto, sull'insalata russa sono decisamente anni Settanta.

Difficoltà: ★ Cottura: 10' Preparazione: 30' Dosi: 6 persone

Maionese: 300 g
Piselli: 300 g
Cetrioli sottaceto: 50 g
Carote: 200 g
Patate: 500 g
Uova: 2
Aceto: q.b.
Olio: q.b.
Sale: q.b.
Pepe macinato: a piacere

1 La maionese preparata in casa è sempre consigliabile: fate riferimento alla ricetta di pagina 276.

2 Lavate le patate e le carote, sbucciatele e tagliatele a dadini grandi non più di un pisello, poi mettetele a lessare separatamente, in acqua bollente e salata. I piselli possono essere cotti anche a vapore. Ricordate che le verdure dovranno essere al dente e risultare croccanti. Ci vorranno dai 7 ai 10 minuti per le patate e dai 5 ai 7 minuti per le carote, a seconda del taglio. Una volta pronte, scolatele e ponetele in un colino, così che perdano tutta l'acqua di cottura.

3 Nel frattempo rassodate le uova e sgusciatele, poi tagliate i cetriolini sottaceto a dadini molto piccoli. Quando le verdure saranno tiepide, unitele ai cetriolini e condite con poco olio, un paio di cucchiaini d'aceto, sale e pepe e lasciate raffreddare.

4 A questo punto potete scegliere se inserire le uova nel composto tagliate a cubetti oppure utilizzarle per la guarnizione. Nel primo caso, mescolatele con le verdure prima di aggiungere la maionese e amalgamare il tutto, altrimenti tenetele da parte. 1 ora in frigorifero e la vostra insalata russa sarà pronta.

Il consiglio di Sonia

"Alcune regole fondamentali da non dimenticare: utilizzate una buona maionese, meglio se fatta in casa; tagliate le verdure in modo uniforme e regolare; non aggiungete legumi crudi o acquosi, né ingredienti che rilascino colore (come le barbabietole) o che siano troppo saporiti; perché i sapori si armonizzino, i sottaceti vanno inseriti quando le verdure sono ancora tiepide; la maionese serve solo per legare gli ingredienti, quindi siate parchi e non mettetene in eccesso. Una variante di sicuro successo comprende il tonno, che dovrete sbriciolare nella maionese prima di incorporarlo agli altri ingredienti."

ANTIPASTI
INVOLTINI DI PEPERONI CON CUORE DI CAPRINO

Cena estiva tra amici e non volete presentare la solita insalata di riso, trita e ritrita? Questi involtini, freschissimi, sono un'idea veloce e simpatica che, dulcis in fundo, si può preparare anche con anticipo. Per chi crede che i peperoni sono quanto di più indigeribile esista al mondo: non temete, basta un piccolo trucco, cioè la cottura al forno. Eliminando la padella, con il suo contorno di olio, frittura e calorie, risulteranno morbidi e leggerissimi.

Difficoltà: ★   Cottura: **30'**   Preparazione: **15'**   Dosi: **4 persone**

Caprino: 300 g
Peperoni: 1 rosso e 1 giallo
Erba cipollina: 3 cucchiai tritata, qualche filo intero
Pepe: macinato a piacere
Olio: q.b.
Sale: q.b.

Il consiglio di Sonia

" Per rendere gli involtini ancora più invitanti, potete mescolare al caprino dell'erba cipollina tritata, in modo da creare un gradevole contrasto cromatico. "

1 Lavate e asciugate i peperoni, adagiateli in una teglia (o sulla leccarda) e arrostiteli nel forno già caldo a 250° per una trentina di minuti o finché la buccia non divenga scura e comincerà ad aprirsi. Per spellarli senza spellarvi anche le mani, infilateli in un sacchetto di plastica ben chiuso, dove suderanno per circa 15 minuti, trascorsi i quali la pelle si staccherà sostanzialmente da sola.

2 Dividete ogni peperone in 8 falde, eliminando semi e filamenti bianchi interni. Adagiatele su di un tagliere e cospargetele con sale, pepe macinato ed erba cipollina. Sopra, disponete un pezzo di caprino delle stesse dimensioni, che avvolgerete con il peperone a formare un involtino. Legatelo con un paio di fili di erba cipollina e tagliatelo a metà, pareggiando le estremità con un coltello.

3 Ponete tutti gli involtini su di un piatto da portata, irrorate con un filo d'olio e servite.

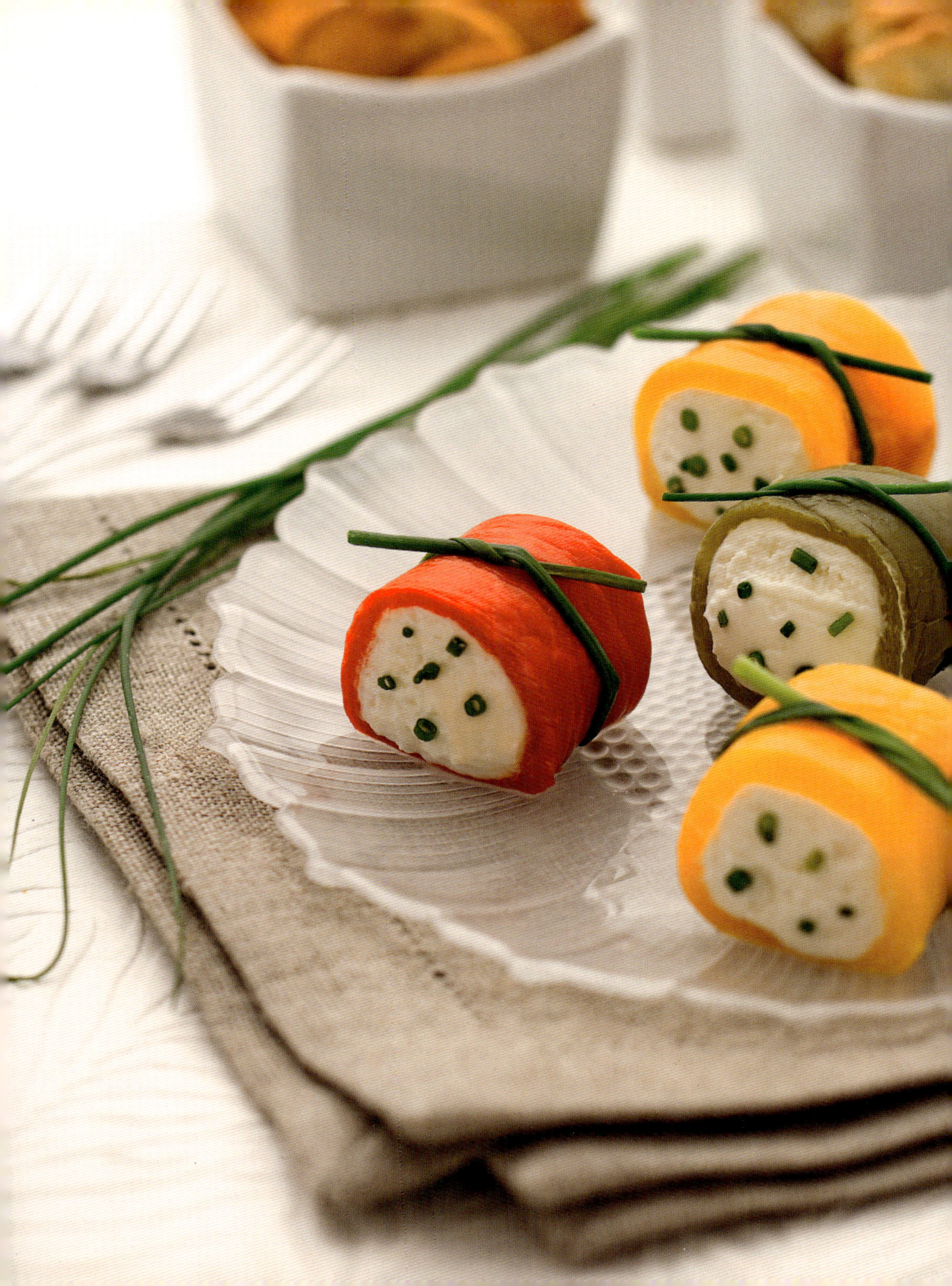

ANTIPASTI
MOZZARELLA IN CARROZZA

Se avete in casa una vera bufala napoletana, o un fior di latte super buono, e non sapete cosa farne, non perdete l'opportunità di preparare una delle migliori mozzarelle in carrozza che abbiate mai assaggiato. Certo non dietetica, questa ricetta è irresistibile, come quasi tutti i fritti. Per me è legata al ricordo di mia nonna, austera signora austriaca che adorava fare incursioni nella cucina campana. Quando ero piccola mi lasciava intingere i triangolini di pane e mozzarella nell'uovo. Ero talmente fiera di quella operazione che ancora oggi ho l'impressione che sia quella determinante.

Difficoltà: ★   Cottura: **8'**   Preparazione: **20'**   Dosi: **4** persone

Mozzarella: 400 g
Latte: 100 ml
Pane in cassetta: 16 fette
Uova: 3
Farina: q.b.
Sale: 1 pizzico
Pepe macinato: a piacere
Olio di semi: q.b.

1 Eliminate i bordi scuri dalle fette di pane in cassetta o di pancarré con un coltello affilato. Tagliate la mozzarella non troppo sottile (uno spessore intorno a 1 cm andrà bene) e disponetela sulle fette di pane, evitando che fuoriesca dai bordi, coprendola con altro pane, e premete. Tagliate diagonalmente i "sandwich" così ottenuti, in modo da ricavare due triangolini da ciascuno di essi.

2 A questo punto, riempite un piatto con la farina e sbattete in una ciotola a parte le uova con il latte, il sale e il pepe macinato. Passate i triangolini prima nella farina, stando attenti a ricoprire bene anche i bordi laterali, poi, generosamente, nella ciotola. In questo modo si formerà un sigillo che eviterà la fuoriuscita del formaggio durante la frittura.

3 Nel frattempo avrete scaldato l'olio in padella a 180° (o nella friggitrice). Quando sarà bollente, immergetevi i sandwich, facendoli dorare in modo uniforme da ambo i lati. Scolateli sulla carta assorbente e serviteli ancora caldi.

Il consiglio di Sonia

" Ricordate di non utilizzare mai il pane per tramezzini, perché è troppo cedevole e rischia di rompersi durante la cottura. Piuttosto, ricorrete al pane da pagnotta, avendo cura di tenerlo nell'uovo un po' più a lungo. Se volete esagerare, potete inserire nel sandwich anche del prosciutto cotto o un'acciuga, nonché passarlo nel pangrattato prima di friggerlo. "

ANTIPASTI
OLIVE ALL'ASCOLANA

La prima volta che ho preparato le olive all'ascolana nella redazione di Giallozafferano sono tutti impazziti: mi si è formato intorno una specie di capannello mentre denocciolavo le olive, verdi e grosse, che avevo preso di mattino presto a uno dei miei banchi preferiti del mercato, e tutti hanno voluto provare. Questo antipasto richiede tempo ma riempie di soddisfazione, preparato in casa ha proprio tutto un altro sapore. Poi, naturalmente, è divertentissimo per chi non si sia mai cimentato nel taglio a elica dell'oliva!

Difficoltà: ★★   Cottura: **20'**   Preparazione: **60'**   Dosi: **4 persone**

Olive tenere ascolane: 1 kg

PER IL RIPIENO
Carne bovina: 100 g
Carne di suino: 100 g
Pollo (o tacchino): 100 g
Uova: 1
Carote: 1 piccola
Cipolle: ½
Sedano: 1 costa
Pane: 30 g di mollica
Parmigiano reggiano: 80 g
Limoni: ½ (scorza grattugiata)
Vino bianco: 1 bicchiere
Chiodi di garofano in polvere: 1 pizzico
Noce moscata: 1 pizzico
Sale: q.b.

PER LA PANATURA
Uova: 2
Pangrattato: q.b.
Farina: q.b.

PER FRIGGERE
Olio di semi: ½ litro

1 Tritate le verdure e fatele rosolare con 3 cucchiai d'olio. Tagliate a dadini le carni e aggiungetele al soffritto. Quando saranno rosolate, salate, aggiungete il vino bianco e fatelo evaporare a fuoco dolce. Prima di macinare il composto (potete utilizzare anche le lame di un mixer), fatelo raffreddare, poi versatelo in una ciotola, dove aggiungerete i chiodi di garofano in polvere, la noce moscata, la scorza di limone, un uovo, il parmigiano grattugiato e la mollica di pane ridotta in briciole. Impastate e, quando il composto sarà morbido ma compatto, lasciatelo riposare per una mezz'oretta.

2 Nel frattempo denocciolate le olive. Con un coltellino a lama liscia, tagliate l'oliva a elica partendo dal picciolo: la buccia non deve rompersi. Otterrete una specie di spirale di polpa liberata dal nocciolo. Riempite le olive con una quantità di ripieno pari circa a ciò che è stato tolto, e ridate loro la forma originaria.

3 Preparate poi tre ciotole contenenti farina, uova sbattute e pangrattato. Passate ogni oliva prima nella farina, poi nell'uovo e, infine, nel pangrattato. Dopo una mezz'ora in un luogo fresco, le olive saranno pronte per la seconda impanatura, che le renderà compatte e croccanti una volta cotte. Siete pronti per friggere le olive nell'olio bollente. Quando saranno dorate, sgocciolatele e fatele asciugare sulla carta assorbente.

ANTIPASTI
PÂTÉ DI FEGATO

Banchetto luculliano

Una volta che avrete preparato il pâté di fegato in casa non ci sarà più niente da fare: vi rifiuterete categoricamente di comperarlo. Io l'esperienza di entrare in gastronomia e chiedere un po' di pâté per fare, che so, dei crostini, non l'ho mai vissuta perché lo cucino letteralmente da quando sono bambina. Prima aiutavo la zia nella difficile operazione di uccidere i polli, poi rimanevo a guardarla mentre li spennava e li sistemava per finire in pentola. Tutte le volte che maneggiava il fegato mi ripeteva: «Sonia, attenta al fiele!». Oggi in commercio si trovano i fegatini già puliti, che velocizzano e semplificano la procedura, ma il pâté non mi è mai più venuto cremoso come quello di allora.

Difficoltà: ★★   Cottura: **30'**   Preparazione: **30'**   Dosi: **12 persone**

Fegatini di pollo: 400 g
Burro: 500 g
Cipolle: 300 g
Gelatina: 2 dadi o bustine
Cognac: 1 bicchierino
Marsala: 1 bicchierino
Limoni: 1 (scorza grattugiata)
Maggiorana: 1 manciata
Olio: q.b.
Sale e pepe: q.b.

1 Lavate i fegatini di pollo, asciugateli e puliteli, togliendo il grasso in eccesso e le sacche del fiele (se presenti), quindi tagliateli a pezzetti.

2 Tritate le cipolle e fatele appassire in padella con 150 g di burro e un filo d'olio. Unite il fegato, la maggiorana fresca, la scorza di limone e fate rosolare per qualche minuto prima di aggiungere il marsala e il cognac, che lascerete evaporare a fuoco dolce. Aggiustate di sale e pepe e fate raffreddare prima di mettere tutto in un mixer, che ridurrà il composto in crema. Sciogliete il burro rimasto a fiamma bassa e incorporatelo.

3 Per preparare un pâté avvolto nella gelatina, avrete bisogno di due stampi da plum cake – uno deve poter contenere l'altro. Imburrate e foderate lo stampo piccolo con la pellicola, riversatevi l'impasto e lasciatelo rassodare in frigorifero per un paio d'ore.

4 Nel frattempo preparate la gelatina, utilizzando 1 litro d'acqua e 2 dadi o bustine: versatene metà nello stampo grande e mettetelo parimenti in frigorifero per 2 ore. A quel punto, preleverete il pâté dal frigo e lo sformerete eliminando la pellicola. Dovrete adagiarlo al centro dello stampo più grande, sul fondo del quale la gelatina si sarà ormai solidificata. Abbiate cura di lasciare uno spazio vuoto tra le pareti dello stampo e il pâté, che riempirete con la restante gelatina, ancora liquida, con la quale coprirete anche la superficie.

5 Mettete il tutto in frigorifero e, dopo 2 ore, avvolgete lo stampo con un canovaccio bollente, capovolgetelo su di un piatto da portata e guarnitelo, se volete, a vostro piacere.

Il consiglio di Sonia

"Dopo tanti esperimenti, suggerisco il pâté di fegatini di pollo perché, a mio avviso, è il più cremoso. Naturalmente potete prepararlo con qualsiasi altro tipo di fegato, secondo il vostro gusto, la ricetta rimarrà invariata. Una sofisticata variante di questa ricetta prevede che sbricioliate o inseriate per intero un piccolo tartufo nell'impasto."

ANTIPASTI
PIZZELLE FRITTE

Mani in pasta

Adoro le pizzelle. Mi piace lavorare tutto quello che lievita, poi amo Napoli e la sua cucina. Dopo il caffè napoletano, con lo zucchero e la cremina, le pizzelle sono uno dei cibi più fenomenali che esistano. Quando le ho preparate in redazione si è scatenato un grande entusiasmo: sono uno street food classico ma poco conosciuto da Roma in su. Semplici, si basano tutte sulla genuinità degli ingredienti e sulla frittura, che deve essere delicata, dolce: per scongiurare la possibilità che si induriscano toglietele dal fuoco quando sono ancora chiare, appena dorate.

Difficoltà: ★ Cottura: **30'** Preparazione: **30'** Dosi: **12** pizzelle

PER LE PIZZELLE
Acqua: 250-300 ml
Farina: 500 g
Lievito di birra: 20 g
Zucchero: 1 cucchiaino
Sale: q.b.

PER LA SALSA DI POMODORO
Pomodori: 400 g di polpa
Aglio: 1 spicchio
Cipolle: 1
Olio: 2 cucchiaini
Origano: 1 cucchiaino
Sale: q.b.

PER FRIGGERE
Olio di semi: q.b.

1 Sciogliete il lievito di birra in 125 ml d'acqua insieme al cucchiaino di zucchero e, a parte, il sale in altrettanta acqua. Uniteli alla farina, in una ciotola capiente, prima uno e poi l'altro, e impastate con le mani fino a quando tutto il liquido sarà stato assorbito e l'impasto risulterà ben morbido.

2 Versate il composto su un piano e lavoratelo con le mani per almeno 10 minuti, fino a ottenere una palla dall'aspetto liscio e omogeneo, che metterete in un recipiente infarinato, coprirete con la pellicola e lascerete lievitare per circa 2 ore in un luogo tiepido e privo di correnti d'aria fino a quando non avrà raddoppiato il suo volume.

3 Nel frattempo, per preparare il sugo, tritate finemente la cipolla e l'aglio e fateli soffriggere insieme all'olio molto lentamente in una casseruola. Aggiungete la polpa di pomodoro salate e lasciate cuocere per una ventina di minuti. Alla fine, spolverizzate d'origano.

4 Quando l'impasto avrà terminato la lievitazione, suddividetelo in tante porzioni quante pizzelle volete realizzare (le dosi indicate sono per 12 pizzelle del peso di circa 60 g l'una) e date a ciascuna la forma di una pallina.

5 Sarà necessaria una seconda lievitazione, in seguito alla quale le palline, coperte e poste su di un canovaccio infarinato, raddoppieranno nuovamente il loro volume. Trascorso il tempo necessario, formate da ciascuna un disco di pasta lievemente concavo, con i bordi più spessi del centro.

6 Scaldate in una casseruola abbondante olio e testatene la temperatura utilizzando un piccolo frammento dell'impasto. Quando sarà attorno ai 180° immergetevi i dischi di pasta e lasciate friggere per un paio di minuti da entrambi i lati, fino a che non si saranno dorati. Scolate le pizzelle, adagiatele su un foglio di carta assorbente e, infine, conditele con un paio di cucchiai di sugo, una foglia di basilico e (se vi piace) una spolverata di formaggio grattugiato.

ANTIPASTI
ROTOLINI DI ZUCCHINE CON CRUDO E ROBIOLA

I convitati fanno oh

Come se non bastasse mangiare continuamente, lungo le canoniche otto ore lavorative, tutte le portate che cuciniamo, a Giallozafferano organizziamo anche party, feste e raduni, con clienti, collaboratori e amici. Se c'è una cosa che preparo sempre, e che tutti coloro che sono passati di lì hanno assaggiato, prima o poi, sono i rotoli di zucchine con crudo e robiola, uno dei miei cavalli di battaglia. Sono sempre un successone: piacciono perché sono saporiti, belli da vedere e leggeri, fatto che apprezzo sempre di più da quando, ahimè, mi sono costretta a stare a dieta.

Difficoltà: ★   Cottura: 10'   Preparazione: 15'   Dosi: 4 persone

Robiola: 100 g
Prosciutto: 40 g
Zucchine: 12 fette
Erba cipollina: 1 cucchiaio
Pepe macinato: q.b.
Sale: q.b.

1 Mondate le zucchine e, tagliandole nel senso della lunghezza, ricavatene 12 fettine spesse 2 o 3 mm. Salatele leggermente e disponetele su di una superficie piana appena inclinata per far sì che perdano parte della loro acqua di vegetazione (questa operazione richiederà circa 30 minuti). Scaldate sul fuoco una bistecchiera di ghisa (o di materiale antiaderente) e adagiatevi le fettine, preventivamente asciugate, grigliandole un paio di minuti per parte.

2 In una ciotola ponete la robiola, l'erba cipollina, il pepe e il prosciutto crudo tritato finemente. Amalgamate e riducete il tutto a crema, poi lasciate riposare in luogo fresco o in frigorifero per almeno 15 minuti.

Il consiglio di Sonia

" Potete utilizzare l'erba cipollina come se fosse spago, per chiudere i rotolini a pacchetto. "

3 Quando le zucchine si saranno raffreddate, spalmatevi sopra il composto, arrotolate le fettine a chiocciola e disponetele in un piatto da portata guarnito con dell'erba cipollina.

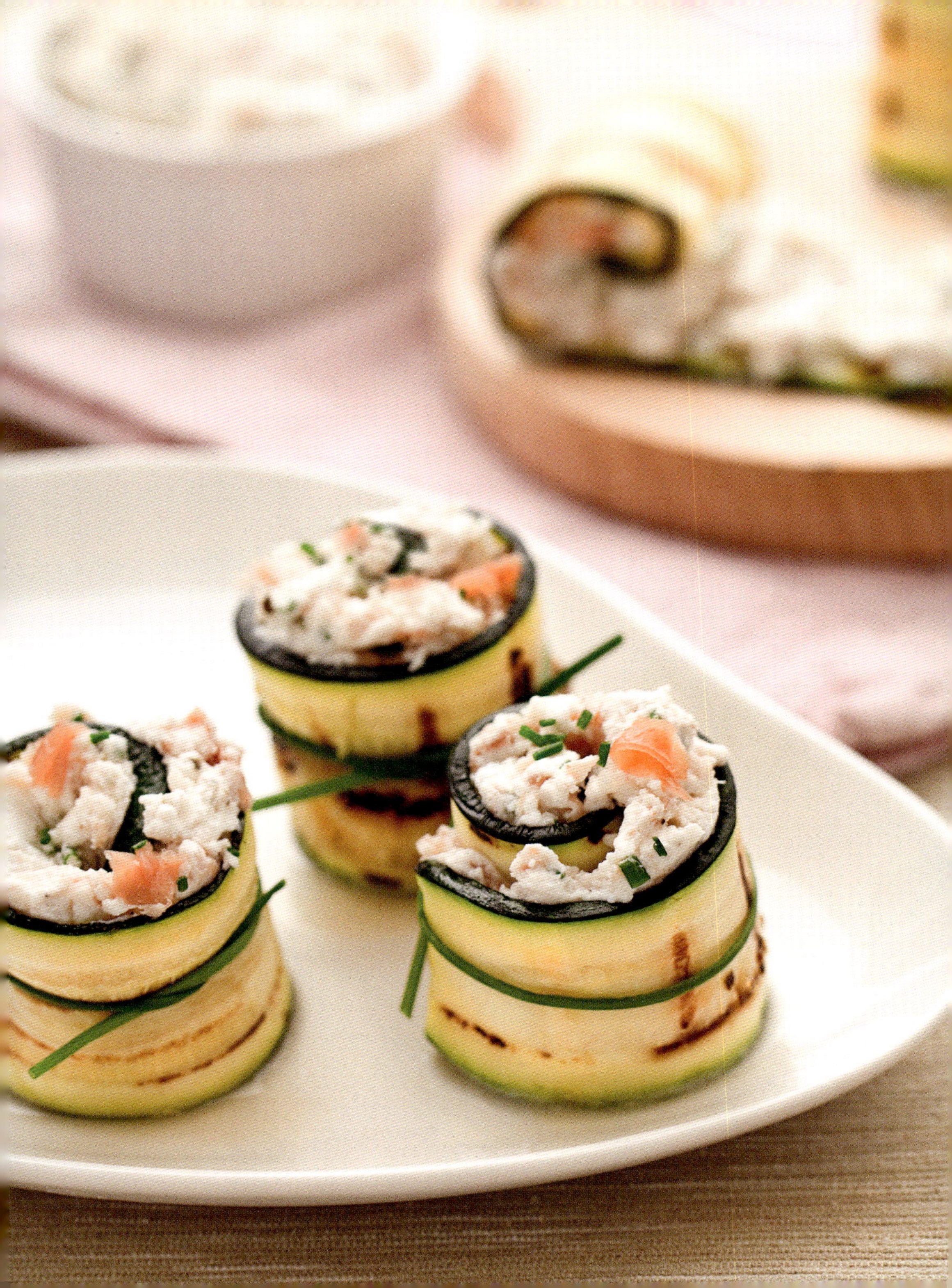

ANTIPASTI
SUPPLÌ AL TELEFONO

Pranzo della domenica

Non si può definirli una passeggiata di salute, ma una prelibatezza sì: il cuore di formaggio, la croccante crosticina esterna, la carne che quasi si scioglie in bocca. I supplì al telefono sono uno di quei piatti che, una volta nella vita, bisogna preparare e gustare. Gustare nel vero senso della parola: sono un'esperienza sensoriale dal momento in cui il profumo della carne si spande nell'aria a quando si dà il primo morso. E poi contengono una sorpresa: se li aprite a metà, la mozzarella filante terrà unite le due parti, come se fosse, appunto, un cavo del telefono.

Difficoltà: ★★ Cottura: **30'** Preparazione: **30'** Dosi: **20** supplì

Riso superfino: 500 g
Cipolle: mezza
Olio: 2 cucchiai
Burro: 30 g + 50 g per mantecare
Carne macinata (suino o manzo): 150 g
Fegatini di pollo: 60 g
Mozzarella: 200g
Funghi essiccati: 50 g
Pomodoro passato: 400 ml
Brodo di carne: 1 litro
Parmigiano grattugiato: 120 g
Uova: 2
Vino bianco: 100 ml
Sale e pepe: q.b.

PER RICOPRIRE
Pangrattato: q.b.
Uova: 2

PER FRIGGERE
Olio di semi di arachide: q.b.

1 Scaldate burro e olio in un tegame, nel quale verserete la cipolla a fettine sottili e la carne trita. Quando saranno rosolate, unite i fegatini sminuzzati e i funghi precedentemente ammollati, strizzati e tagliati a pezzetti. Fate rosolare per altri 5 minuti, poi sfumate con il vino. Aggiungete la passata di pomodoro, salate, pepate e lasciate cuocere a fuoco moderato finché il sugo si sarà ristretto e addensato.

2 A quel punto, unite il riso e cuocetelo mescolando spesso e versando, quando serve, del brodo di carne.

3 Quando il risotto apparirà asciutto e compatto spegnete il fuoco e mantecate con il burro e il parmigiano grattugiato, poi aggiungete le uova sbattute. Amalgamate tutti gli ingredienti, quindi versate il composto su di un grande piatto piano e lasciatelo raffreddare.

4 Nel frattempo tagliate la mozzarella a bastoncini di circa 4 cm e mettetela a scolare in un colino, così che perda l'acqua in eccesso.

5 Per formare i supplì bagnatevi le mani, stendete uno strato sottile di riso su un palmo. Poggiatevi sopra un bastoncino di mozzarella e richiudete con altro riso, conferendo una forma ovale. Passate ogni supplì nell'uovo sbattuto e nel pangrattato, quindi friggetelo in abbondante olio caldo rigirandolo più volte in modo da dorare tutta la superficie.

Il consiglio di Sonia

"Uno dei segreti per la buona riuscita dei supplì al telefono è la frittura, che deve avvenire in olio bollente a 180°. Onde evitare che i supplì si scuriscano troppo in superficie e che, al contrario, tenendoli troppo poco nell'olio non riusciate a ottenere l'effetto "telefono", rigirateli spesso."

ANTIPASTI
TARTUFINI COLORATI AL FORMAGGIO

L'idea

Belli da vedere, semplici e "preparabili" in anticipo se state organizzando una cena e dovete occuparvi di più portate, i tartufini di formaggio sono un finger food prelibato. Più stuzzichini che antipasti, meritano assolutamente di essere mimetizzati sulla vostra tavola e serviti nelle pirottine, così da sembrare cioccolatini di diverse qualità. Assaggiato il primo, superato lo stupore per la raffinata mescolanza di formaggi che contengono, scompariranno alla velocità della luce. Qui li propongo di quattro colori, verde, nero, rosso e bianco, ma potete rotolarli in qualunque spezia: il risultato sarà comunque squisito.

Difficoltà: ★ Preparazione: 15' Dosi: **50** tartufini

PER I TARTUFINI
Fontina: 50 g
Gorgonzola: 50 g
Groviera: 50 g
Parmigiano reggiano: 50 g
Ricotta: 200 g

PER RICOPRIRE
Erba cipollina, papavero, peperoncino dolce, sesamo: 2 cucchiai

1 Togliete la crosta ai formaggi che la possiedono. Tagliate a pezzetti la fontina e il groviera, metteteli nel mixer e tritateli finemente per qualche minuto, poi aggiungete la ricotta, il gorgonzola e il parmigiano grattugiato e riprendete a frullare per un altro paio di minuti, fino a che il composto avrà un aspetto cremoso e omogeneo. Versate la crema in un contenitore con coperchio e ponetela in frigorifero per almeno un paio d'ore.

2 Nel frattempo preparate quattro ciotoline, nelle quali porrete separatamente l'erba cipollina tritata, i semi di papavero, i semi di sesamo e la polvere di peperoncino dolce (o paprika).

3 Trascorso il tempo necessario, estraete la crema dal frigorifero e formate delle palline poco più grandi di una nocciola, che farete rotolare alternativamente nelle 4 ciotoline.

Il consiglio di Sonia

" Preparate il composto di formaggio la sera prima: dopo una notte in frigorifero sarà molto più facile maneggiarlo per formare le palline. "

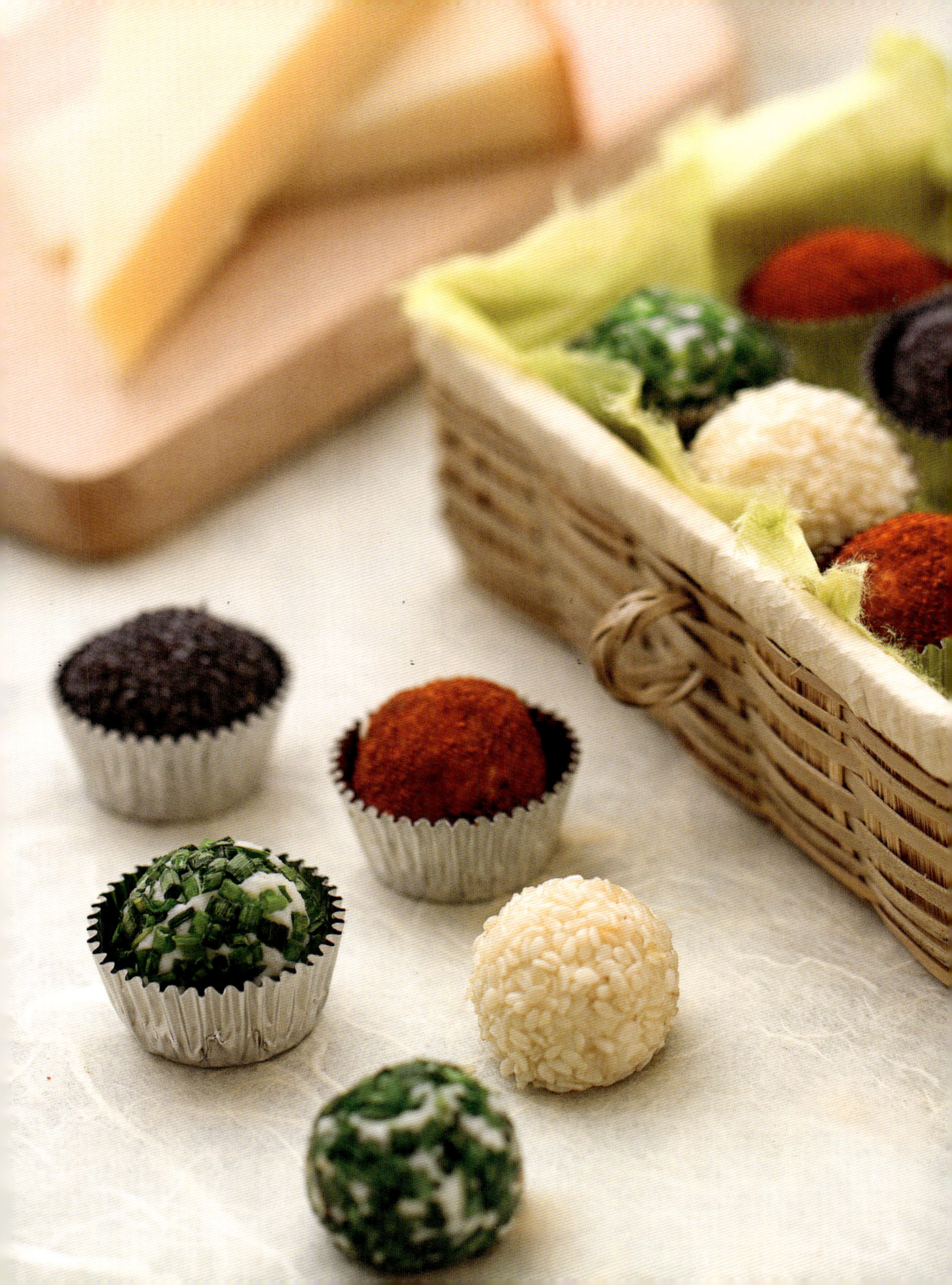

ANTIPASTI
TRIS DI TARTINE

Mia madre ha sempre amato le tartine: tutte le volte che andavo a trovarla con le mie figlie ce ne faceva trovare un vassoio pronto. La più piccola, Laura, le ha associate agli spostamenti e, fino a non troppi anni fa, tutte le volte che ci muovevamo di casa si aspettava di trovarle all'arrivo. Quando non le vedeva, delusa, domandava: «Dove sono le tartine?».
Questo finger food tipico di feste, buffet e party è veramente facile da preparare. Può sorprendere solo se bellissimo, ecco perché il trucco è comportarsi con le tartine come farebbe il pittore con la tela: dipingerle.

Difficoltà: ★   Preparazione: **20'**   Dosi: **6 persone**

Pane in cassetta: 12 fette

PER LA CREMA ALLE ERBE
Mascarpone: 90 g
Ricotta: 60 g
Erba cipollina, prezzemolo, e timo: 1 mazzetto
Aneto: 1 ciuffetto
Pepe bianco e sale: q.b.

PER LA CREMA AL SALMONE
Salmone affumicato: 80 g
Mascarpone: 80 g
Latte: q.b.
Sale: q.b.

PER LA CREMA AL PROSCIUTTO
Prosciutto cotto: 80 g
Mascarpone: 80 g
Latte: q.b.

1 Innanzitutto bisogna realizzare le tre creme, alle erbe, al salmone e al prosciutto.

2 CREMA ALLE ERBE: ammorbidite e mischiate la ricotta con 90 g di mascarpone, poi unite le erbe sminuzzate, il pepe bianco e aggiustate di sale.

3 CREMA AL SALMONE: mettete nel mixer le fettine di salmone e qualche cucchiaio di latte e riducete in purea, poi aggiungete 80 g di mascarpone e aggiustate di sale.

4 CREMA AL PROSCIUTTO: sgrassate il prosciutto cotto, mettetelo nel mixer e frullatelo con qualche cucchiaio di latte finché non sarà ridotto in crema. Unite il mascarpone e amalgamate.

5 Mentre le creme rassodano in frigo, tagliate le fette di pancarré nella forma che preferite: potete utilizzare dei coppapasta oppure eliminare semplicemente i bordi scuri e dividere la fetta in quadrati o triangoli.

6 Prelevate le creme dal frigorifero, versatele in tre tasche da pasticcere dotate di bocchetta a stella e farcite le vostre tartine. Una volta pronte, decoratele con pezzetti di salmone, prosciutto ed erbe aromatiche.

Il consiglio di Sonia

" I ritagli di pancarré che dovessero avanzare possono essere riutilizzati per fare il pane grattugiato: basterà metterli in forno per qualche minuto e poi frullarli. "

ANTIPASTI
UOVA ALLA GRECA

Sono innamorata di tutto il Mediterraneo, del mare, dei cibi, della cucina. Pochi anni fa, di ritorno da un indimenticabile viaggio in Grecia, ho sentito il bisogno di rivisitare quei sapori, e di farlo creando un antipasto estivo, fresco e goloso. Adoro i dolci ma dopo gli gnocchi pomodoro e basilico, se c'è un piatto salato che non riesco a smettere di mangiare sono le uova alla greca. Le ho studiate in modo che il gusto della feta si armonizzasse con quello delle verdure e delle uova, e che il tutto andasse a nozze con le olive nere e l'insalata.

Difficoltà: ★   Cottura: **8'**   Preparazione: **15'**   Dosi: **4** persone

Acciughe (alici): 4 filetti
Feta: 100 g
Uova: 8
Peperoni rossi: 50 g
Olio: 3 cucchiai
Prezzemolo: 2 cucchiai scarsi
Sale e pepe bianco: q.b.

1 Arrostite e spellate il peperone secondo la tecnica esposta nella ricetta a pagina 34, poi tagliatelo in filetti che ridurrete a cubetti molto piccoli. Fate quindi rassodare le uova e lasciatele raffreddare. Se volete velocizzare questa operazione mettetele sotto l'acqua corrente per qualche minuto.

2 In una ciotola versate dei cubetti molto piccoli di feta, i peperoni e le acciughe tritate finemente.

3 Sgusciate le uova, tagliatele a metà per il lungo e privatele del tuorlo, che andrete ad aggiungere nella ciotola dopo averlo passato con uno schiaccia aglio o tritato con una forchetta.

4 Unite il prezzemolo tritato, l'olio e il pepe. Aggiustate eventualmente di sale, tenendo presente che il composto è già molto saporito. Con questo, riempite le cavità delle uova sode e servitele adagiandole su di un lettino di insalata mista o insalatina verde. Se avete tempo, sarebbe meglio lasciarle in frigorifero per 1 ora, in modo che i sapori si armonizzino.

Il consiglio di Sonia

"Al posto dei peperoni arrostiti potete usare dei filetti di peperoni sottaceto, che renderanno però il sapore del ripieno piuttosto acidulo. Se invece opterete per quelli sott'olio, ricordatevi di aggiungere meno condimento al composto quando lo amalgamerete al resto degli ingredienti. Se non vi piace la feta, un'ottima alternativa potrebbe essere l'emmentaler."

ANTIPASTI
VOL-AU-VENT FANTASIA — *L'insospettabile*

Qualche anno a Giallozafferano e si fanno scoperte incredibili, come che i vol-au-vent sono insospettabilmente richiesti, infatti ho pubblicato questa ricetta dopo aver ricevuto decine di e-mail. Credevo di essere l'unica, nel 2000, ad amare ancora sconsideratamente questo stuzzichino da buffet anni Settanta, ma evidentemente siamo in tanti. Dato che l'unione fa la forza, ho voluto esagerare e proporre addirittura una fantasia di quattro diversi ripieni. Se l'idea di preparare i vol-au-vent con le vostre mani vi distrugge, niente paura: in commercio ne esistono di buonissimi, e voi potete dedicarvi alle salse in tutta pace.

Difficoltà: ★   Cottura: 15'   Preparazione: 30'   Dosi: 12 vol-au-vent

PER I VOL-AU-VENT
Pasta sfoglia: 1 rotolo
Latte: ½ bicchierino

PER LA FARCIA ALLE ERBE
Erba cipollina: 5/6 cucchiaini
Robiola: 30 g
Panna fresca: 2 cucchiai
Sale e pepe: q.b.

PER LA FARCIA AL SALMONE
Salmone: 30 g
Robiola: 30 g
Timo: q.b.

PER LA FARCIA ALL'INSALATA RUSSA
Insalata russa: 60 g

PER LA FARCIA AI GAMBERETTI
Gamberi sgusciati: 6
Salsa cocktail: 2 cucchiai

1 Se volete fare i vol-au-vent in casa, procedete stendendo la pasta sfoglia (che avrete acquistato pronta o preparato secondo la ricetta di pagina 288) e ritagliate dei dischi del diametro di circa 4-5 cm. Disponetene una parte su una teglia foderata con della carta da forno, bucherellando il centro con una forchetta per evitare la dilatazione durante la cottura. Togliete il centro dai dischi rimanenti ed eliminatelo, ottenendo così delle circonferenze spesse circa 1 cm. Spennellatele con del latte e disponetele a due a due, una sull'altra, sui dischi interi. Se avete preparato la pasta sfoglia in casa, basterà realizzare degli strati un po' più alti e sovrapporre solo una circonferenza a ciascun disco. Fate cuocere in forno caldo a 200° fino a quando saranno gonfi e dorati, poi lasciate raffreddare.

2 Nel frattempo, occupatevi delle creme. Per l'insalata russa fate riferimento alla pagina 32. Le dosi indicate per ogni farcia servono per riempire 3 vol-au-vent.

3 CREMA ALLE ERBE: lavorate la robiola con la panna in una ciotolina, dove aggiungerete l'erba cipollina tritata, salata e pepata. Quando la salsa sarà amalgamata, versatela in una sac à poche e trasferitela nei vol-au-vent.

4 CREMA AI GAMBERETTI: disponete sul fondo dei vol-au-vent un cucchiaino di salsa cocktail, poi i gamberetti sgusciati, sbollentati e sminuzzati, un altro cucchiaio di salsa e, infine, guarnite con gamberetti interi.

5 CREMA AL SALMONE: tritate il salmone e mescolatelo alla robiola. Inserite il composto nei vol-au-vent, disponendo sulla cima una fettina di salmone e un ciuffetto di timo.

6 Farcite i vol-au-vent rimasti con l'insalata russa e metteteli tutti a riposare in frigorifero.

ANTIPASTI
MINI CHEESECAKE AL SALMONE

Un piatto che sembra quello che non è: il segreto del successo della mini cheesecake. Monoporzione, servita nelle pirottine, se non fosse per l'aneto potrebbe passare per un dolce. Invece nasconde un cuore di salmone, avvolto nel gusto delicato del formaggio fresco. La ricetta è nata lavorando per Philadelphia, moltissimi utenti postavano commenti sulla cheesecake, al punto che ne sono scaturite discussioni e chiacchierate in redazione, dove è nata l'idea: «Perché non proviamo a farla salata?». Eccola.
Antipasto fresco d'estate e party food d'inverno, morbida sopra e croccante sotto, sembra dolce ma non lo è: intrigante come tutti i misteri.

Difficoltà: ★ Preparazione: 12' Dosi: 12 mini cheesecake

PER LA BASE
Biscotti salati (tipo Tuc): 150 g
Burro: 70 g

PER LA CREMA AL SALMONE
Philadelphia: 300 g
Ricotta: 250 g
Salmone affumicato: 160 g
Colla di pesce: 9 g
Panna fresca: 150 ml
Sale: q.b.

PER LA GUARNIZIONE
Salmone affumicato: 2 fettine
Aneto: qualche rametto

1 Per preparare la base polverizzate i cracker salati in un mixer, aggiungete il burro fuso e amalgamate. Riempite uno stampo da muffin con delle pirottine di carta: distribuite un cucchiaio abbondante di composto in ciascuna, appiattitelo col dorso di un cucchiaio e lasciate raffreddare il tutto in frigorifero per mezz'ora.

2 Per la crema, fate ammorbidire la colla di pesce in una ciotola d'acqua fredda. Nel frattempo mescolate il Philadelphia e la ricotta, cui aggiungerete 3-4 cucchiai di panna fresca, scaldata ma non bollita, nella quale avrete versato la colla di pesce, una volta strizzata. Amalgamate il tutto, quindi tritate il salmone a coltello e incorporatelo nel composto, insieme alla panna rimanente, che avrete montato. Regolate di sale.

3 Distribuite la crema sulle basi di biscotto, quindi coprite le pirottine con della pellicola e rimettetele in frigorifero per almeno 2 ore. A quel punto potrete guarnirle con delle roselline di salmone (ottenute arrotolandone sottili fettine) e un rametto di aneto.

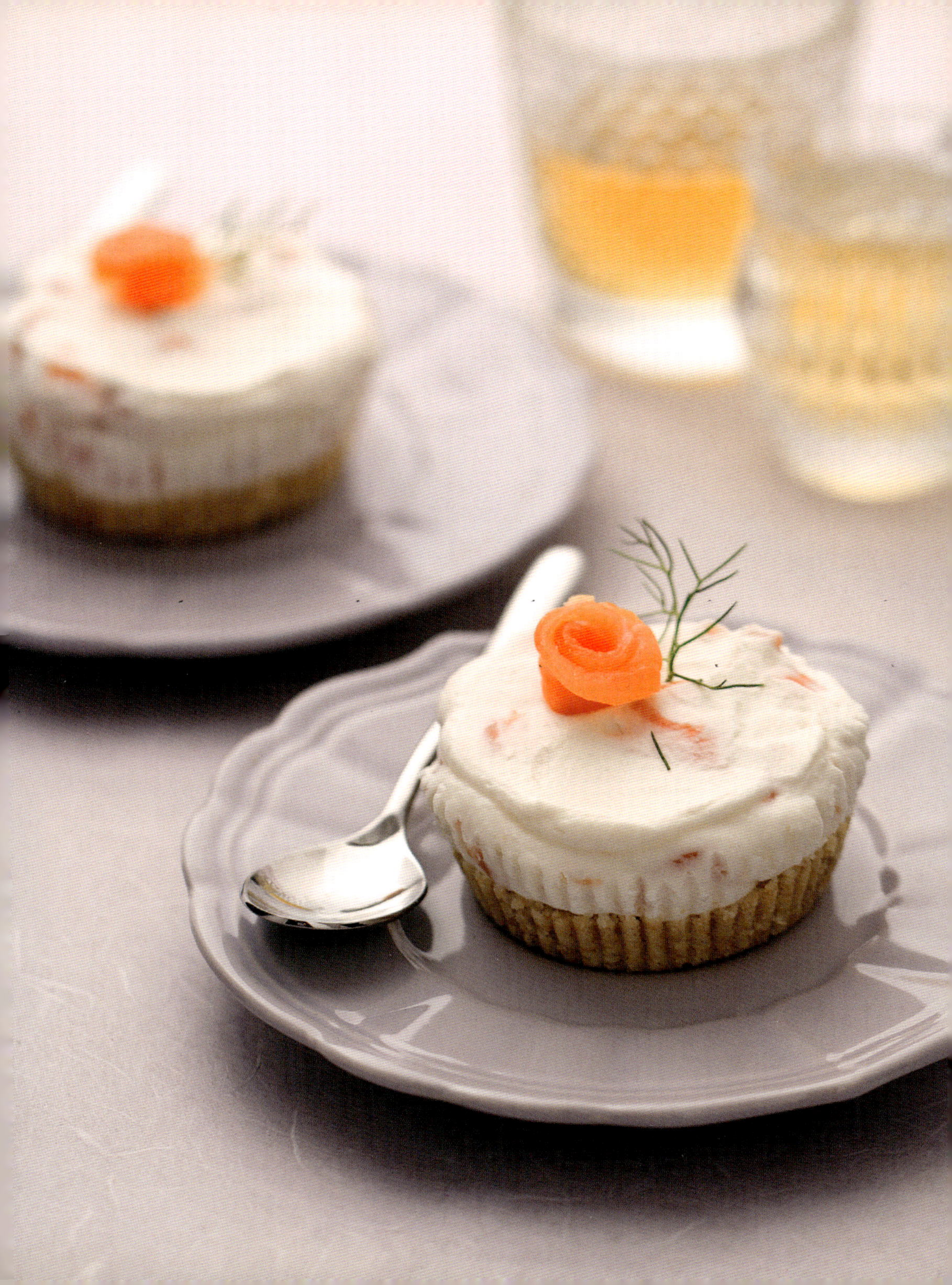

ANTIPASTI
PIZZETTE DI SFOGLIA

Una piazza, virtuale o no, sempre una piazza rimane. È un luogo dove ci si ferma a guardare il passeggio, si incontrano conoscenti e amici e magari si fanno quattro chiacchiere, si scambiano idee e opinioni, si sta semplicemente un po' all'aria.
Le pizzette di sfoglia sono nate lì, in piazza, dove mi hanno chiesto consigli su cosa preparare per le feste dei bambini, le comunioni e le cresime. Sono tornata con la mente a quando ho preparato il buffet per la terza comunione in casa mia, e non ho avuto più dubbi: le pizzette di sfoglia! I bambini (e non solo loro) le adorano, si preparano in pochissimo tempo, costano poco e hanno l'aspetto e il sapore delle cose buone fatte in casa.

Difficoltà: ★   Cottura: **30'**   Preparazione: **15'**   Dosi: **21** pizzette

Pasta sfoglia: 1 rotolo (230 g)
Olive nere (denocciolate): 3-4
Capperi sottaceto (piccoli): 20
Acciughe sottolio: 5
Sugo di pomodoro fresco: 50 g
Provola: 65 g
Uova (piccole): 1
Pesto al basilico: 3 cucchiaini
Origano essiccato: ½ cucchiaino

1 Ricavate dalla pasta sfoglia spessa circa 2 millimetri 21 dischi del diametro di 6 cm e poneteli su di una leccarda foderata con la carta da forno. Spennellateli con l'uovo sbattuto, lasciando libero un po' di bordo esterno.

2 Farcite i primi 5 con mezzo cucchiaino di sugo di pomodoro, 4-5 cubettini di provola e un pizzico di origano; altri 5 con mezzo cucchiaino di pesto e 4-5 dadini di provola; altri 5 con alcuni cubetti di provola e un'acciuga sottolio. Riempite i dischi rimanenti con un cucchiaino di pomodoro, qualche dadino di provola, 4 capperi sottaceto e due fettine di oliva.

3 Infornate le pizzette a 200° per circa 12-15 minuti, finché i bordi non siano ben dorati.

Il consiglio di Sonia

"Potete utilizzare per i crostini qualsiasi tipo di polenta: qua fornisco indicazioni per la polenta istantanea, ma naturalmente potete utilizzare quella bianca, quella bramata, quella avanzata, quella preparata il giorno prima e conservata in frigo… in base al vostro gusto."

ANTIPASTI
CAPESANTE GRATINATE ALLA PROVENZALE

Aprire una cena con le capesante alla provenzale è un po' come buttarsi e, a un happening, intavolare una conversazione su quel famoso film che ha partecipato a quel famoso festival, o quel famoso scrittore che ha quasi vinto quel famoso premio. Vi tramuterà agli occhi dei vostri commensali in sofisticati gourmet, impareggiabili intenditori, chicchissimi padroni di casa. Siccome di capasanta non ne resterà nemmeno una, mano ai gusci! Per preparare questo piatto c'è un trucco: la cottura. Le capesante sono come il pesce spada: burro se cotte al punto giusto, gommose se cotte un secondo in più. Quindi aguzzate la vista e, appena non saranno più crude, estraetele e servitele.

Difficoltà: ★   Cottura: 15'   Preparazione: 30'   Dosi: **4 persone**

Capesante: 4
Pomodorini ciliegino: 60 g
Aglio: 1 spicchio
Parmigiano reggiano: 30 g
Brodo vegetale: 250 ml
Pane tipo pugliese: 60 g
Olio: ½ bicchiere
Erbe aromatiche: q.b.
Sale: q.b.
Pepe: q.b.

1 Posizionate le capesante su una teglia da forno con il loro guscio. Per farle rimanere dritte ed evitare che la farcia fuoriesca, realizzate degli anellini sottili arrotolando dei fogli di alluminio, che fungeranno da sostegno.

2 Lavate i pomodorini e riduceteli a cubetti. Private il pane della crosta, sbriciolatelo nel mixer e mescolatelo in una ciotola con il parmigiano grattugiato, l'aglio schiacciato e 3 cucchiai di erbe aromatiche tritate (prezzemolo, basilico, maggiorana e timo). Salate, pepate e aggiungete l'olio, tenendone da parte qualche cucchiaio. Amalgamate il composto e aggiungetevi il brodo vegetale finché sarà diventato cremoso, né troppo liquido né troppo compatto.

3 Coprite le capesante con i pomodorini, poi con la farcia e irroratele d'olio. Infornate a 200° e cuocete per circa 15 minuti, finché la superficie sarà dorata.

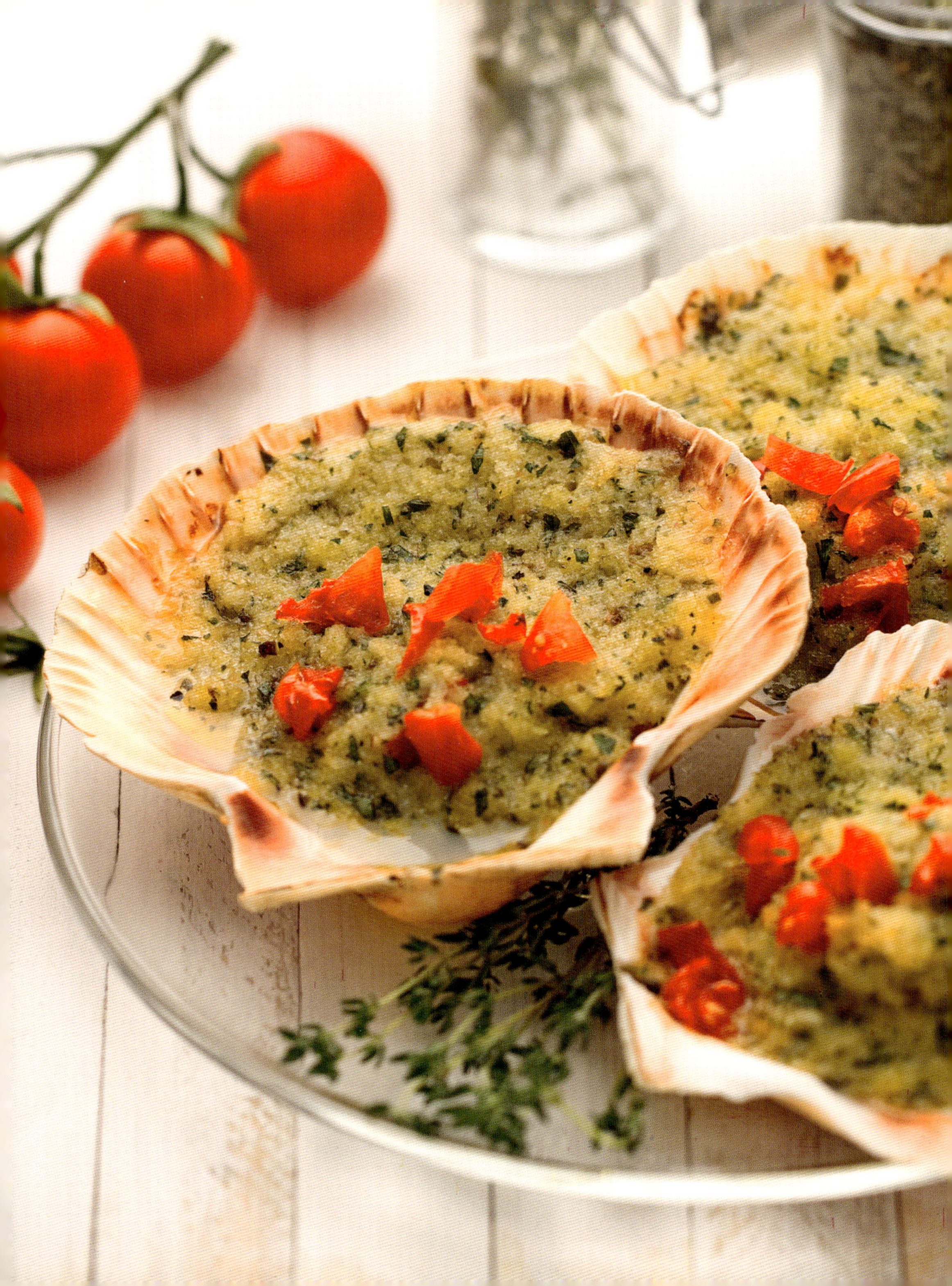

ANTIPASTI
VELLUTATA DI LENTICCHIE IN CROSTA

I convitati fanno oh

Quello delle lenticchie è uno strano caso: tutti le cucinano e nessuno le mangia. Spuntano sulle tavole solo in occasione della mezzanotte di Capodanno, per scomparire dal 1° gennaio. Diciamocelo: un po' acquose e pesanti per venire stuzzicate alla fine di un cenone durato ore e svariate portate, le assaggiamo solo perché portano fortuna. Le lenticchie, però, hanno infinite risorse (altrimenti non sarebbero benauguranti) e questa ricetta lo dimostra. Servite impacchettate nella pasta sfoglia come un regalo, sotto forma di vellutata, e guarnite con qualche briciola di cotechino croccante, stupiranno i vostri amici e salveranno tradizione e palato.

Difficoltà: ★   Cottura: **30'**   Preparazione: **30'**   Dosi: **4 persone**

Lenticchie: 125 g
Cipolle: ½
Carote: 1
Sedano: 1 costa
Pasta sfoglia: 1 rotolo
Alloro: 1 foglia
Timo: 2 rametti
Brodo vegetale: q.b.
Olio: 2 cucchiai
Burro: 20 g
Cotechino (già lessato): 100 g
Uova (piccole): 1
Sale: q.b.
Pepe: macinato a piacere

1 Mettete a mollo le lenticchie in acqua fredda con mezzo cucchiaino di bicarbonato la sera prima (o almeno 2 o 3 ore prima dell'utilizzo), avendo cura di cambiare l'acqua almeno una volta, poi sciacquatele e scolatele.

2 Mondate e tritate finemente la cipolla, la carota e il sedano e fateli appassire a fuoco lento per almeno 10 minuti nell'olio e nel burro. Aggiungete le lenticchie, mescolate, unite l'alloro, le fogloline di timo fresco e coprite il tutto con il brodo vegetale. Fate lessare le lenticchie fino a che diventeranno tenere, aggiungendo brodo quando serve, quindi salate e pepate.

3 Nel frattempo, prendete il cotechino già lessato (va bene anche quello avanzato dal giorno prima), sbriciolatelo in una padella e fatelo diventare croccante a fuoco dolce, mescolando di tanto in tanto.

4 Una volta cotte le lenticchie, eliminate la foglia di alloro e frullatele fino a ottenere una crema fine. Eventualmente, per renderla più fluida, usate il brodo vegetale. Versatela in 4 ciotoline da forno, aggiungete in ognuna il cotechino sbriciolato, quindi ritagliate dei cerchi di pasta sfoglia del diametro di 1 cm più largo di quello delle ciotoline, dove lo fisserete dopo averne inumidito i bordi. Spennellate la pasta sfoglia con l'uovo sbattuto e infornate a 200° per circa 15 minuti, finché la sfoglia non sarà gonfia e dorata.

Il consiglio di Sonia

" Servite la crema di lenticchie bollente (attenti a non scottarvi!) invitando i vostri commensali a rompere la crosta e mangiarla assieme alla crema, come se fosse pane. "

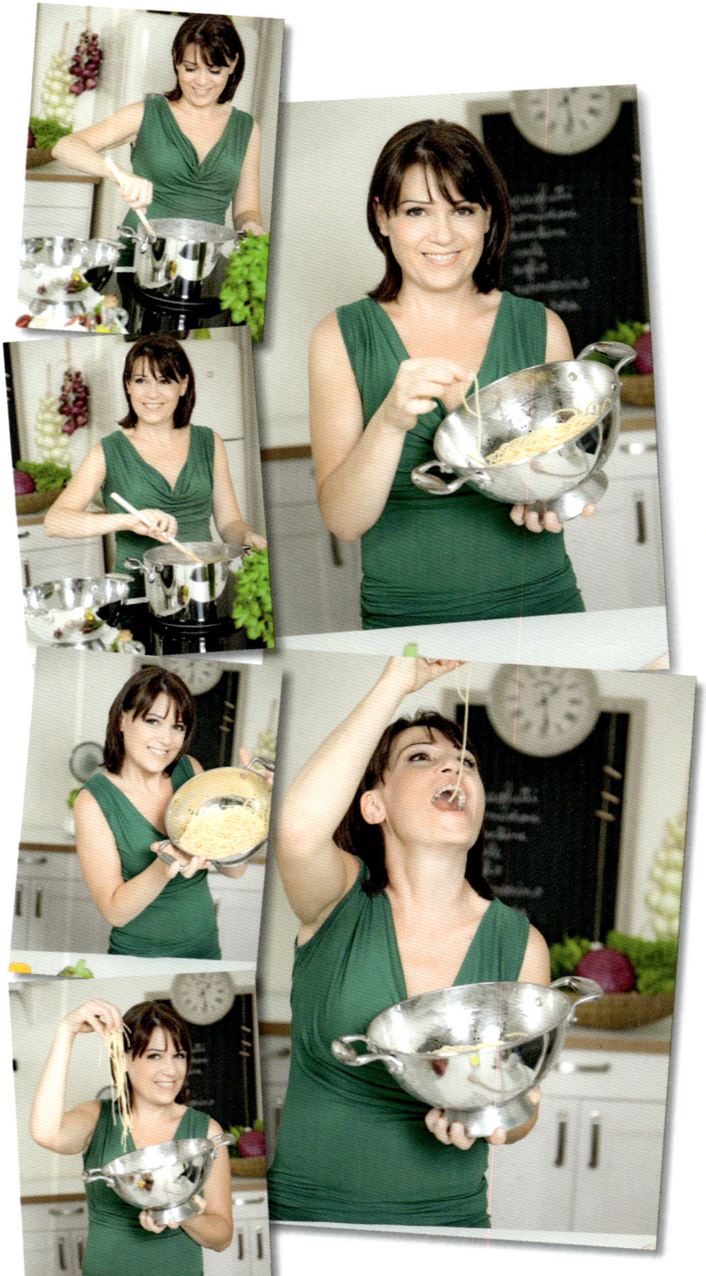

Primi

Spaghetti e mandolino? Magari! Sul mandolino, lo ammetto, sono impreparata, ma sono fierissima dei miei spaghetti fatti in casa, e mi piacerebbe lo foste anche voi. Non chiedetevi nemmeno: «Sarò capace?», perché lo siete. La pasta cotta al dente quel tanto che basta, il sugo semplice fatto con i pomodori comprati freschi nel negozio sotto casa, il basilico che profuma l'aria sono l'Italia. I primi sono i piatti che tutto il mondo ci invidia e che hanno fatto grande la nostra cucina – e che nessuno, diciamocelo, sa preparare come noi. Anche il mammone privo di qualsiasi esperienza ai fornelli saprebbe cucinare una pasta almeno decente. Perdonatemi la banalità, ma è così: questione di usi e costumi, di tradizione, di gesti che si tramandano da generazioni, di saperi che a momenti non mi sarebbe necessario esplicitare, perché tutti gli italiani sanno quando scolare gli spaghetti e cosa serve per una carbonara.

Qui ho provato a condensare una panoramica sull'immensa varietà di primi che cuciniamo da Nord a Sud: pasta di ogni forma, ma anche risotti, gnocchi, zuppe, crespelle, pizzoccheri, spätzle, parmigiana e tanti sughi diversi, di carne, di pesce, vegetariani, sperimentali, tradizionali, raffinati, caserecci, da 2, da 4 e da 6, poco costosi e molto costosi, che si preparano in 5 minuti o in una mattinata, da banchetti luculliani o da cene espresso.

PRIMI
CANEDERLI ALLA TIROLESE

I canederli sono il Trentino, sono la mia seconda terra, sono mia nonna Ottilia, i suoi gesti ripetuti migliaia di volte, la sua infinita delicatezza mentre ne mescolava l'impasto, così che il pane non perdesse volume, porosità e morbidezza; la sua soddisfazione malcelata quando, a cena da qualche amica, un commensale si trovava costretto a tirar fuori il coltello per tagliarli e suo malgrado offendeva la padrona di casa; l'attesa della magia degli aromi che, mischiandosi, inventano un nuovo sapore, passata a giocare a carte, a farmi raccontare una storia, o semplicemente a guardarla fare altro.

Difficoltà: ★ ★   **Cottura:** 15'   **Preparazione:** 180'   **Dosi:** 4 persone

Pane raffermo: 200 g
Farina: 40 g
Burro: 30 g
Speck: 100 g
Uova: 2
Latte: 150 ml
Cipolle: 1
Brodo di carne: 2 litri
Erba cipollina: 1 cucchiaio
Noce moscata: 1 pizzico
Prezzemolo: 1 cucchiaio
Sale e pepe: q.b.

1 Amalgamate il pane tagliato a dadini di circa 1 cm con le uova sbattute, un pizzico di pepe, uno di sale e il latte, poi lasciate riposare per mezz'ora, coprendo la ciotola con un canovaccio. Di tanto in tanto, ricordate di rivoltare delicatamente il pane, così che l'impasto assorba il liquido in modo omogeneo: il pane, infatti, deve diventare morbido senza spappolarsi.

2 Trascorsa la mezz'ora, fate appassire la cipolla a fuoco lento, aggiungete lo speck tagliato sottile e lasciatelo soffriggere qualche minuto. Quando sarà freddo, incorporatelo nel pane insieme alla noce moscata, al prezzemolo e l'erba cipollina tritati. Infine, cospargetevi sopra la farina. Mescolate tutto con cautela e coprite il recipiente per almeno mezz'ora, così che gli aromi si fondano per dar vita al sapore tipico dei canederli.

3 A quel punto, con le mani bagnate per evitare che il composto si appiccichi, formate delle palline del diametro di circa 5-6 cm esercitando una leggera pressione, che preservi e non distrugga la porosità del pane.

4 Preparate il brodo di carne e portate a bollore, poi versateci dentro i canederli tutti insieme e lasciateli cuocere per almeno 15 minuti a fuoco molto basso.

Il consiglio di Sonia

" Per testare la resistenza dei canederli, provate a immergerne prima uno solo nell'acqua: se si frantuma, aggiungete alla pasta un po' di farina. Potete servire in brodo, secondo la tradizione, oppure con burro e salvia. "

PRIMI
SPÄTZLE PANNA E SPECK

> L'idea

Chi di voi avesse, come me, nonna austriaca e mamma tedesca, probabilmente non ha scoperto l'esistenza della pasta fino all'età della ragione. Le alternative offerte dalla cucina mitteleuropea infatti sono innumerevoli e prelibate, prima fra tutte gli spätzle. A casa mia erano il piatto salva-stomaci quando nessuno aveva fatto la spesa: versatilissimi, possono essere conditi praticamente con tutto. Qua li trovate con panna e speck – una vera golosità. Oggi esiste un attrezzo apposito per buttarli nell'acqua bollente, ma ricordo mia nonna svolgere questo compito come un rito, a mano, direttamente sul pentolone, senza bruciarsi. Uno dei tanti miracoli delle donne d'altri tempi.

Difficoltà: ★   Cottura: 10'   Preparazione: 15'   Dosi: 4 persone

PER GLI SPÄTZLE
Farina: 250 g
Acqua: 120-150 ml circa
Uova: 3
Noce moscata: ¼ di cucchiaino
Sale: q. b.

PER IL CONDIMENTO
Speck a fette sottili: 150 g
Panna fresca: 250 ml
Burro: 30 g
Erba cipollina: 2 cucchiai
Sale e pepe: q.b.

1 In una ciotola versate la farina, il sale, la noce moscata, le uova sbattute e l'acqua (poca per volta): amalgamate con una frusta fino a ottenere un impasto liscio semi-denso. Deve cadere a grosse gocce dal mestolo: attenti quindi alle aggiunte d'acqua.

2 Mettete a bollire l'acqua e, nel frattempo, tagliate finemente l'erba cipollina e tritate lo speck, che verserete nella padella dove avrete fatto sciogliere il burro. Fatelo soffriggere, poi aggiungete la panna, il pepe, un cucchiaio di erba cipollina e aggiustate di sale quindi, allo sfiorare del bollore, spegnete il fuoco.

3 Per formare gli spätzle posizionate l'apposito attrezzo, oppure la pressa simile a uno schiacciapatate, sull'acqua in ebollizione: riempitelo di impasto e fate fuoriuscire gli gnocchetti. Gli spätzle saranno cotti quando riaffioreranno in superficie: recuperateli con una schiumarola, scolateli e trasferiteli nella padella per farli saltare per pochi secondi nel condimento. Impiattate e spolverizzate con la rimanente erba cipollina, quindi servite.

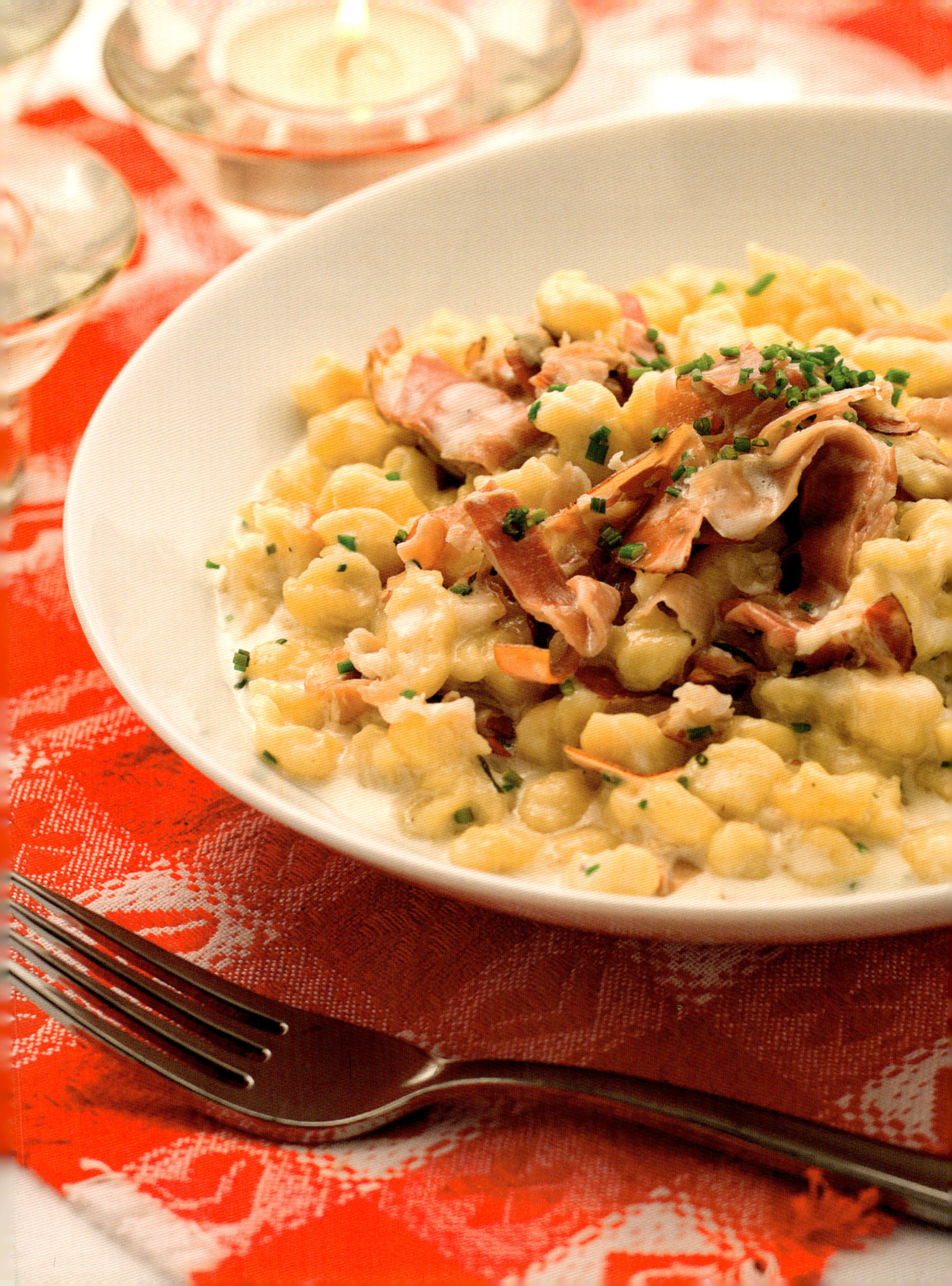

PRIMI
PIZZOCCHERI ALLA VALTELLINESE

In redazione funziona così: io cucino insieme ad altre ragazze, Deborah e Carolina, Anna scrive, Mauro fotografa, Jules programma, Arianna traduce, Francesco sovrintende e coordina. Verso le 14, quando ormai tutti abbiamo gli stomaci sotto i piedi, si mangia. Apparecchiamo la tavola – che ho voluto lunghissima – e, con l'unica e nobile motivazione di non sprecare nulla, addentiamo quello che è stato preparato quel giorno. I pizzoccheri, che avevo fatto a mano, sono stati spazzolati alla velocità della luce. Nonostante avessi dimezzato la dose di burro consigliata dall'Accademia del pizzocchero, riprendere a lavorare è stata durissima!

Difficoltà: ★   Cottura: **100'**   Preparazione: **30'**   Dosi: **4 persone**

PER I PIZZOCCHERI
Acqua: 250 ml
Farina di grano saraceno: 400 g
Farina bianca: 100 g
Sale: 2 pizzichi

PER IL CONDIMENTO
Burro: 100 g
Valtellina Casera dop: 250 g
Grana padano: 150 g
Coste: 250 g
Patate: 350 g
Aglio: 1 spicchio
Pepe: q.b.

1 Per i pizzoccheri, mescolate le due farine, aggiungete l'acqua e impastate fino a ottenere un panetto compatto. Lasciatelo riposare per mezz'ora in un luogo fresco poi stendete la sfoglia, cercando di ottenere un rettangolo regolare, fino a uno spessore di 2-3 millimetri, da cui dovrete ricavare delle fasce di 7-8 cm di larghezza. Sovrapponetele, spolverizzando di farina tra una e l'altra per evitare che si attacchino, e tagliatele nel senso della lunghezza, ottenendo delle tagliatelle larghe circa 5 mm, che lascerete riposare su un piano infarinato.

2 Nel frattempo mondate le coste, poi praticate un taglio a V lungo le venature delle foglie e staccate il gambo. Estraetene le parti filamentose con un coltello dalla lama liscia, poi dividetelo in bastoncini della larghezza di 1 cm, che si cuoceranno più velocemente. Quindi lavate gambi e foglie sotto l'acqua corrente.

3 Sbucciate e tagliate in tocchetti le patate, poi lessate le verdure in acqua bollente salata, nella quale, dopo 5 minuti, aggiungerete anche i pizzoccheri. Dopo 10 minuti di cottura scolate i pizzoccheri con una schiumarola. Versatene uno strato in una teglia calda, che cospargerete con il Grana grattugiato e il Valtellina Casera a scaglie, poi proseguite alternando la pasta al formaggio. In un pentolino a parte, fate sciogliere il burro insieme all'aglio: quando si sarà colorito, eliminatelo e fate colare il burro fuso sui pizzoccheri, che servirete caldi con una spolverata di pepe macinato fresco.

Il consiglio di Sonia

" Chi volesse arricchire questa ricetta rimanendo nell'alveo della tradizione potrebbe aumentare le dosi delle patate e delle coste, proponendo un piatto più ricco.
Chi, invece, avesse voglia di sperimentare potrebbe condire i pizzoccheri con un ottimo ragù fatto in casa o un sugo "montanaro" a base di funghi porcini e panna. Poco ortodosso, lo so, ma da vera golosa ho già l'acquolina in bocca! "

PRIMI
LASAGNE ALLA BOLOGNESE

Pranzo della domenica

Delle lasagne sono schiava. O meglio: sono schiava delle mie figlie che, ogni domenica, ogni giorno di festa – non solo Natale, Capodanno e l'8 dicembre, ma anche, incredibilmente, in primavera e d'estate – me le chiedono con gli occhi dolci da bambine coccolose e io, invariabilmente, finisco per non resistere e passare varie orette in cucina. Comincio a sentirmi ripagata dello sforzo quando sento il profumo alzarsi dal tegame dove sta cuocendo il ragù e finisco nel momento in cui le ragazze fanno la scarpetta. Con il pane, dopo aver mangiato la pasta: se cercate una conferma alla bontà del vostro sugo, questa non tradisce.

Difficoltà: ★★   Cottura: **70'**   Preparazione: **30'**   Dosi: **8 persone**

Lasagne: 500 g
Besciamella: 1 kg
Parmigiano reggiano: 200 g
Ragù alla bolognese: 1 kg circa

Il consiglio di Sonia

" Trattandosi di un piatto molto sostanzioso e calorico, le lasagne possono tranquillamente fungere da piatto unico. Accompagnatele con un'insalata verde o mista. Se volete esagerare, potete aggiungere a ogni strato di lasagna qualche ricciolo di burro, che renderà tutto più morbido, delicato e gustoso. "

1 Le lasagne non possono fare a meno del ragù fatto in casa, preparatelo secondo la ricetta che trovate a pagina 274. Se siete dei virtuosi farete voi anche la pasta, fate riferimento a pagina 262, e la besciamella (pagina 278), che dovrà risultare abbastanza fluida per poter essere spalmata.

2 Una volta pronti tutti gli ingredienti, preriscaldate il forno a 160°. Imburrate una teglia rettangolare, stendete un paio di cucchiai di ragù e foderate il fondo con la pasta, quindi coprite con qualche cucchiaio di besciamella. Versate abbondante ragù e spolverizzate con abbondante parmigiano prima di aggiungere un altro strato di pasta e procedere allo stesso modo per il secondo strato. Formate più strati a seconda della teglia e fino a esaurire i componenti.

3 In un pentolino a parte mischiate il ragù con un po' di besciamella e stendete il composto sulle lasagne. Per finire, cospargete il tutto con il parmigiano e infornate per almeno 50-60 minuti, controllando ogni tanto la cottura: le lasagne saranno pronte quando avranno assunto un bel colorito dorato.

4 Una volta pronte, toglietele dal forno e lasciatele raffreddare per 10 minuti, quindi tagliatele nella teglia e servitele ancora calde.

PRIMI
PARMIGIANA DI MELANZANE

Banchetto luculliano

Sulla parmigiana di melanzane esistono varie scuole di pensiero: io milito sotto lo striscione "Fritto for ever". Lo so che alla griglia sono più leggere, lo so che il colesterolo nel fritto ci sguazza, lo so che la digestione sarà un procedimento complesso e che bisognerà ricorrere a un pit stop di almeno mezz'oretta, ma quando le assaggerete il palato vi confermerà che avevo ragione: meglio una parmigiana in meno di una parmigiana mogia e falsamente dietetica. Piuttosto, dato che milito anche sotto lo striscione "Salviamo le coronarie", una volta fritte, stendete le melanzane sulla carta assorbente una accanto all'altra (non impilate), così che spurghino il più possibile.

Difficoltà: ★★ Cottura: 60' Preparazione: 15' Dosi: 6 persone

Melanzane: 1,5 kg
Pomodori (passata): 2 bottiglie da 700 ml
Caciocavallo: 300 g
Parmigiano reggiano: 150 g
Aglio: 2 spicchi
Basilico: qualche foglia
Cipolle: ½
Olio: 1 dl
Basilico: qualche foglia
Sale grosso: 100 g
Sale: q.b.

1 Preparate innanzitutto il sugo di pomodoro facendo soffriggere per qualche minuto cipolla e aglio tritati in un tegame con 4 cucchiai di olio, poi aggiungete la passata e lasciate bollire finché non si addensi. A quel punto, aggiustate di sale e unite qualche foglia di basilico spezzettata, quindi spegnete il fuoco.

2 Spuntate le melanzane, lavatele e tagliatele a fette di circa 1 cm di spessore per il verso della lunghezza. Impilatele in una ciotola, o in uno scolapasta, cospargendo ogni strato di sale grosso, e fatele riposare per almeno 1 ora, così che espellano buona parte del liquido amarognolo che le caratterizza. A quel punto, sciacquatele sotto l'acqua corrente e asciugatele. Potete quindi friggerle in padella finché saranno dorate su tutti e due i lati, poi lasciarle asciugare su un foglio di carta assorbente.

3 Ungete una pirofila, bagnatene il fondo con un po' di sugo e disponetevi un primo strato di melanzane ponendole una accanto all'altra, senza che si sovrappongano. Versate poi un po' di sugo, stendendolo uniformemente, e spolverizzate di parmigiano. Tagliate quindi a fettine il caciocavallo e aggiungetene qualche fetta.

4 Ora passate al secondo strato, avendo cura di disporre le melanzane in senso opposto a quello precedente, e continuate con la farcitura. Formate strati fino a esaurimento degli ingredienti, tenendo presente che l'ultimo dovrà essere costituito solo da pomodoro e parmigiano.

5 Infornate la teglia a 200° per 40 minuti circa, finché il pomodoro non presenterà la caratteristica crosticina dorata.

PRIMI
CANNELLONI

Mio fratello Marco è una specie di certosino: accurato e pignolo, ama le ricette lunghe, che richiedono un sacco di tempo, ed è un vero gourmet, come nostro padre. Per preparare i cannelloni ci mette ore e ore: prima si dedica alla pasta all'uovo, poi segue passo passo la cottura del ragù, ritaglia le sfoglie al millimetro, infine mescola tutto e aspetta pazientemente che il forno faccia il suo dovere. Tutta la mia passione per la cucina non basta a sostenermi in una simile maratona, quindi ho elaborato una variante del cannellone al ragù che si prepara più rapidamente ma può assolutamente gareggiare in prelibatezza con l'originale emiliano.

Difficoltà: ★★   Cottura: 50'   Preparazione: 90'   Dosi: 10 cannelloni

Pasta all'uovo: 400 g circa
Besciamella: 600 ml circa

PER IL RIPIENO
Carne bovina trita: 150 g
Cipolle: 1
Olio: 3 cucchiai
Pangrattato: 1 cucchiaio
Parmigiano reggiano: 50 g
Pollo: 200 g
Prosciutto crudo: 50 g
Sale e pepe: q. b.
Salsiccia: 100 g
Uova: 2

PER LA SALSA DI POMODORO
Aglio: 1 spicchio
Basilico: qualche foglia
Olio: 3 cucchiai
Sale: q.b.
Passata di pomodoro: 300 ml

PER COSPARGERE
Parmigiano reggiano: 15 g

1 Preparate la pasta all'uovo secondo la ricetta di pagina 262 (o procuratevi dei rotoli già pronti), poi stendetela in sfoglie spesse circa 2 mm, dalle quali ricaverete circa 10 rettangoli delle dimensioni di 10×15 cm. Per la besciamella, fate riferimento a pagina 278.

2 Tritate la cipolla, fatela appassire nell'olio, aggiungete la carne trita, la salsiccia, il prosciutto crudo e il pollo tritati. Lasciate rosolare il tutto sgranando la carne con un mestolo o con una forchetta, poi salate, pepate e spegnete il fuoco. Lasciate raffreddare e poi unite 2 uova, il pangrattato e il parmigiano, quindi impastate. Il composto dovrà risultare piuttosto asciutto.

3 Preparate la salsa di pomodoro mettendo in un tegame 3 cucchiai di olio e l'aglio e fatelo dorare; aggiungete la passata, salate e lasciate insaporire per 10-15 minuti a fuoco medio, quindi spegnete il fuoco e aggiungete il basilico.

4 Ora che tutto è pronto, lessate i rettangoli di sfoglia in acqua salata per 3-4 minuti, poi scolateli e poggiateli su di un canovaccio pulito. Ponete al centro di ciascuno un po' di ripieno, poi arrotolate la pasta su se stessa e poggiatela con la chiusura verso il basso sul fondo di una teglia con un goccio di olio e un po' di salsa di pomodoro.

5 Una volta riempita la pirofila, cospargete i cannelloni con la besciamella, aggiungete qualche cucchiaiata di salsa di pomodoro e terminate cospargendo con il parmigiano. Infornate a 180° per 40 minuti, poi alzate a 200° per 10 minuti (o finché la superficie non sarà ben gratinata). Estraete quindi i cannelloni dal forno e lasciateli riposare per almeno 10 minuti prima di servirli.

Il consiglio di Sonia

" Se state utilizzando della pasta già fatta, ricordatevi di verificare le istruzioni sulla confezione, perché in alcuni casi non è necessario lessarla prima di infornarla. "

PRIMI
CRESPELLE CON SPECK, RADICCHIO E FONTINA

Non ho mai amato il radicchio, poi per lavoro sono capitata in Veneto, dove lo mettono persino nella birra. L'ho assaggiato, l'ho scoperto e cucinato a mia volta. È una nuova conoscenza, per me, ma il fatto di sentirlo così amato dagli utenti di Giallozafferano mi ha portata a inventare qualche ricetta che lo contenesse. Per condire le crespelle, ho pensato di mescolarlo allo speck, che ne smorza appena il sapore amarognolo, e alla fontina, perché – siete liberi di darmi della montanara – nei ripieni ci vuole il formaggio, e formaggio che fili.

Difficoltà: ★★ Cottura: **40'** Preparazione: **45'** Dosi: **4 persone**

PER LE CRESPELLE
Uova: 2
Sale: 1 pizzico
Burro: 40 g
Latte: 300 g

PER IL RIPIENO
Radicchio trevigiano: 500 g
Fontina: 250 g
Speck: 16 fette
Burro: 40 g
Sale e pepe: q.b.

PER GUARNIRE
Fontina: 100 g
Burro: 40 g

1 Preparate le crespelle seguendo la ricetta a pagina 266.

2 Procedete quindi con la preparazione del ripieno, tagliando il radicchio trevigiano a listarelle dopo averlo accuratamente lavato.

3 Sciogliete 40 g di burro in un tegame, aggiungete il radicchio, salate e pepate e lasciatelo cuocere per una decina di minuti con un coperchio, finché sarà morbido.

4 Farcite le crespelle con due fette di speck, il radicchio e una generosa spolverata di fontina grattugiata prima di piegarle a metà e poi ancora a metà. Disponetele in una pirofila da forno precedentemente imburrata, cospargetele con la fontina e irroratele con il burro fuso, prima di infornarle per 10 minuti a 180° con modalità grill.

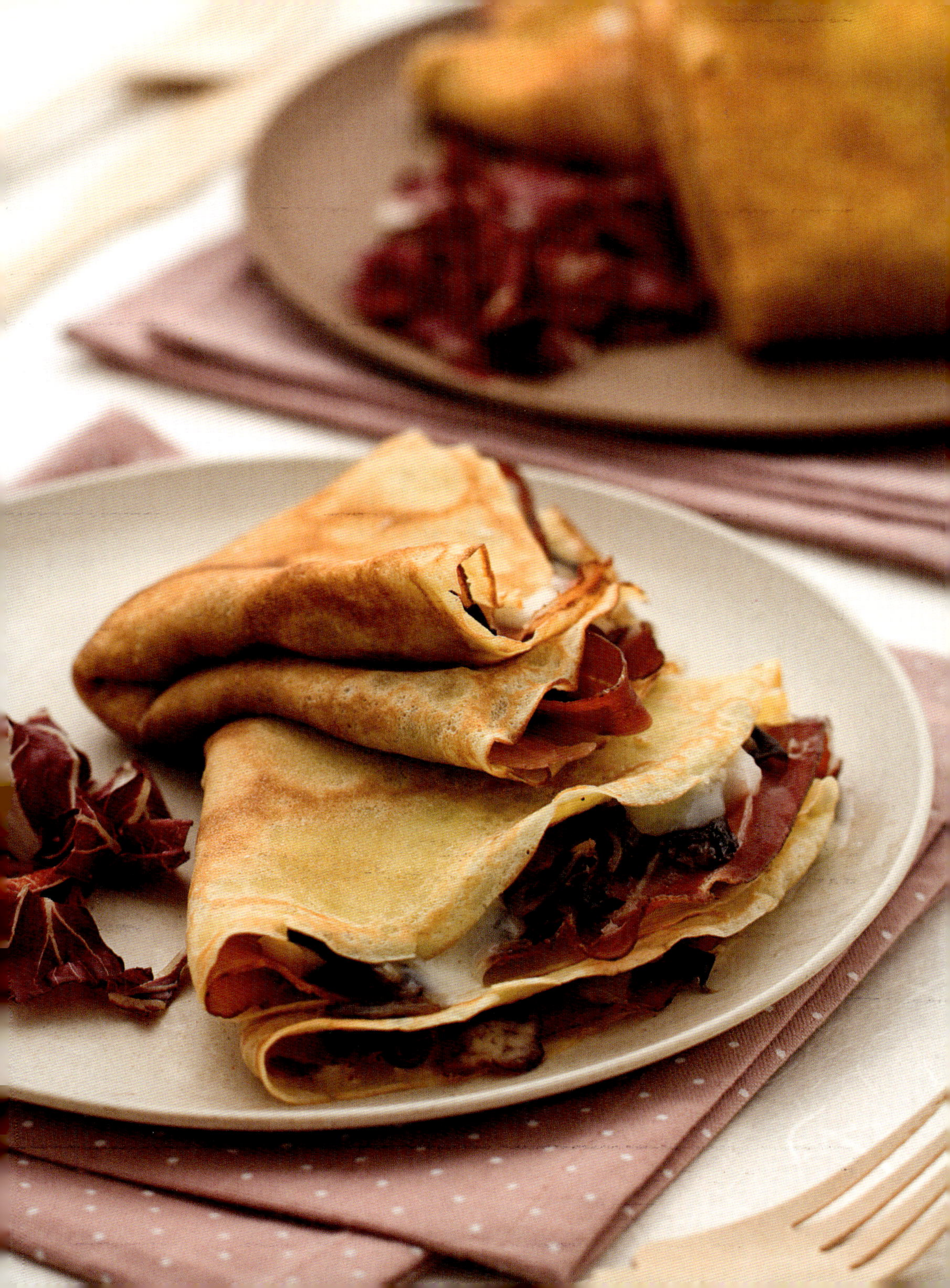

PRIMI
GNOCCHI ALLA ROMANA

Mani in pasta

Io li adoro. Gli gnocchi alla romana sono saporiti, divertenti da fare e piacciono ai bambini – che potete coinvolgere nella fase di taglio della pasta con il bicchiere: non ci sono ragioni per non prepararli direttamente in casa, anche spesso, volendo, visto il tempo che ci vuole. Vi troverete tra le mani una sinfonia di formaggi filanti e crosticine dorate che avranno tutt'altro sapore rispetto a quelli, tristi e insapori, comprati per disperazione al banco frigo del supermercato. Se volete variarne il gusto, io suggerisco senza mezzi termini un'aggiunta di dadini di prosciutto cotto e besciamella fluida (naturalmente fatta da voi, seguendo la ricetta che trovate a pagina 278).

Difficoltà: ★★   Cottura: **30'**   Preparazione: **15'**   Dosi: **4 persone**

Semolino: 250 g
Burro: 100 g
Groviera: 30 g
Parmigiano reggiano: 120 g
Uova: 2 tuorli
Latte: 1 litro
Noce moscata: 1 grattata
Sale: 1 pizzico

1 Versate il latte in un tegame sul fuoco con una noce di burro, un grosso pizzico di sale e la noce moscata. Appena bollirà buttatevi a pioggia il semolino, mescolando energicamente con una frusta, per evitare la formazione di grumi. Cuocete il composto a fuoco basso per qualche minuto, fino a che il semolino si sarà addensato; togliete il recipiente dalla fiamma e incorporate al composto i 2 tuorli e 80 g di parmigiano grattugiato.

2 Versate il tutto in una teglia capiente dai bordi bassi, che avrete già bagnato o oliato, e livellatelo con l'aiuto di un coltello bagnato oppure con le mani bagnate, ottenendo uno strato di circa 1 cm di spessore.

3 Accendete il forno a 200° e attendete che il semolino si raffreddi. A quel punto, con l'aiuto di un bicchiere, una tazzina o un tagliapasta di forma tonda, ricavatene tanti dischi del diametro di circa 5 cm, che andrete ad adagiare in una pirofila già imburrata, sovrapponendo appena un disco all'altro. Cospargeteli con 40 g di parmigiano, il groviera grattugiato e il burro fuso rimasto.

4 Infornate la pirofila e lasciate gratinare gli gnocchi per 20-25 minuti, finché non saranno dorati in superficie.

Il consiglio di Sonia

"Quando taglierete lo strato di semolino per ricavarne dei dischi, preparate vicino a voi un piattino da caffè con un po' d'olio: vi servirà per immergervi i bordi del tagliapasta e impedire così che il disco di semolino vi resti attaccato.
I ritagli di semolino avanzati non sono da buttare per nessuna ragione, potete riempirci un'ulteriore teglia e condirli: meno belli, ma sempre gnocchi alla romana!"

PRIMI
GNOCCHI ALLA SORRENTINA

Una goduria. L'ho già detto degli gnocchi? Può darsi. Quando le cose mi piacciono tendo a ripetermi, e gli gnocchi mi fanno letteralmente impazzire, semplici con il solo burro, con il formaggio, con burro e formaggio, ma soprattutto alla sorrentina: con mozzarella e sugo di pomodoro. Il passaggio in forno finale è il colpo di grazia, quello che fa filare la mozzarella e gratinare il parmigiano. Nu babbà, come direbbero in Campania. Se avete qualche mezz'oretta da dedicare alla preparazione degli gnocchi stessi e del sugo di pomodoro, ancora meglio. Gli gnocchi li trovate a pagina 272, il sugo di pomodoro qua sotto.

Difficoltà: ★   Cottura: **20'**   Preparazione: **15'**   Dosi: **4 persone**

Gnocchi di patate: 1 kg
Sugo di pomodoro fresco al basilico (o passata): 700 ml
Mozzarella: 250 g
Parmigiano reggiano: 100 g
Basilico: 10-12 foglie

PER IL SUGO:
Pomodori: 1,2 kg
Olio: 3 cucchiai
Basilico: qualche foglia
Sale e pepe: q.b.

1 Se volete preparare in casa il sugo, eliminate dai pomodori i piccioli, lavateli molto bene e asciugateli. Quindi tagliateli a metà, levate la parte verde e spremeteli in una ciotola affinché fuoriescano tutti i semi. Metteteli quindi in una pentola di acciaio e lasciateli cuocere coperti a fuoco basso, girandoli di tanto in tanto, finché non si saranno spappolati. A quel punto passateli nel passaverdura, facendo convergere il sugo in un pentolino, sempre in acciaio, che farete scaldare a fuoco vivace, aggiungendo sale, olio e, una volta spento il fuoco, qualche foglia di basilico.

2 Per fare gli gnocchi di patate, seguite la ricetta a pagina 272.

3 Per la versione alla sorrentina, gettateli in abbondante acqua salata una porzione alla volta, per non abbassare troppo la temperatura dell'acqua e permettere una cottura a puntino. Quando saranno risaliti in superficie, scolateli bene e conditeli con un paio di cucchiai di sugo.

4 Riempite 4 pirofiline da forno individuali, che cospargerete con un altro paio di cucchiai di pomodoro, un'abbondante spolverata di parmigiano e una manciata di cubetti di mozzarella tagliati precedentemente, e infornatele sotto il grill per qualche minuto. Quando il parmigiano sarà gratinato e avrà raggiunto un bel color nocciola saranno pronti. Decorate i piatti con qualche foglia di basilico fresco.

PRIMI
CARAMELLE RICOTTA E SPINACI

Una sicurezza

Le caramelle sono un gioco: prima si prepara la pasta, poi la si stende, poi la si riempie, poi la si modella e la si taglia e la si guarda seccare e la si cuoce e, finalmente, la si mangia. Ci vuole un po', ma lo sforzo sarà premiato con la rivisitazione di un classico immortale: il ripieno ricotta e spinaci prenderà vita e sapore grazie alla genuinità degli ingredienti e stupirà i vostri palati con una leggerezza e una freschezza che mai avreste immaginato. La forma a caramella vi farà vincere il premio "creatività", piacerà ai bambini e farà sorridere quanti si ricordano di quando le caramelle le facevano – e le regalavano – solo le nonne.

Difficoltà: ★★   Cottura: **20'**   Preparazione: **90'**   Dosi: **4 persone**

PER L'IMPASTO
Farina 00: 250 g
Uova: 2 + 1 tuorlo
Sale: q.b.

PER IL RIPIENO
Spinaci freschi: 250 g (già lessati e strizzati 100 g)
Ricotta vaccina: 125 g
Sale: q.b.
Noce moscata: ¼ di cucchiaino
Parmigiano reggiano: 50 g
Pepe: q.b.

PER IL CONDIMENTO
Burro: 100 g
Salvia: 12 foglie
Parmigiano reggiano: q.b.

1 Preparate la pasta all'uovo secondo la ricetta di pagina 262.

2 Lessate gli spinaci in pochissima acqua salata, al vapore o fateli semplicemente saltare a fuoco dolce in una padella antiaderente. Poi strizzateli e tritateli finemente, quindi poneteli in una ciotola nella quale aggiungerete la ricotta, il parmigiano, la noce moscata, il sale e il pepe. Amalgamate tutti gli ingredienti fino a ottenere un composto morbido ma compatto.

3 Stendete la pasta in una sfoglia molto sottile, che taglierete in rettangoli della dimensione di 10×8 cm, al centro dei quali porrete un cucchiaino scarso di ripieno. Avvolgete la sfoglia su se stessa dal lato più lungo, poi girate in senso orario il lembo destro e in senso antiorario quello sinistro, come per richiudere la carta di una caramella. Tagliate i bordi esterni di ambedue i lembi con una rotella dentellata.

4 Cuocete la pasta per almeno 5 minuti, poi scolate e condite con le foglie di salvia indorate nel burro fuso e con il parmigiano grattugiato a piacere.

Il consiglio di Sonia

" Dato che la sfoglia tende a seccarsi molto velocemente, confezionate le caramelle non appena l'avrete tirata, finché sarà ancora umida e lavorabile, altrimenti si romperà nel torcerla, facendo fuoriuscire il ripieno. "

PRIMI
PENNE ALL'ARRABBIATA

Una sicurezza

La classica penna di mezzanotte, quella che potete preparare in ogni momento perché gli ingredienti sono talmente elementari che non mancano mai nemmeno nella casa del single più incallito e distante dalla cucina che possiate immaginare. Trattasi, infatti, di: penne, pomodoro e crosta di formaggio (che può tranquillamente fare le veci del pecorino), con l'aggiunta di quel peperoncino che avete comprato quella volta che volevate preparare una cenetta per quella semi-fidanzata e poi è rimasto lì a guardarvi dallo scaffale per mesi. Tutto il resto sarebbe bello averlo e mettercelo ma, se non ce l'avete, pazienza: la penna all'arrabbiata è un piatto molto democratico e viene buona più o meno sempre.

Difficoltà: ★ Cottura: **10'** Preparazione: **15'** Dosi: **4 persone**

Penne rigate: 400 g
Pomodori: 400 g
Pecorino: 100 g
Aglio: 2 spicchi
Olio: 4 cucchiai
Peperoncino: 2
Prezzemolo: 3 cucchiai
Sale: q.b.

1 Mettete a lessare le penne in una pentola con abbondante acqua salata e, nel frattempo, sbollentate i pomodori per togliere la pelle con facilità (oppure usate i pelati). In ogni caso, tagliateli poi a pezzettini eliminando i semi. Li aggiungerete all'aglio tritato e al peperoncino, che avrete fatto rosolare nell'olio. Cuocete la salsa per 5 minuti e aggiustate di sale.

2 Quando saranno cotte, saltatevi le penne, poi versatele in un piatto da portata che cospargerete con una spolverata di pecorino e il prezzemolo fresco tritato.

Il consiglio di Sonia

" È quasi indispensabile utilizzare penne rigate, che permettono al sugo di attaccarsi meglio, e cotte al dente. Se non aveste in casa il peperoncino intero, stando attenti alle dosi potete sostituirlo con quello frantumato grosso misto a paprika. "

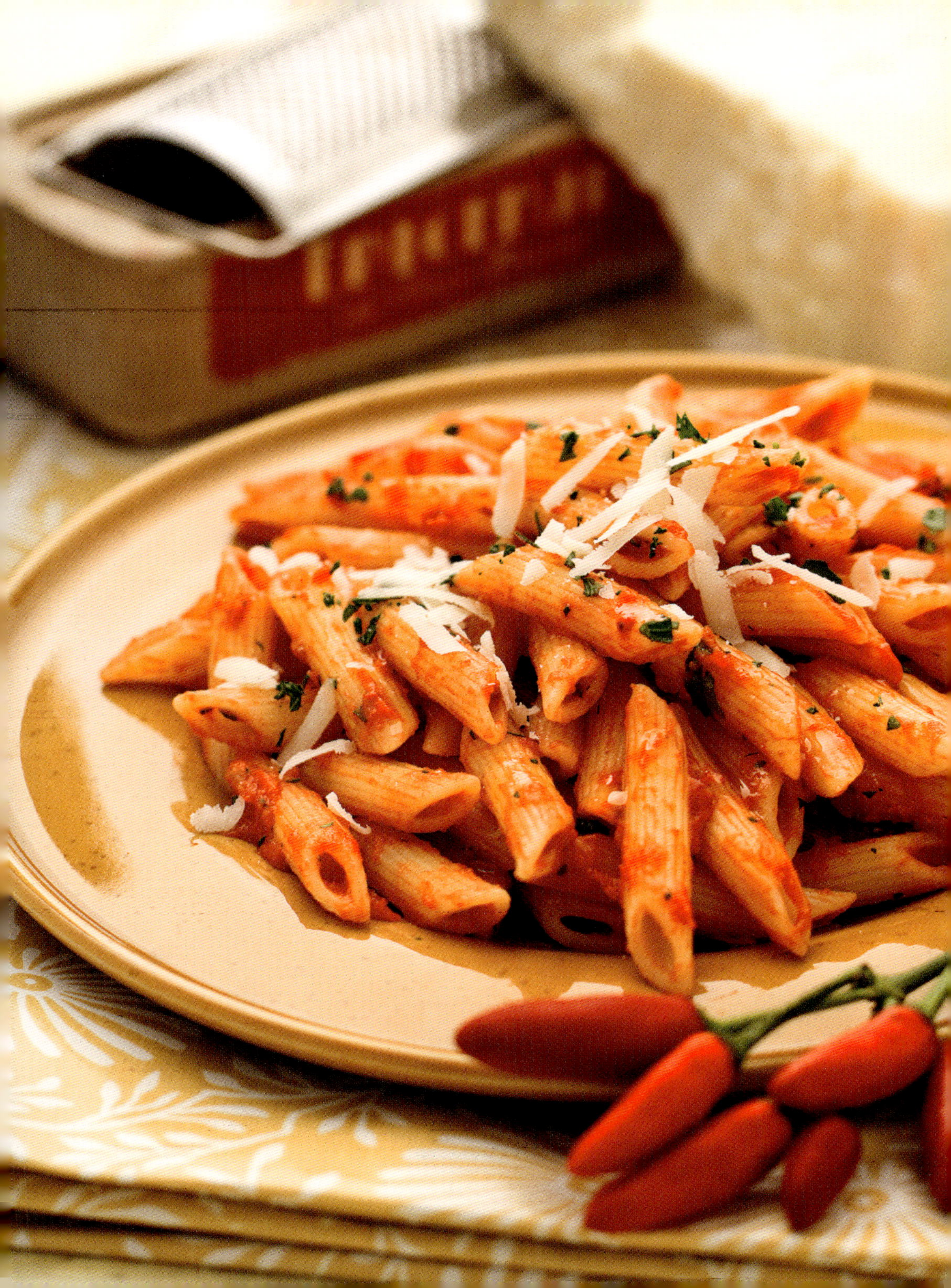

PRIMI
PENNETTE ALLA BOSCAIOLA

I funghi sono un mondo affascinante. Quando ho preparato uno speciale loro dedicato per Giallozafferano ho scoperto cose spaziali, come che gli antichi romani, per avvelenare i propri nemici senza farsi beccare, li invitavano a cena e offrivano loro un ricco piatto di Amanita Phalloides. Questa bestia nera dei fungaioli produce il suo effetto letale dopo settimane, quando ormai tutti si sono abbondantemente dimenticati dove hanno cenato tempo prima. In sostanza, se andate a funghi un passaggio alla Asl può salvarvi la vita (e l'intestino), se li comprate freschi guardateli bene: i porcini sotto il cappello devono essere chiari e il gambo non deve per nessuna ragione presentare dei puntini.

Difficoltà: ★　　Cottura: **40'**　　Preparazione: **20'**　　Dosi: **4 persone**

Pennette: 400 g
Funghi porcini: 400 g
Pancetta affumicata: 120 g
Pomodori: 300 g
Cipolle: 1
Olive nere (denocciolate): 40 g
Prezzemolo: 1 mazzetto
Olio: ½ bicchiere
Sale e pepe: q.b.

1 Innanzitutto pulite i funghi per eliminare la terra, raschiandone il fondo e strofinandoli con un panno umido. Se sono particolarmente sporchi, potete passarli qualche istante sotto l'acqua corrente e tamponarli subito dopo per asciugarli. Tagliateli poi in sezione a fettine.

2 Mettete quindi a bollire una pentola con l'acqua salata e, in padella, fate appassire nell'olio la cipolla sminuzzata, alla quale aggiungerete i funghi, che lascerete cuocere per una decina di minuti a fuoco vivace. A parte, fate saltare la pancetta tritata per un paio di minuti, poi unitela ai funghi e aggiungete i pomodori tagliati in quarti e le olive a rondelle. Cuocete fino a quando i pomodori saranno morbidi. Regolate di sale e pepe.

3 Nel frattempo, buttate le pennette e scolatele ancora abbastanza al dente, poi mescolatele al sugo, al quale avrete unito un trito di prezzemolo.

Il consiglio di Sonia

" Alcune varianti della ricetta sostituiscono la panna al pomodoro: tenete presente che la panna coprirà il sapore dei funghi, però, se vi piace, non ci sono ragioni per non utilizzarla. "

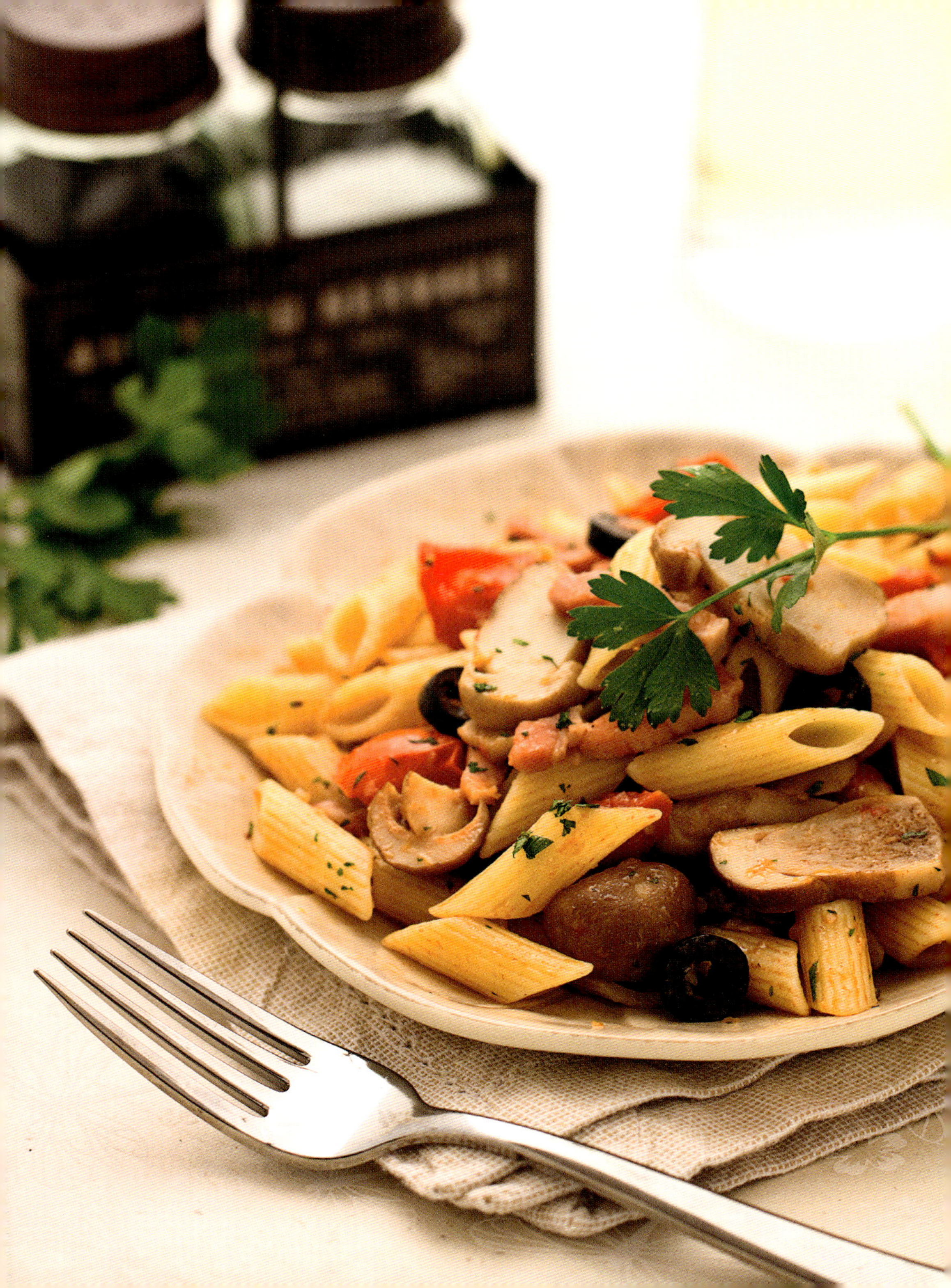

PRIMI
TROFIE AL PESTO

Quando in cucina la tecnologia surclassa la tradizione: nessun pestello, pur manovrato da braccia esperte, riuscirebbe a preparare un pesto alla genovese in 5 minuti e cremoso come il frullatore. Questa procedura prevede il pestello (una volta bisogna provare), se invece utilizzerete il frullatore tenete presente due cose: le lame dovrebbero essere in plastica e venire lasciate in frigorifero, insieme alla tazza, per 1 ora prima della lavorazione, onde evitare che il composto risulti amarognolo.
Una volta pronto, fresco, il pesto è buonissimo con le trofie ma, se volete variare, potete anche condirci la pizza, o le tartine, o i vol-au-vent, o dei crostini, o...

Difficoltà: ★   Cottura: **2-3'**   Preparazione: **20'**   Dosi: **4 persone**

Trofie: 360 g

PER IL PESTO
Pecorino: 2 cucchiai
Parmigiano reggiano: 6 cucchiai
Pinoli: 1 cucchiaio
Basilico: 50 g di foglie
Aglio: 2 spicchi
Olio: 100 ml
Sale grosso: q.b.

1 Precisazione preliminare: non dovete lavare le foglie di basilico, che dovranno essere perfettamente asciutte, ma pulirle con un panno morbido, sincerandovi anche che non siano stropicciate. In questo modo eviterete l'ossidazione del colore e degli aromi, che renderebbe il pesto scuro. Il basilico deve essere ligure o genovese, a foglie strette (quello meridionale, a foglie grosse, non è indicato perché spesso sprigiona un sentore di menta).

2 Sbucciate l'aglio e mettetelo nel mortaio assieme a qualche grano di sale grosso. Cominciate a pestare e, quando l'aglio sarà ridotto a crema, aggiungete le foglie di basilico insieme a un pizzico di sale grosso. Schiacciatele contro le pareti, ruotando il pestello da sinistra verso destra e, contemporaneamente, ruotate il mortaio in senso contrario, aiutandovi con le 4 sporgenze che lo caratterizzano. Proseguite finché dal basilico non uscirà un liquido verde brillante: è il momento di aggiungere i pinoli, che andranno a loro volta ridotti in crema.

3 Continuate dunque a pestare e unite i formaggi poco per volta. Infine, versate l'olio d'oliva a filo, senza smettere di mescolare. La salsa dovrà risultare omogenea e ben amalgamata.

4 Lessate le trofie in abbondante acqua salata. Diluite il pesto con un mestolino di acqua di cottura e mescolatelo alla pasta, una volta scolata.

Il consiglio di Sonia

Suggerisco a chi lavora con il frullatore di usarlo alla velocità più bassa possibile e di frullare a scatti (proseguire per qualche secondo, interrompere e riprendere e così via), per evitare fenomeni di riscaldamento dovuti all'attrito.

PRIMI
CASERECCE CON PESTO ALLA SICILIANA

Fresco, estivo, sostanzioso ma leggero da digerire, rapidissimo e veramente elementare da preparare (prendete un frullatore, sbatteteci tutto dentro, tranne le caserecce, chiudete gli occhi e premete "on"), questo primo piatto con sugo a freddo ha il sapore del Mediterraneo, della Sicilia, del sole che scalda e nutre, del formaggio fresco, di quel tramonto da applausi, delle vacanze che stanno per arrivare.
Io ne sono innamorata, forse è questo l'ingrediente che fa sì che, tutte le volte che lo porto in tavola, qualcuno che non l'ha mai mangiato mi chieda la ricetta.

Difficoltà: ★   **Cottura:** 10'   **Preparazione:** 15'   **Dosi:** 4 persone

Caserecce: 400 g
Pomodori: 500 g
Ricotta (mucca): 150 g
Parmigiano reggiano: 100 g
Pinoli: 50 g
Aglio: 1-2 spicchi
Basilico: 1 mazzetto grande
Olio: ½ bicchiere
Sale e pepe: q.b.

Il consiglio di Sonia

" Se preferite, potete sostituire i pinoli con le mandorle (pelate), che taglierete a filetti o triterete prima di aggiungerle nel sugo. "

1 Pulite e lavate i pomodori, tagliateli in due e, dopo aver tolto la parte bianca interna vicino al picciolo, eliminate i semi e il liquido in eccesso con un cucchiaino. Metteteli in un recipiente o direttamente nel frullatore e aggiungete la ricotta e il parmigiano grattugiato. Incorporate quindi il basilico, lavato e asciugato, i pinoli, lo spicchio d'aglio e l'olio.

2 Se volete ottenere un pesto più consistente, usate il mixer a immersione: ci metterete qualche minuto in più ma il risultato sarà meno cremoso e presenterà pezzi di pomodoro più visibili.

3 Frullate e aggiustate di sale e pepe, poi condite le caserecce, che nel frattempo avrete lessato in acqua salata e scolato ancora al dente.

4 Guarnite con qualche foglia di basilico e qualche pinolo intero, poi servite immediatamente.

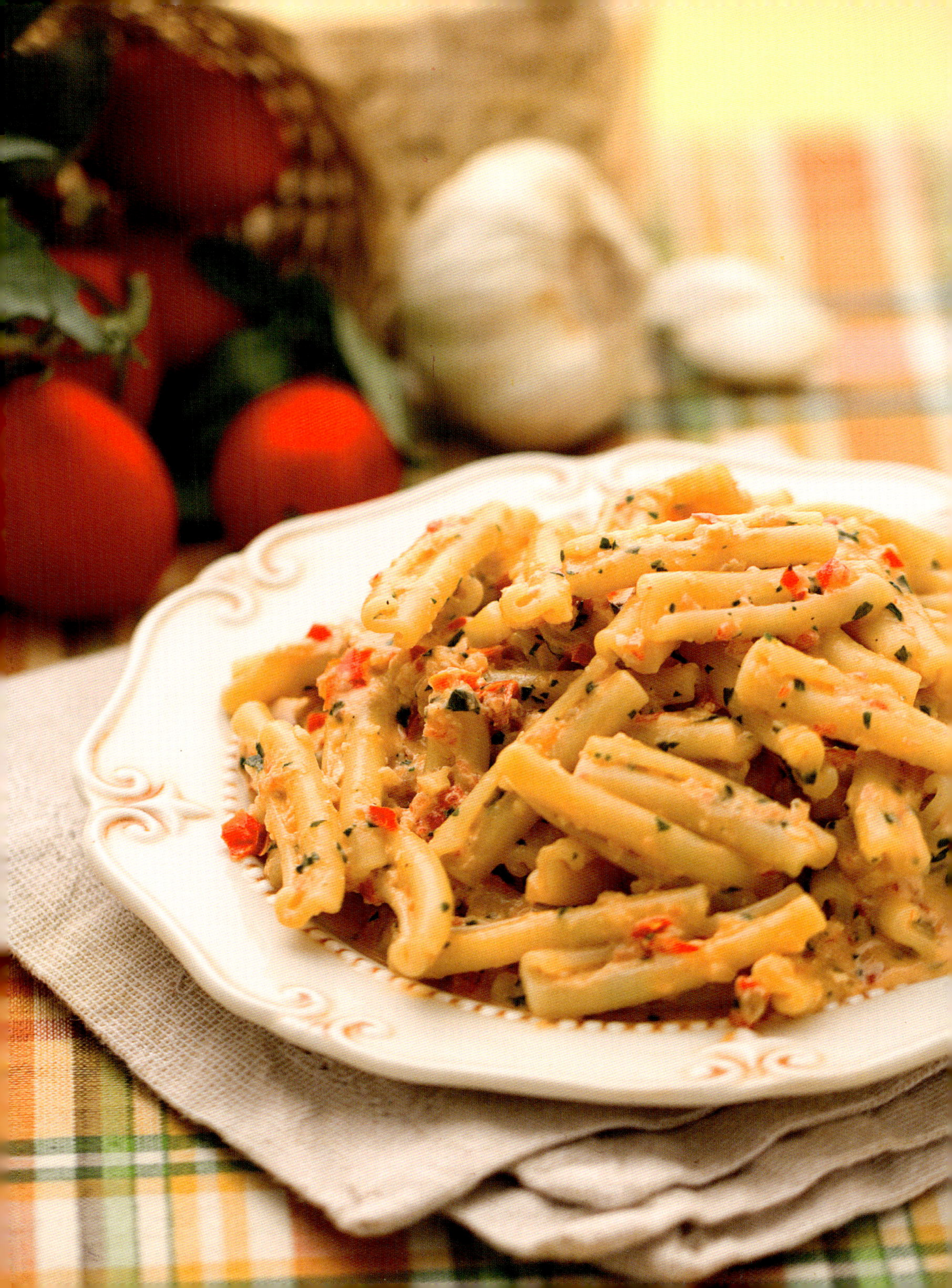

PRIMI
RISOTTO AI FUNGHI PORCINI

Mio padre amava andare a funghi. Si era affezionato a un bosco, sulle prime colline vicino a casa, attraversato da un torrente, sulla riva del quale c'era un ceppo che dava moltissimi funghi e lui chiamava, democraticamente, "il mio ceppo". Sempre democraticamente, dopo aver raccolto porcini giganteschi e tutte le altre meraviglie che vi crescevano attorno, lo copriva con rami, frasche e montagne di foglie secche perché gli altri cercatori non lo trovassero. A quel punto si presentava a casa con intere cassette di funghi e nessuno sapeva cosa farne, così mi sono messa a studiare e, negli anni, sono diventata un'appassionata.

Difficoltà: ★   Cottura: 20'   Preparazione: 15'   Dosi: 4 persone

Riso: 320 g
Porcini: 400 g
Parmigiano reggiano: 50 g
Burro: 60 g
Brodo vegetale: q.b.
Cipolla: mezza
Aglio: 1 spicchio
Olio: 2 cucchiai
Prezzemolo: 2 cucchiai
Sale e pepe: q.b.

1 Mondate i porcini raschiando la terra alla base del gambo, staccando le cappelle e strofinandoli delicatamente con un panno umido, poi affettate sia le cappelle che i gambi.

2 Mettete a fondere la metà del burro in un tegame piuttosto capiente, quindi versatevi la cipolla tritata finemente e lasciatela appassire finché non diventi trasparente, poi unite il riso e fatelo tostare per 2 minuti. Aggiungete un mestolo di brodo vegetale e lasciate cuocere a fuoco moderato, mescolando e mescendo poco brodo quando serve.

3 In un altro tegame di acciaio, o di materiale antiaderente, mettete l'olio e uno spicchio di aglio schiacciato, che farete rosolare qualche istante, poi unite i funghi. Fateli saltare a fuoco allegro, salando a metà cottura e pepando solo alla fine. Se necessario, per terminare la cottura – che deve durare non più di 12 minuti – potete utilizzare qualche cucchiaio di brodo vegetale. Spegnete il fuoco e, se volete, spolverizzate di prezzemolo tritato.

4   5 minuti prima che il riso sia pronto unite i funghi, tenendone da parte 2 cucchiai, che vi serviranno per la guarnizione.

5   Una volta che tutto sarà pronto, spegnete il fuoco, aggiungete il parmigiano grattugiato e il burro rimanente, mantecate e lasciate riposare qualche secondo. Dividete poi il risotto in 4 piatti e decorate la sommità di ciascuno con i porcini tenuti da parte.

PRIMI
RISOTTO AFFUMICATO

I convitati fanno oh

In Alto Adige affumicano tutto. Detta così fa un po' spavento; se ci si cresce, però, si finisce per forza per amare, sin da bambini, e contro ogni pronostico, il sapore affumicato nei formaggi, negli insaccati, nel pesce. Io lo adoro, e adoro le ricette nelle quali posso spandere per tutta la cucina – e generalmente la casa, nonostante la cappa potentissima installata dal mio compagno – l'aroma della scamorza affumicata, che mi ricorda meravigliose estati alpine, con il sole che brucia la faccia di giorno e il piumino di sera. Il risotto affumicato è un piatto che consiglio assolutamente: semplice e saporito, vi garantirà un figurone se invitate a cena gli amici.

Difficoltà: ★   Cottura: **30'**   Preparazione: **15'**   Dosi: **4 persone**

Riso: 320 g
Pancetta affumicata: 50 g
Scamorza affumicata: 100 g
Brodo vegetale: 1 litro
Olio: 2 cucchiai
Burro: 20 g
Cipollotti tritati: 2
Sale e pepe: q.b.

1 Mondate e tritate i cipollotti finemente, quindi fateli appassire e diventare trasparenti a fuoco basso in un tegame con l'olio e il burro. Aggiungete la pancetta affumicata tritata e lasciate indorare, poi unite il riso e fatelo tostare per qualche minuto.

2 Versate nel tegame 2-3 mestoli di brodo vegetale, mescolate e lasciate cuocere il riso, aggiungendo brodo quando serve, fino a cottura ultimata. Prima di spegnere il fuoco, salate, pepate e unite la scamorza affumicata a piccoli cubetti, mantecate, impiattate e servite.

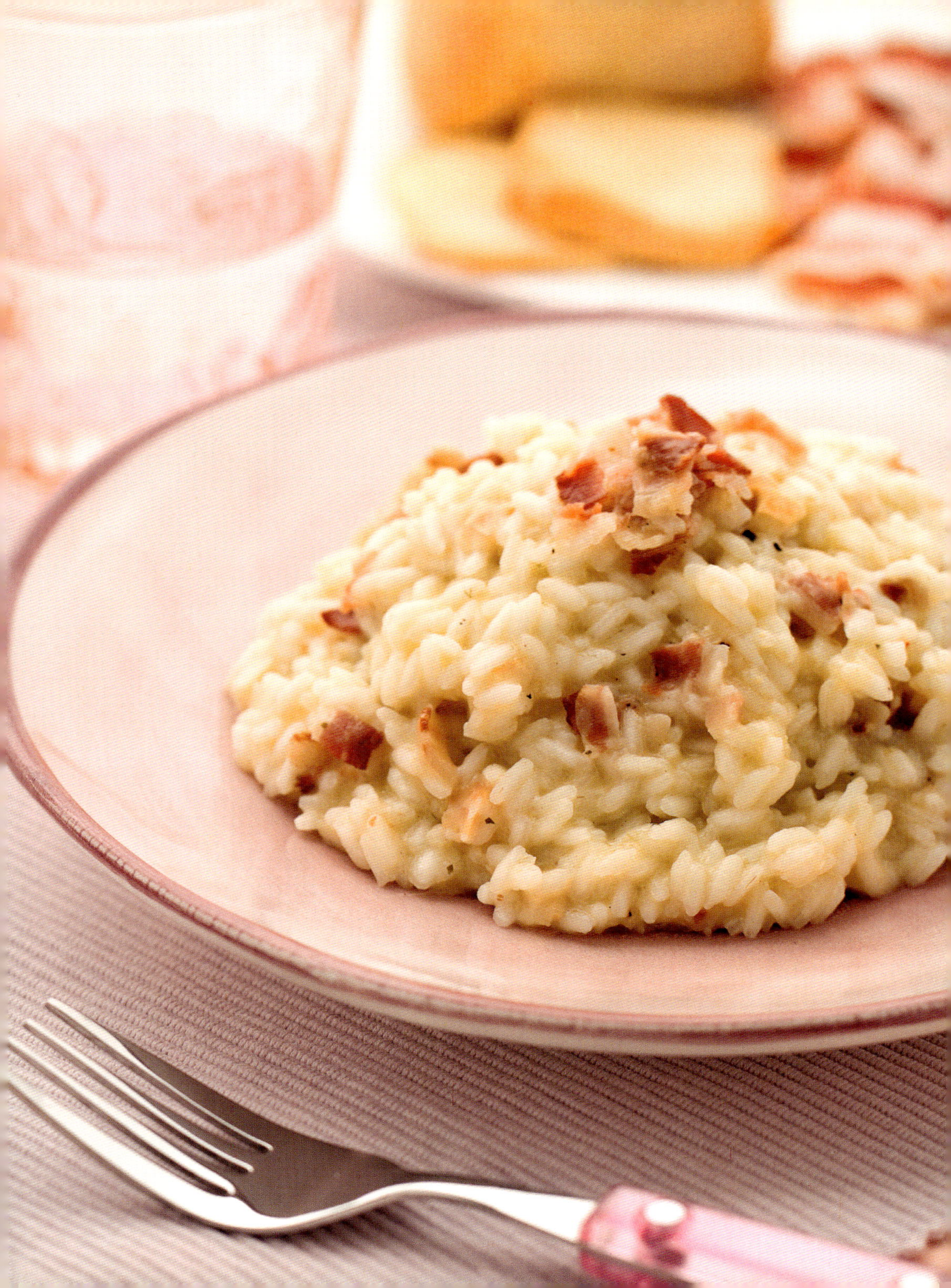

PRIMI
RISOTTO ALLA ZUCCA

Se avete invitato a cena amici vegetariani e volete sorprenderli con un piatto dai colori accesi, a dispetto della piovigginosa e plumbea stagione autunnale, se siete degli sfegatati di Halloween e ci tenete a cucinare una cena a tema, o se volete abbandonarvi a un amarcord della tradizione culinaria della Bassa Lombardia, potete sfoderare il risotto alla zucca: facile da fare, dolce e invitante, è bellissimo da vedere. Se frullerete metà della zucca otterrete un risotto giallo e cremoso, e potrete usare la restante metà per ricavarne dei cubetti che vi si scioglieranno in bocca.

Difficoltà: ★   **Cottura:** 35'   **Preparazione:** 20'   **Dosi:** 4 persone

Riso: 400 g
Zucca: 300 g
Parmigiano reggiano: 100 g
Brodo vegetale: 1 litro
Burro: 50 g
Olio: 2 cucchiai
Cipolle: 1
Vino: ½ bicchiere
Sale e pepe: q.b.

1 Pulite la zucca privandola dei semi, tagliatela a fette, sbucciatela e riducetela a cubetti.

2 Nel frattempo, mettete a rosolare in un tegame abbastanza grande la cipolla finemente tritata con l'olio. Quando sarà ben dorata, aggiungete i cubetti di zucca e, una volta ammorbiditi, il riso. Mescolate il tutto per qualche minuto affinché il riso non si attacchi al tegame e lasciate cuocere per almeno 10 minuti.

3 A questo punto aggiungete il vino e, lentamente, anche il brodo, lasciando cuocere il tutto per almeno 20 minuti. Quando mancherà pochissimo aggiungete il burro e il parmigiano e amalgamate, portando a compimento la cottura.

Il consiglio di Sonia

"Se volete un risotto colorato, prelevate metà dei cubetti di zucca dalla pentola una volta ammorbiditi e, con un mixer da cucina, riduceteli in purea che, successivamente, unirete in padella prima di allungare il riso con il brodo."

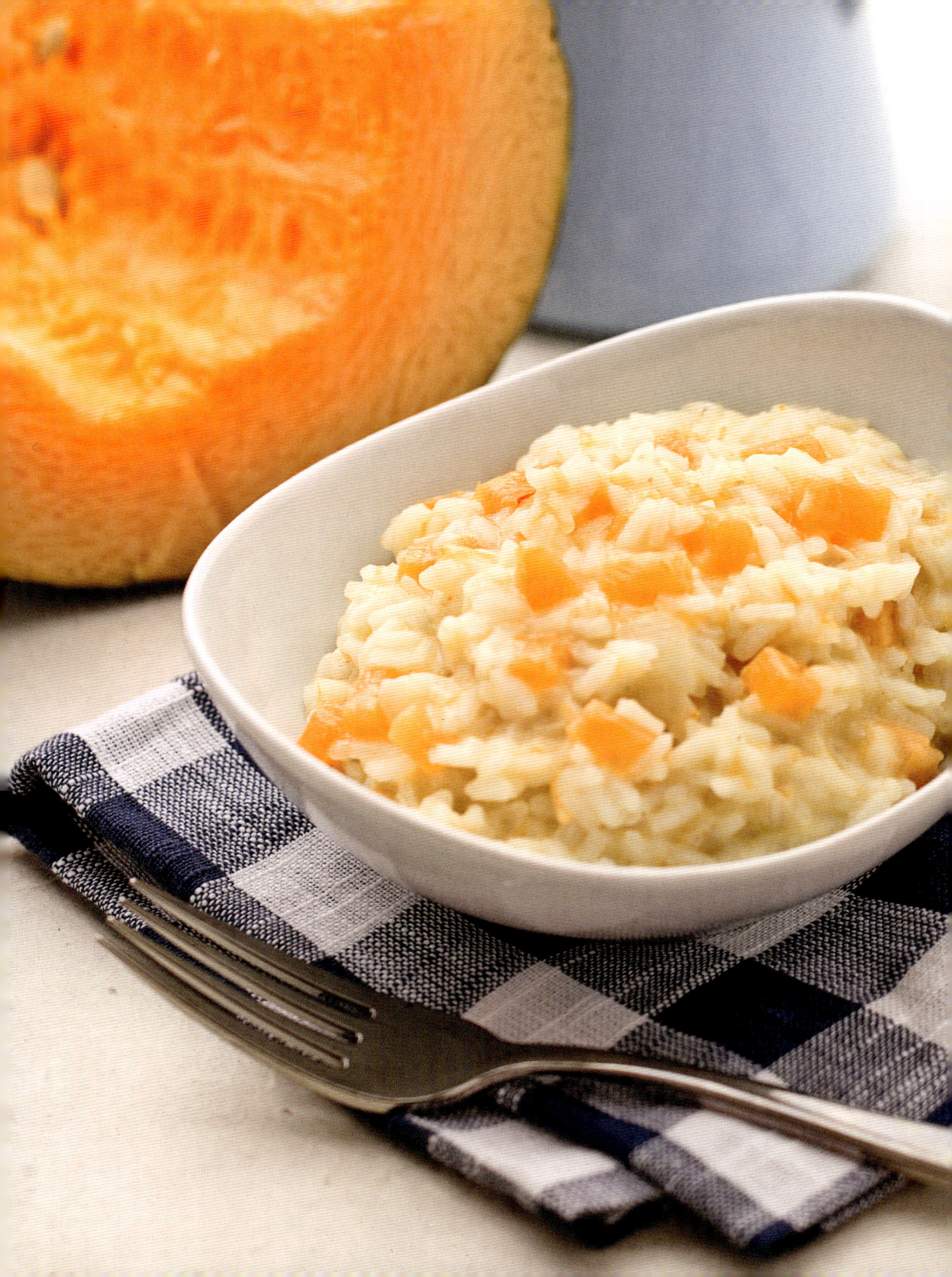

PRIMI
RISOTTO ALLO ZAFFERANO

La leggenda narra che alla fine del 1400 Valerio di Fiandra, uno dei pittori che lavorava nel Duomo di Milano, decise di dipingere il suo riso con lo stesso giallo che usava per le vetrate: lo zafferano. Giallo come la città di Milano, dove sono cresciuta e dove ha sede Giallozafferano, il risotto allo zafferano è il piatto emblema di questa città: tutti i milanesi lo sanno fare. Ed è anche uno dei piatti che le mie figlie amano di più in assoluto. Buonissimo, si sposa meravigliosamente con gli ossibuchi: per testare questo imperdibile piatto unico andate a pagina 150.

Difficoltà: ★ ★   Cottura: 25'   Preparazione: 5'   Dosi: 4 persone

Brodo: 1 litro
Burro: 100 g
Cipolle: 1
Grana padano: 150 g
Riso: 350 g
Vino bianco: 1 bicchiere
Zafferano: 1 pizzico di pistilli + 1 bustina

Il consiglio di Sonia

" Il vino e il brodo che unirete al riso dovranno essere il primo a temperatura ambiente, il secondo sempre in ebollizione, per non rallentare la cottura. Il risotto allo zafferano si presta a essere abbinato a numerose pietanze: oltre agli ossibuchi, già menzionati, è ottimo anche con i funghi, in genere porcini, le salsicce o, perché no, gli scampi e altri frutti di mare. "

1 Tritate finemente la cipolla prima di unirla agli 80 g di burro che avrete sciolto a fuoco lento (attenzione: il burro non deve friggere), quindi lasciatela imbiondire mescolando continuamente con un cucchiaio di legno. Unite il riso e fatelo tostare così che assorba bene il burro, poi alzate il fuoco e bagnatelo prima con il vino, che lascerete evaporare, poi con 2 mestoli di brodo bollente. Mescolate sempre e, una volta che il brodo sarà assorbito, aggiungetene ancora, procedendo così fino alla completa cottura.

2 A metà cottura, sciogliete lo zafferano in poco brodo e unitelo, facendolo amalgamare.

3 Quando il riso sarà pronto, toglietelo dal fuoco e mantecatelo con il grana grattugiato e il resto del burro. Lasciarlo riposare qualche istante gli consente di insaporirsi. Decorate poi i piatti con i pistilli di zafferano e servitelo caldo.

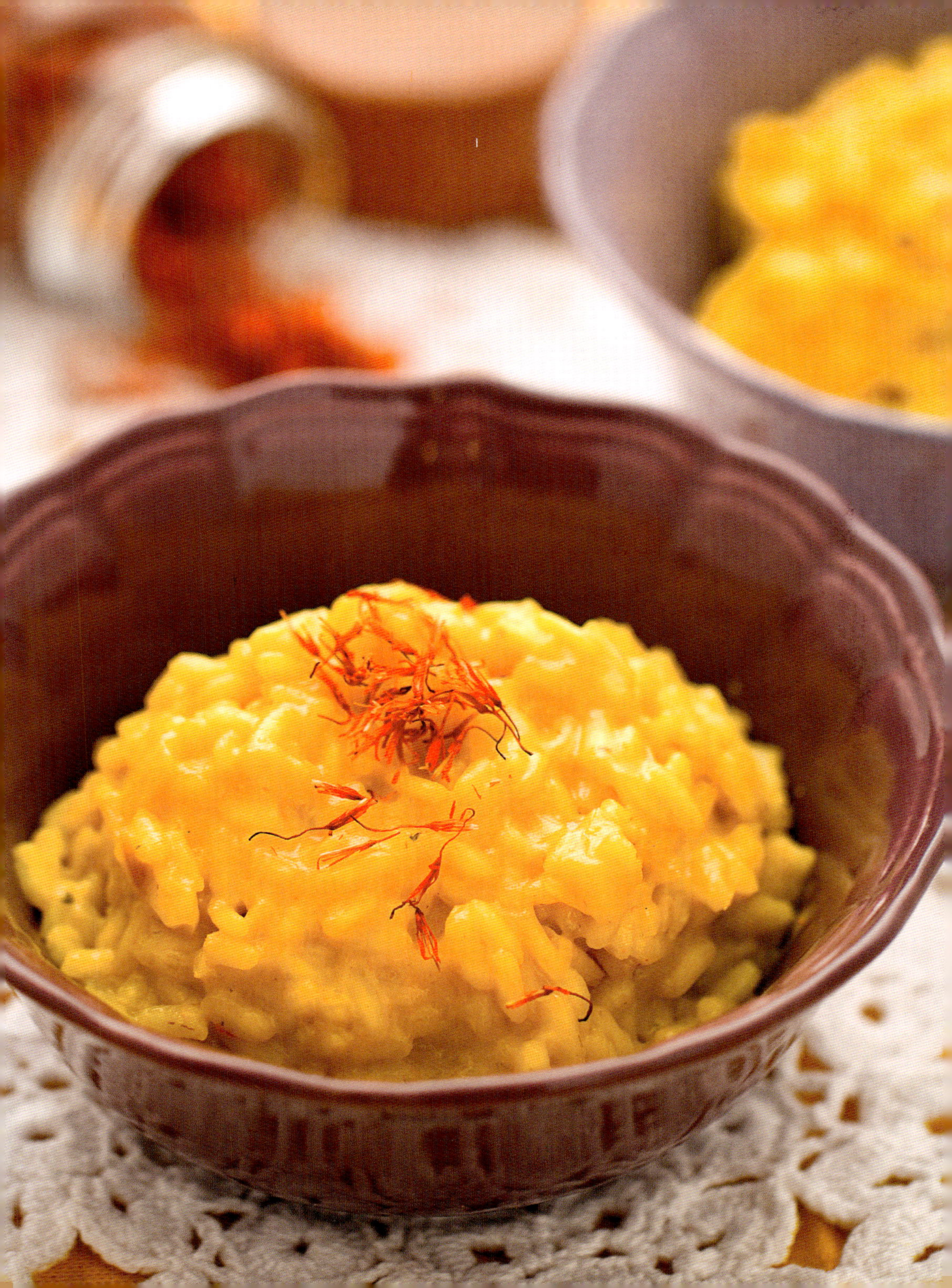

PRIMI
SPAGHETTI ALL'AMATRICIANA

Degli spaghetti all'amatriciana esistono decine di versioni, tutte appena differenti l'una dall'altra. Prima di elaborare la mia ho fatto due cose: ho studiato tutti i classici e sono andata a Campo de' Fiori, mi sono seduta in un'osteria piccola e alla buona, con le tovaglie a quadretti sui tavolini fuori e un cameriere enorme che parlava solo dialetto, e l'ho ordinata. È stato un pranzo indimenticabile: il guanciale mi si scioglieva in bocca, il pecorino filava sugli spaghetti caldi e il pomodoro amalgamava tutti i sapori. Poi sono volata in albergo e sono crollata stecchita sul letto, felice come un bambino che si sia ingozzato di patatine.

Difficoltà: ★ Cottura: 15' Preparazione: 10' Dosi: 4 persone

Spaghetti: 400 g
Guanciale: 100 g
Olio: 1 cucchiaio
Pecorino: 75 g
Peperoncino: 1
Pomodori: 350 g
Vino bianco: 1 bicchiere
Sale e pepe nero: q.b.

1 Eliminate la cotenna e tagliate il guanciale a dadini o listarelle; mettetelo in padella a soffriggere con l'olio, aggiungendo il peperoncino tritato. Non appena la parte grassa sarà diventata trasparente, sfumate con il vino bianco e lasciate evaporare. A quel punto, scolate e togliete il guanciale dalla padella, mettendolo da parte al caldo.

2 Spezzettate i pelati e privateli dei semi interni, poi fateli cuocere in padella, nello stesso sughetto del guanciale, finché non si saranno disfatti.

3 Nel frattempo, cuocete gli spaghetti, scolateli e poneteli in padella aggiungendo il guanciale. Per amalgamare il tutto, fate saltare per qualche istante. Macinate il pepe nero e condite con abbondante pecorino grattugiato.

Il consiglio di Sonia

" Questa ricetta è rispettosa dell'originale, nata ad Amatrice, piccola cittadina in bilico tra Lazio e Abruzzo, dove ogni anno si tiene, in agosto, la sagra degli spaghetti all'amatriciana. Una variante molto diffusa prevede un'aggiunta di cipolla al soffritto del guanciale che, talvolta, viene sostituito dalla pancetta. "

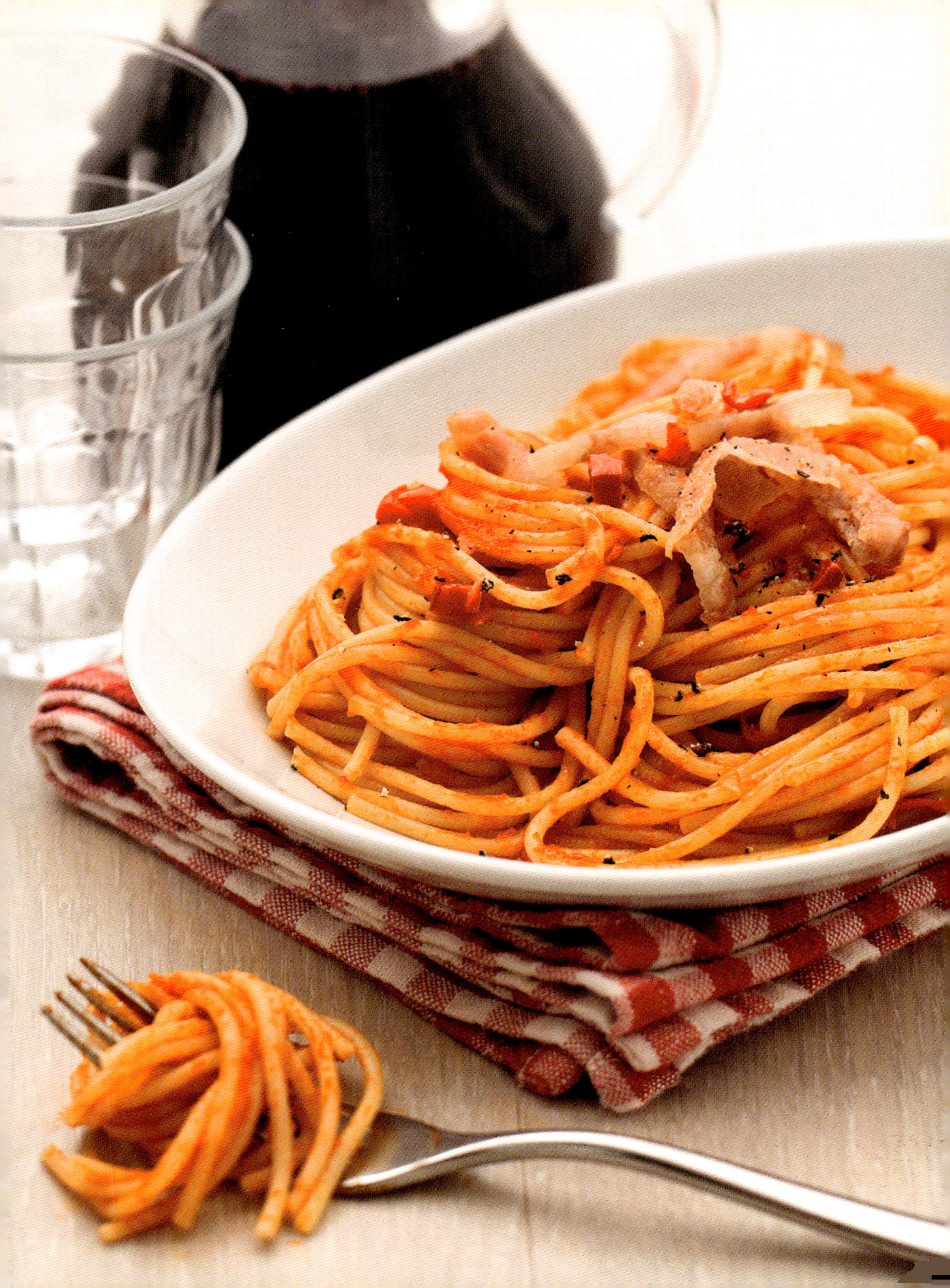

PRIMI
SPAGHETTI ALLA CARBONARA

In famiglia il vero cuoco è mio padre. Quando ero bambina aveva un ristorante, tornava a casa alle 2 di notte dopo aver finito di riordinare la cucina e, siccome aveva cenato prima di cominciare a lavorare, alle 6 di sera, era affamatissimo, così si piazzava davanti ai fornelli e preparava una carbonara abbondante. Molto abbondante. Sapeva che, nel giro di qualche minuto, tutti gli abitanti della casa avrebbero sentito il profumo e sarebbero accorsi a elemosinare almeno un assaggio. Il risultato era che cenavamo un'altra volta tutti quanti, compresa la nonna. Poi, ancora assonnati, tornavamo a letto: la mattina dopo avevamo l'impressione di averlo sognato!

Difficoltà: ★   Cottura: 10'   Preparazione: 15'   Dosi: 4 persone

Spaghetti: 350 g
Guanciale: 150 g
Pecorino: 100 g
Uova: 1 + 4 tuorli
Olio: 2 cucchiai
Sale e pepe: q.b.

1 Mettete l'acqua sul fuoco e, dato che il condimento sarà già molto sapido, salatela solo quando starà già bollendo. A quel punto, lessate gli spaghetti.

2 Nel frattempo tagliate il guanciale a dadini o listarelle e fatelo friggere in un tegame con l'olio finché il grasso non sarà diventato trasparente e leggermente croccante, quindi toglietelo dal fuoco e lasciatelo intiepidire. Intanto in una ciotola sbattete le uova, poi unite il pecorino, il pepe macinato e, infine, il guanciale. Eventualmente aggiustate di sale. Scolate la pasta, versatela nella ciotola e amalgamate con la salsa.

Il consiglio di Sonia

" Le uova sbattute non dovrebbero mai essere unite alla pasta sul fuoco perché si cuocerebbero e questo guasterebbe la cremosità del sugo: le uova devono essere mescolate alla pasta una volta scolata, nella ciotola dove sono state sbattute. La ricetta originale non prevede l'utilizzo della panna: basta amalgamare il pecorino con le uova per ottenere la giusta pastosità, lasciando al contempo il piatto più leggero. Volendo, è una possibile variante, come quella che prevede l'uso di metà dose di pecorino e metà di parmigiano. Per alleggerire la ricetta potete sostituire il guanciale con la pancetta, anche affumicata, facendola saltare in una pentola antiaderente senza olio. "

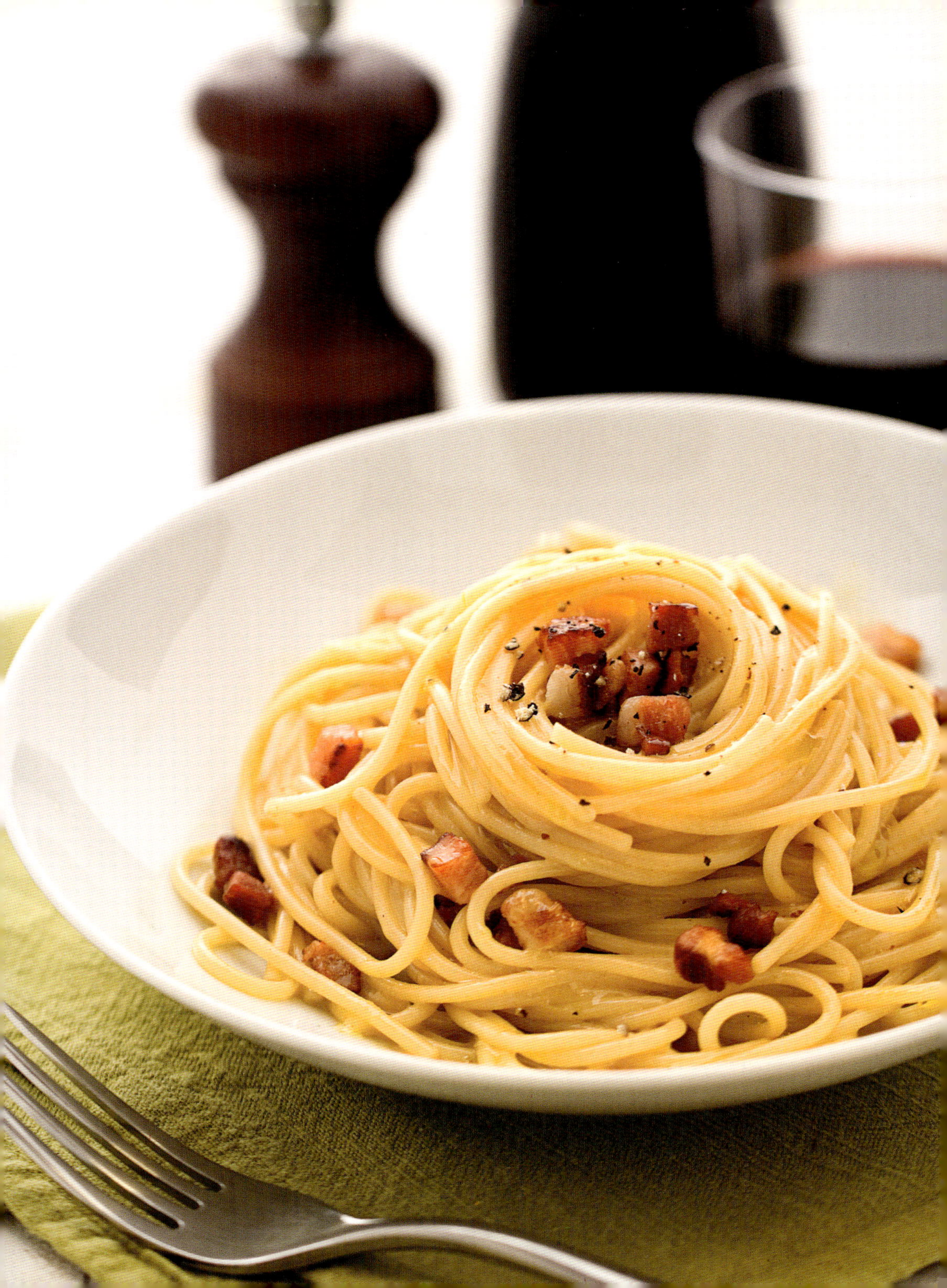

PRIMI
PICI ALL'AGLIONE

C'era una volta quell'agriturismo, su quella collina, in quella regione: la Toscana. Siamo partiti da Milano all'alba: dopo ore di autostrada, strette stradine di campagna, carraie sterrate, siamo giunti in paradiso. Attorno a noi il silenzio e i colori accesi dell'estate. Abbiamo girato alcune video-ricette, poi ci siamo premiati con una cena a Greve in Chianti. Dopo un antipasto toscano classico, abbiamo assaggiato i pici all'aglione: semplici e buoni come le cose che piacciono a me. Al ritorno ho provato e riprovato a rifarli, finché non li ho riconosciuti: allora ho capito che ero riuscita a coglierne il segreto.

Difficoltà: ★   Cottura: **40'**   Preparazione: **20'**   Dosi: **4 persone**

Pici: 360 g
Aglio: 6 spicchi
Pomodori ramati maturi: 700 g
Peperoncino rosso fresco: 1
Olio: 5 cucchiai
Aceto di vino bianco: 1 cucchiaino
Sale: q.b.

1 Tuffate i pomodori in acqua bollente per un minuto, estraeteli e pelateli, privandoli dei semi interni, poi tagliateli a cubetti. Spellate gli spicchi d'aglio, schiacciateli bene e poneteli in un tegame con l'olio, dove li farete rosolare a fiamma molto bassa. Dovranno cuocere dolcemente senza prendere colore e non soffriggere. Aggiungete quindi il peperoncino privato dei semi e tritato finemente. Incorporate i pomodori a dadini, unite l'aceto e aggiustate di sale. Fate cuocere finché i pomodori non si saranno disfatti (ci vorranno almeno 20 minuti).

2 Nel frattempo, lessate i pici in abbondante acqua salata. Se il sugo dovesse asciugarsi eccessivamente potete aggiungere un mestolo di acqua di cottura della pasta.

3 Scolate la pasta al dente e fatela saltare nel sugo.

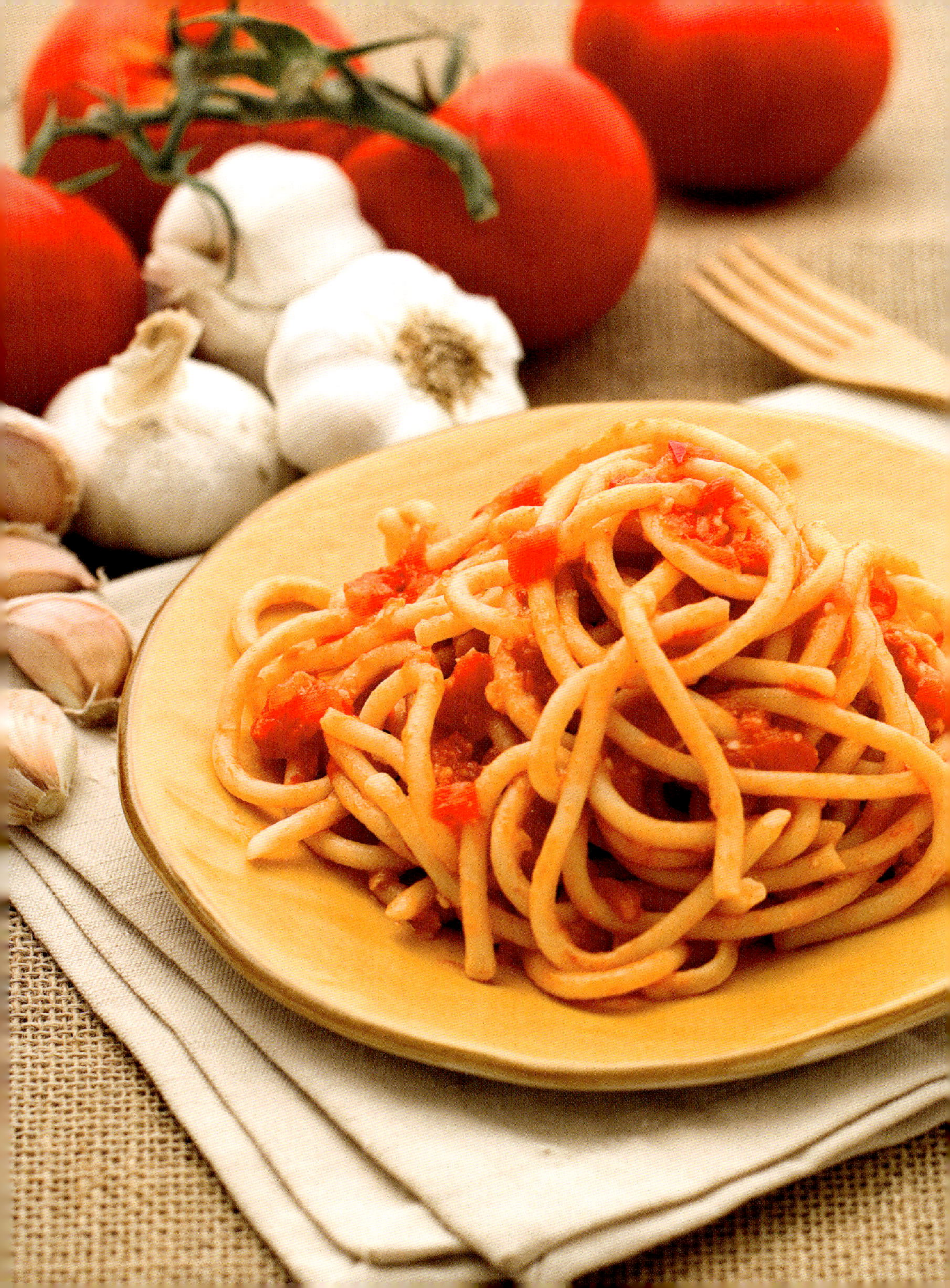

PRIMI
TAGLIOLINI SALMONE E PISELLI

Ho un'amica alla quale, per Natale, regalano un salmone. Intero. Un gigante dei mari del Nord. Per quante fette faccia, ne avrà sempre abbastanza per imbandire la tavola sua e delle sue figlie fino a Capodanno.

A partire da questo spunto ho voluto immaginare una serie di ricette da realizzare con il salmone, che fa festa ma, se resta lì, non si sa mai come usare. Oltre alle mini cheesecake (che trovate a pagina 56), potete utilizzarlo per preparare questo sugo delicato e perfetto per condire tagliolini, ma anche linguine e spaghetti. Se ve ne avanza ancora, è tempo per l'estremo rimedio: una bella quiche svuotafrigo e il salmone nuoterà felice tra verdure e pasta brisée.

Difficoltà: ★   Cottura: 15'   Preparazione: 15'   Dosi: 4 persone

Tagliolini: 400 g
Salmone affumicato: 150 g
Piselli surgelati: 200 g
Panna fresca: 250 g
Cipollotti freschi: 2
Olio: 4 cucchiai
Sale e pepe: q.b.

1 Mondate e tritate finemente i cipollotti, poi poneteli in una padella antiaderente con l'olio e fateli appassire a fuoco basso. Aggiungete quindi i piselli surgelati e lasciateli sul fuoco fino a che saranno cotti ma ancora verdi e croccanti, poi aggiustate di sale.

2 Tagliate il salmone affumicato a striscioline e poi versatelo in padella, fatelo saltare per pochi secondi e quindi incorporate anche la panna fresca. Insaporite con del pepe nero macinato secondo i vostri gusti.

3 Scolate i tagliolini che avrete lessato in abbondante acqua bollente salata e aggiungeteli al sugo, mescolando per insaporirli.

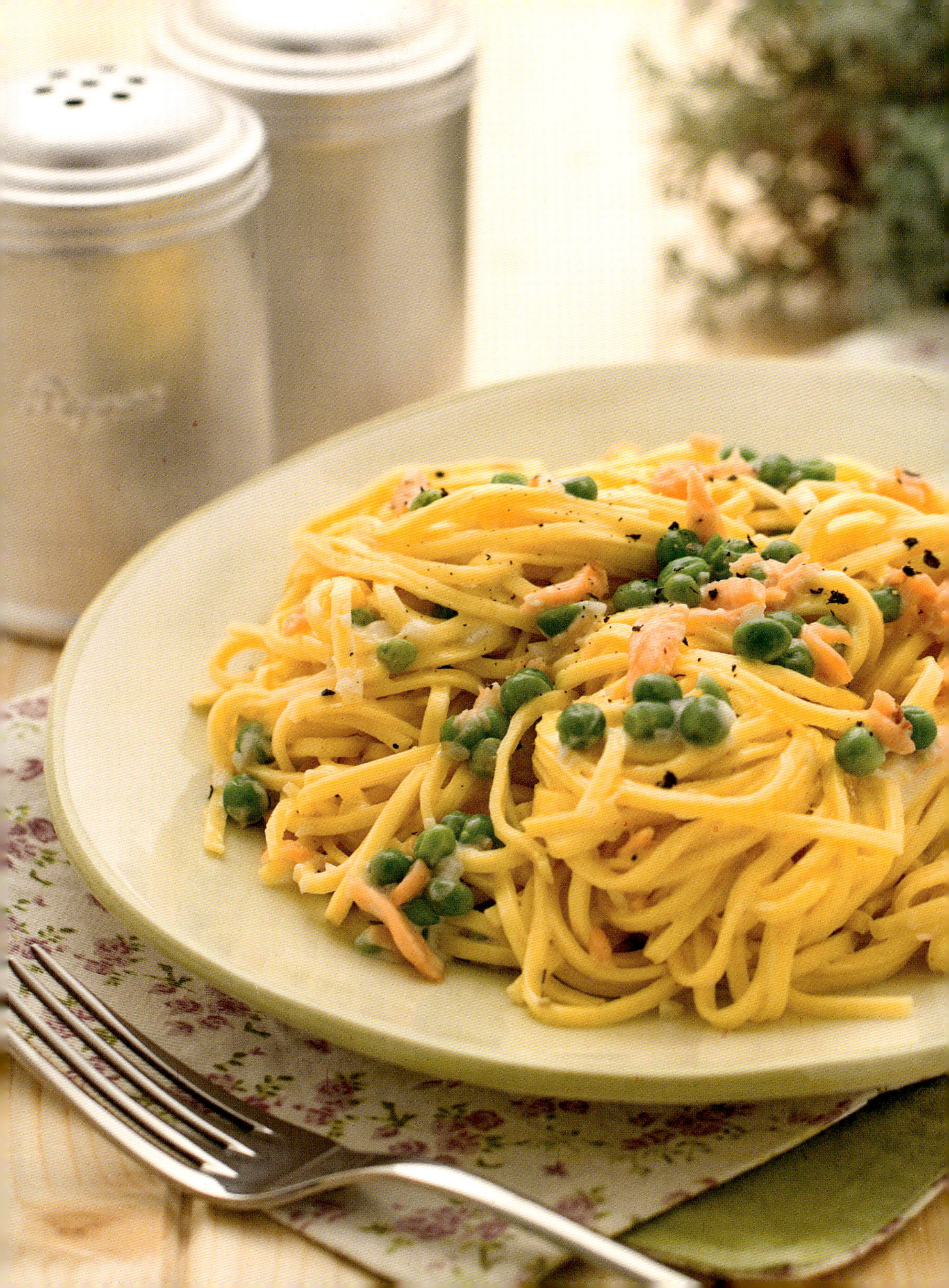

PRIMI
LINGUINE CON POMODORI CONFIT

L'idea

I pomodori confit sono un vero peccato, nel senso letterale del termine. Morbidi, si sciolgono in bocca sprigionando una sinfonia di sapori contrastanti che, misteriosamente, si sono incontrati, amati e sposati nella caramellatura: l'origano, il sale, lo zucchero, lo stesso pomodoro. Dolci e salati, sono uno dei cibi più goduriosi che possiate preparare. A quel punto, insieme a cosa li mescoliate, diventa quasi una faccenda di secondo piano. Con le linguine sono da urlo, ma potete anche spalmarli su dei crostoni caldi, per esempio: ne usciranno delle bruschette da svenimento.

Difficoltà: ★ ★   **Cottura:** 120'   **Preparazione:** 20'   **Dosi:** 4 persone

PER I POMODORI CONFIT
Pomodori ciliegino: 500 g
Zucchero: 2 cucchiai
Aglio: 1 spicchio
Timo: 1 mazzetto
Origano: q.b.
Sale e pepe: q.b.
Olio: q.b.

PER LA PASTA
Linguine: 400 g
Pangrattato: 2 cucchiai
Olio: q.b.
Acciughe: 2 filetti
Basilico: qualche foglia

1 Lavate i pomodorini, asciugateli e tagliateli a metà, poi disponeteli con la parte tagliata rivolta verso l'alto su una teglia coperta di carta da forno. Salate, pepate e cospargeteli con un velo di zucchero. Preparate quindi un trito con il timo e l'aglio e spolverizzatelo sui pomodorini, che, infine, cospargerete di origano. Irrorateli con l'olio prima di infornarli a 140°, forno ventilato, per circa 2 ore: dovranno appassire e asciugarsi leggermente.

2 Mettete quindi a lessare le linguine in abbondante acqua salata. Nel frattempo versate abbondante olio d'oliva in una padella capiente, dove porrete anche il sughetto di cottura dei pomodorini confit, e fatevi sciogliere i filetti d'acciuga. Poi, unite il pangrattato e fatelo dorare.

3 Scolate quindi la pasta al dente e aggiungetela nella padella con un mestolo di acqua di cottura, condite con i pomodorini confit e mescolate per distribuire il condimento. In ultimo aggiungete delle foglie di basilico fresco spezzettate con le mani.

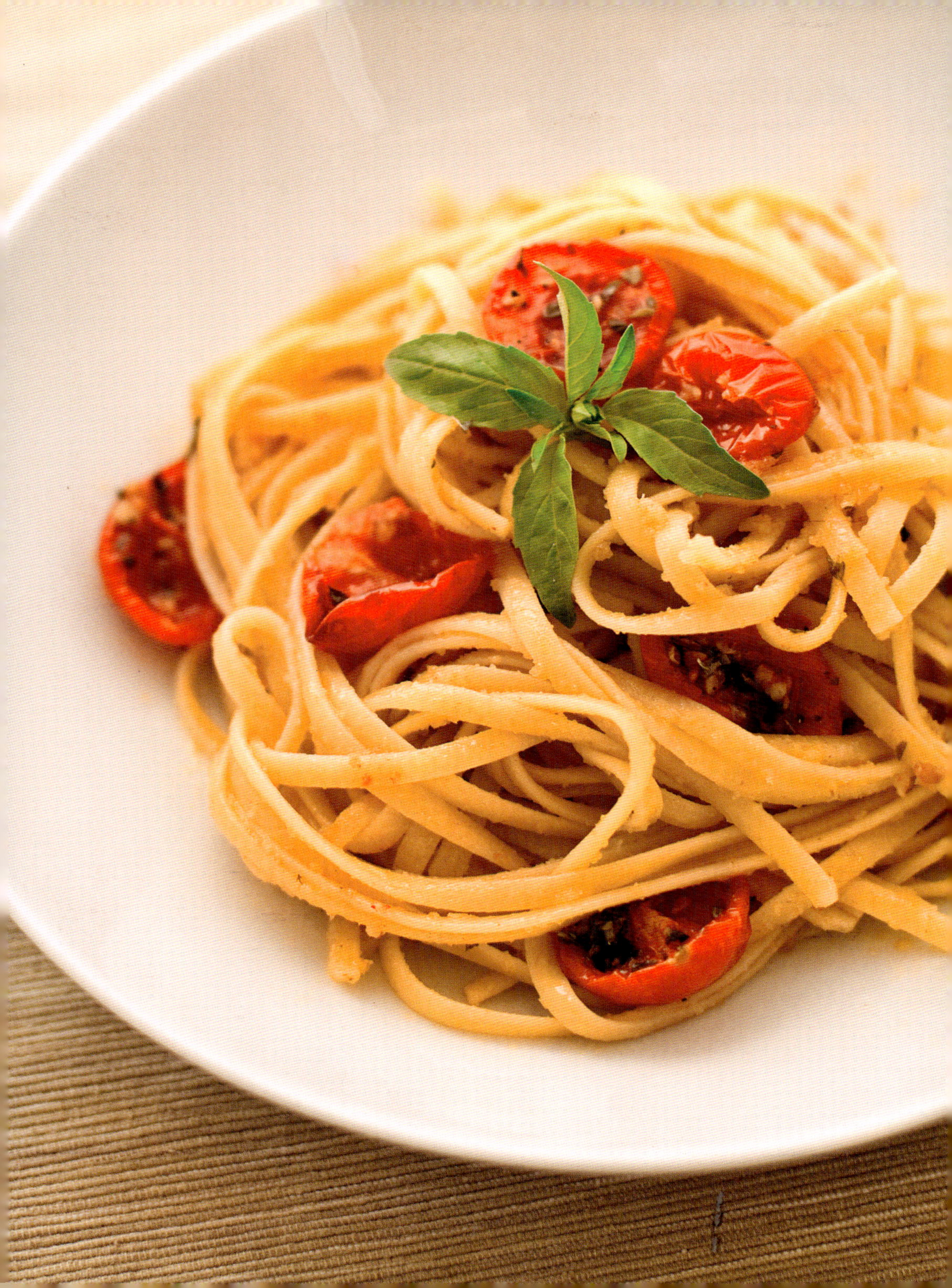

PRIMI
SPAGHETTI CACIO E PEPE

Una sicurezza

A me piacciono i sapori decisi, quelli che punzecchiano il palato e subito fanno pensare all'acqua, al secondo morso conquistano in maniera irreversibile. In casa mia di pecorino ce n'è uno solo: forte, invecchiato, stagionato, che mescolato agli spaghetti diventa una bomba. Gli spaghetti cacio e pepe sono un po' infingardi: gli ingredienti in totale sono tre, ma perché si trasformino in un piatto coeso, e non sembrino accozzati a casaccio perché il frigo non conteneva nient'altro, ci vogliono una certa mano, un certo occhio per le dosi e una certa esperienza. Oppure una certa ricetta assai precisa…

Difficoltà: ★   Cottura: 10'   Preparazione: 10'   Dosi: 4 persone

Spaghetti: 400 g
Pecorino: 160 g
Sale e pepe nero: q.b.

1 Mentre lessate gli spaghetti in abbondante acqua salata, grattugiate il pecorino. Quando scolerete la pasta, tenete da parte qualche mestolo di acqua di cottura.

2 Versate quindi gli spaghetti ancora gocciolanti in una ciotola calda, dove aggiungerete un mestolo di acqua di cottura e il pecorino grattugiato. Mescolate bene, poi unite il pepe macinato (secondo il vostro gusto) e mantecate con cura, finché l'amido della pasta legherà il tutto e gli spaghetti risulteranno cremosi.

3 Il segreto di un buon piatto di spaghetti cacio e pepe è il giusto equilibrio tra formaggio e acqua di cottura che, amalgamandosi, dovranno formare una crema. Pertanto, se durante questo processo notate acqua di cottura in avanzo, aggiungete pecorino, e viceversa, fino a ottenere la giusta consistenza.

4 Impiattate quindi velocemente il tutto e completate con un'ultima spolverizzata di pepe macinato.

Il consiglio di Sonia:

" Al di là del mio gusto personale, il pecorino che meglio si adatta a questa ricetta è quello romano, di mezza stagionatura. "

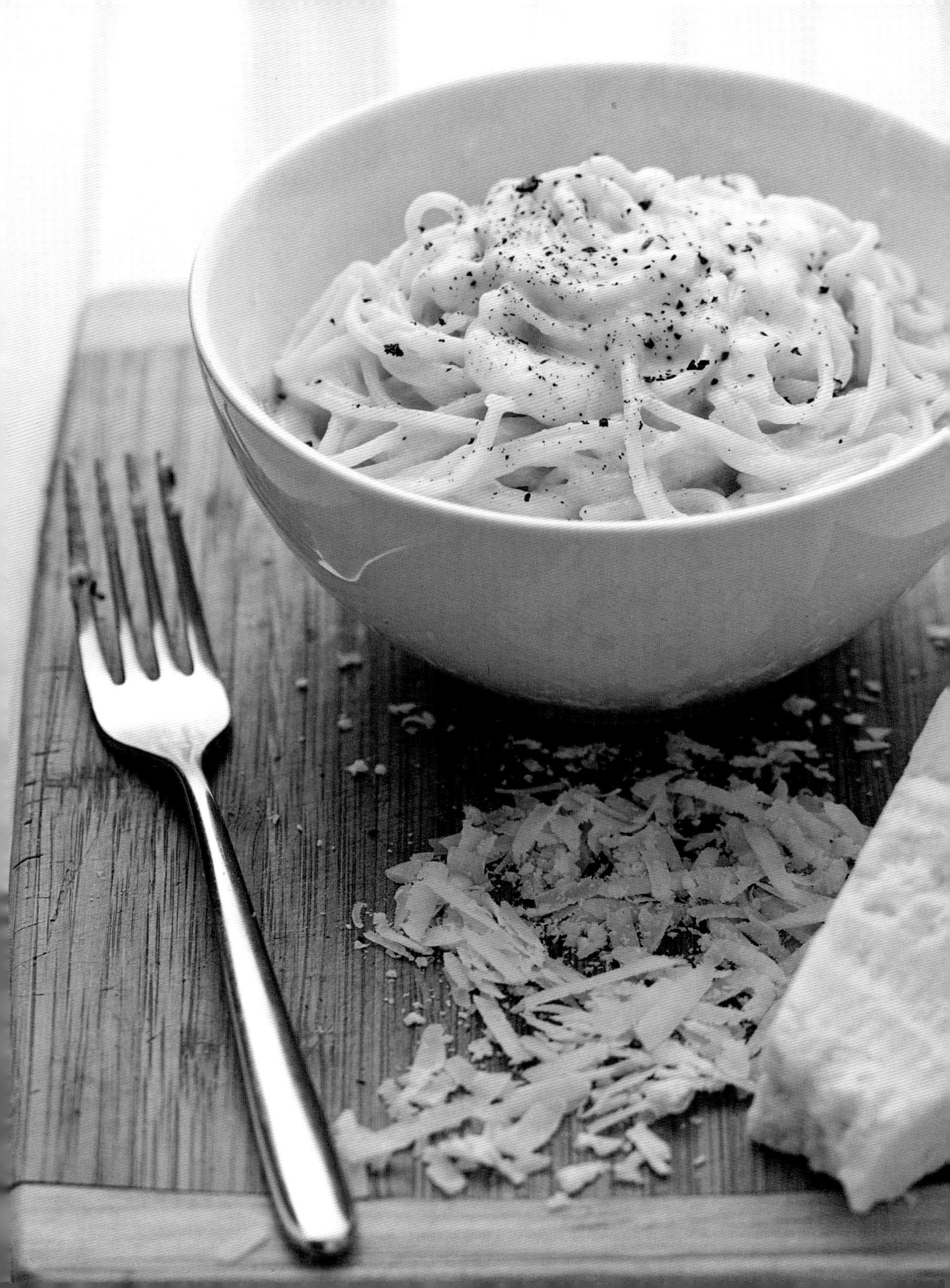

PRIMI
SPAGHETTI ALLA NORMA

Adoro questo sugo di melanzane, pomodori e formaggio, e non solo con gli spaghetti: anche con le penne rigate, i tortiglioni o i classici "cavateddi", ma lo sconsiglio fortemente per una serata romantica, a meno che non vogliate stendere il vostro commensale o intendiate far colpo su di un fidanzato siciliano dalla digestione fulminea. Gli spaghetti alla norma sono buonissimi, incanteranno il palato di chiunque li assaggerà, ma sono certamente più indicati per una domenica di dolce far niente o una cena con amici vegetariani, che al contrario apprezzeranno la vostra scelta di un piatto spesso poco considerato dai cuochi dalla Calabria in su.

Difficoltà: ★   Cottura: 35'   Preparazione: 15'   Dosi: 4 persone

Melanzane: 2 medie
Pomodori pelati: 500 g
Ricotta salata: 200 g
Spaghetti (o altra pasta): 400 g
Aglio: 2 spicchi
Basilico: 12 foglie
Olio: 4 cucchiai
Sale grosso: q.b.
Pepe: q.b.

1 Lavate e spuntate le melanzane, quindi tagliatele a fette di circa mezzo cm di spessore in senso verticale. Ponetele a strati in un colapasta e cospargetele di sale grosso, poi copritele con un piatto e sistemate al di sopra di esso un peso: dovranno spurgare per almeno 1 ora.

2 Nel frattempo preparate il sugo di pomodoro. In un tegame con l'olio fate dorare l'aglio, poi aggiungete i pelati, che lascerete cuocere a fuoco dolce finché non si saranno spappolati. Passateli quindi al setaccio e rimettete poi tutto sul fuoco perché il composto si addensi. Aggiungete poi metà delle foglie di basilico fresche.

3 Sciacquate le melanzane sotto l'acqua corrente e asciugatele con un canovaccio prima di friggerle in olio caldo ma non bollente. Quando saranno dorate trasferitele sulla carta assorbente.

4 Mettete a lessare la pasta in abbondante acqua salata. Intanto, grattugiate la ricotta in modo grossolano e tagliate a listerelle le melanzane, lasciandone da parte alcune per la guarnizione, e trasferitele in una padella insieme a qualche cucchiaio di sugo di pomodoro.

5 Scolate la pasta al dente e unitela al condimento, facendo saltare tutto per qualche istante, poi impiattatela aggiungendo il restante sugo di pomodoro, fette di melanzane intere, la ricotta grattugiata e le foglie di basilico.

PRIMI
SPAGHETTI ALLO SCOGLIO

Pranzo della domenica

Gli spaghetti allo scoglio sono tanto buoni quanto laboriosi da preparare. Li preparo raramente, ma per lo stesso motivo sono una delle ricette che ho più care. Lo sapevo, che la cucina distende, prima di prepararli, ma non mi è mai stato chiaro come quel mattino in cui, arrabbiatissima, sono uscita di casa e sono tornata con una sporta grossa così di bontà provenienti dal banco del pesce. Ho pulito, grattato, tagliato, sciacquato, cotto, dorato e lessato per ore, mettendoci tutta la mia dedizione. Alla fine, la rabbia si era trasformata in uno dei migliori primi che avessi mai messo in tavola. E io stavo benissimo.

Difficoltà: ★★ **Cottura:** 45' **Preparazione:** 60' **Dosi:** 4 persone

- **Calamari**: 300 g
- **Cozze**: 500 g
- **Vongole**: 500 g
- **Scampi**: 4
- **Spaghetti**: 320 g
- **Pomodori ciliegino**: 300 g
- **Prezzemolo**: 4 cucchiai
- **Brodo di pesce**: qualche mestolo
- **Vino bianco**: ½ bicchiere
- **Olio**: ½ bicchiere
- **Aglio**: 4 spicchi
- **Sale e pepe**: q.b.

1 Eliminate le cozze rotte o aperte, quindi togliete il bisso e grattatene i gusci con una paglietta d'acciaio. Per quanto riguarda le vongole veraci, ecco una dritta per eliminare quelle piene di sabbia. Prendetele una per una e picchiatele con la parte del taglio su un tagliere di legno: se fuoriesce del nero gettatele via, la vongola sarà piena di sabbia scurissima.

2 Sciacquate cozze e vongole sotto l'acqua corrente, quindi scolatele. Ponetele sulla fiamma vivace in due tegami separati, coprendole con due coperchi: quando si saranno dischiuse, spegnete il fuoco e lasciatele al caldo.

3 Pulite quindi i calamari, dividete i tentacoli dalle sacche e tagliate queste ultime ad anelli, che metterete in un tegame dopo avervi fatto dorare uno spicchio d'aglio con un paio di cucchiai abbondanti di olio. Quando sbianchiranno, sfumate con il vino bianco, poi aggiungete una parte del prezzemolo e lasciate cuocere per 10 minuti, quindi spegnete il fuoco e tenete al caldo.

4 È il turno degli scampi: lavateli, asciugateli e puliteli eliminando i filetti neri (intestino). Poneteli quindi in un tegame dove avrete dorato uno spicchio d'aglio e fateli rosolare su tutta la superficie. Spegnete il fuoco e tenete anche gli scampi al caldo.

5 Mentre gli spaghetti si lessano, lavate e tagliate i pomodorini a metà, poi fateli ammorbidire in una padella molto capiente (dovrà contenere tutto, pesce e pasta), nella quale avrete fatto dorare 2 spicchi d'aglio in 4 cucchiai d'olio. Aggiungete quindi i calamari, il loro fondo di cottura e quello dei mitili, che avrete preventivamente filtrato.

6 Scolate la pasta tre minuti prima che sia cotta e mescolatela al sugo, dove terminerà la cottura saltando con i liquidi aggiunti. Se fosse necessario, aggiungete qualche mestolo di fumetto di pesce.

7 Un minuto prima della fine della cottura della pasta, aggiungete il prezzemolo tritato, le cozze, le vongole e gli scampi. Terminate gli spaghetti allo scoglio regolando eventualmente di sale e pepe.

PRIMI
SPAGHETTI ALLE VONGOLE

Gli spaghetti alle vongole sono uno dei miei piatti di famiglia: mio padre li preparava alle mie figlie quando abitavamo tutti in Calabria e andavamo a trovarlo. Aveva un segreto, che non ha mai voluto svelarmi, per ottenere il sugo perfetto, denso e cremoso: nonostante centinaia di tentativi, non sono riuscita a emularlo. Era talmente profumato che avremmo quasi potuto fare la strada a occhi chiusi, semplicemente seguendo l'aroma. Già che ci sono, mi abbandono a un momento di nostalgia: mi tornano in mente quei Natali, con le bimbe piccole e tavolate lunghissime di parenti e amici, tutti assiepati attorno ai suoi pentoloni, cercando di intuire il mistero di tanta bontà.

Difficoltà: ★ Cottura: **20'** Preparazione: **20'** Dosi: **4 persone**

Vongole: 1 kg
Spaghetti: 400 g
Aglio: 3-4 spicchi
Prezzemolo: 1 mazzetto
Olio: 1 bicchiere
Sale e pepe: q.b.

1 Lasciate le vongole in ammollo con abbondante acqua salata per qualche ora, meglio una notte intera.

2 Fatele poi aprire in una pentola capiente, che chiuderete con il coperchio, a fiamma vivace. Non appena si saranno schiuse, toglietele dal fuoco: nulla danneggia il sapore delle vongole più di una prolungata cottura. Separate quindi i mitili dal liquido che si sarà formato e filtratelo.

3 A parte, fate dorare gli spicchi d'aglio nell'olio, quindi versate nel tegame il liquido di cottura e lasciatelo addensare, aggiungendo una parte del prezzemolo. Unite infine le vongole e fate cuocere per pochi istanti. Il sugo è pronto.

4 Potete condire gli spaghetti che, nel frattempo, avrete cotto al dente. Spolverizzate con il rimanente prezzemolo e una passata di pepe macinato, poi servite.

Il consiglio di Sonia

"Le vongole più indicate per la preparazione di questo piatto sarebbero quelle veraci che, però, sono state soppiantate quasi ovunque da quelle asiatiche, dal gusto meno deciso. Se volete preservare il sapore mediterraneo di questo piatto, potete sostituire le veraci con le telline: data la dimensione ridotta, impiegherete molto più tempo per assaporarle, ma il risultato sarà memorabile."

PRIMI
PASTA E FAGIOLI

Pranzo della domenica

Vi aspettereste di trovarla in tante terrine di coccio sul tavolo di un'osteria, o in un solo pentolone la domenica, in campagna, servita con un mestolo di legno dalla padrona di casa. La pasta e fagioli è un piatto d'altri tempi, evocativo e rustico quel tanto che basta a riportarci alla concretezza delle cose buone, semplici, gustose.
Facile da preparare, è un primo sostanzioso che potete cucinare nelle due varianti di pasta e fagioli e pasta e ceci. Entrambi i legumi, se secchi, dovranno essere messi a bagno la sera prima. Una volta, però, regalatevi una serata passata attorno al tavolo, a sgranarli facendo quattro chiacchiere, come una volta.

Difficoltà: ★   **Cottura:** 120'   **Preparazione:** 15'   **Dosi:** 4 persone

Pasta: 320 g
Fagioli: 400 g
Pancetta: 100 g
Lardo: 70 g
Sedano: 1 gambo
Carote: 1
Cipolle: 1
Pomodori: 100 g
Aglio: 2 spicchi
Brodo: ½ litro
Olio: ½ bicchiere
Pepe: q.b.

1 Mentre preparate mezzo litro di brodo di carne o vegetale, tritate finemente il lardo e mettetelo a sciogliere in un tegame piuttosto capiente, quindi aggiungete ¾ dell'olio e un trito finissimo di cipolla, aglio, sedano e carota. Lasciate imbiondire il tutto e poi unite i pomodori pelati fatti a tocchetti; quando si saranno spappolati, versate nel tegame un paio di mestoli di brodo e lasciateli asciugare.

2 Nel frattempo, soffriggete a parte la pancetta a dadini o listerelle nel suo stesso grasso, poi aggiungete i fagioli: fateli insaporire per qualche minuto, poi unite un paio di mestoli di brodo e lasciate che i legumi li assorbano. A questo punto, travasate tutto nel tegame del soffritto e cuocete per qualche minuto.

3 Lessate la pasta (corta), a metà del tempo di cottura mescolatela alla minestra di fagioli e continuate a cuocere aggiungendo, quando servono, acqua di cottu ra o brodo. La brodosità della pasta e fagioli dipende dal vostro gusto: ricordate però di utilizzare solo liquidi caldi. Se volete ottenere un piatto più cremoso, mischiate alla pasta due o tre cucchiai di fagioli frullati.

4 A fine cottura pepate e versate un giro d'olio.

Il consiglio di Sonia

"Per la pasta e ceci: alla pasta e ceci di solito non aggiungo il lardo, ma faccio affumicare la pancetta direttamente nel soffritto di cipolla, aglio, sedano e carota, aggiungendo una manciata di aghi di rosmarino. Butto i ceci nello stesso tegame, li copro con il brodo, unisco la passata di pomodoro e, quando sono cotti, la pasta al dente. Volendo ottenere un piatto più cremoso, anche in questo caso si può frullare un paio di cucchiai di ceci."

PRIMI
ZUPPA DI CIPOLLE

Le cipolle – l'ho già detto? – sono una delle mie passioni. E questa zuppa tendo a vederla con occhio più francese che italiano: quello che da noi è un piatto contadino, casereccio e genuino, oltralpe è degno di venire incluso nei menu dei migliori ristoranti, tra il fois gras e le escargots. La soupe à l'oignon, come tutti i piatti universali, racconta una storia lunga secoli: parla il linguaggio mediceo di Caterina, la sposa toscana di Enrico d'Orléans, il dialetto dei bistrot di Les Halles, dove la si mangiava a mezzanotte, e quello familiare della vostra tavola, attorno alla quale riunire figli, amori, genitori, amici.

Difficoltà: ★ Cottura: **30'** Preparazione: **30'** Dosi: **4 persone**

PER LA ZUPPA
Brodo: 1 litro
Cipolle: 500 g
Burro: 50 g
Farina: 20 g
Zucchero: 1 cucchiaino
Olio: 4 cucchiai
Sale e pepe nero: q.b.

PER LA GRATINATURA
Groviera: 100 g
Baguette: 12 fette

1 Mondate le cipolle e tagliatele ad anelli sottili prima di farle appassire in un tegame coperto con 50 g di burro e 3-4 cucchiai d'olio. Dopo una decina di minuti a fuoco basso, aggiungete un cucchiaino di zucchero e procedete con la cottura finché le cipolle suderanno. Non appena le vedrete imbiondire, spolverizzatele con la farina, che farete cadere da un setaccio (colino), quindi mescolate con cura per qualche minuto. A questo punto unite il brodo e lasciate sobbollire per almeno 30 minuti a fuoco moderato, aggiungendone quando serve.

2 Quando la zuppa sarà cotta, aggiustate di sale e pepe e versate il tutto in quattro terrine da forno.

3 Affettate il pane e abbrustolitelo. Adagiate quindi le fette di pane sulla superficie della zuppa, ricopritele con abbondante groviera grattugiato (o un formaggio simile) e infornate le terrine nel forno preriscaldato a 250°, oppure sotto il grill, a gratinare finché non si sarà formata una crosticina dorata.

Il consiglio di Sonia

" Se volete rendere la zuppa più vellutata, quando sarà cotta versatene metà in un mixer e frullatela fino a ridurla in una crema che metterete nelle terrine prima delle restanti cipolle stufate. Poi procedete come da ricetta. Se, infine, volete arricchirne il sapore, prima di aggiungere il brodo sfumate con mezzo bicchiere di vino bianco o un bicchierino di brandy. "

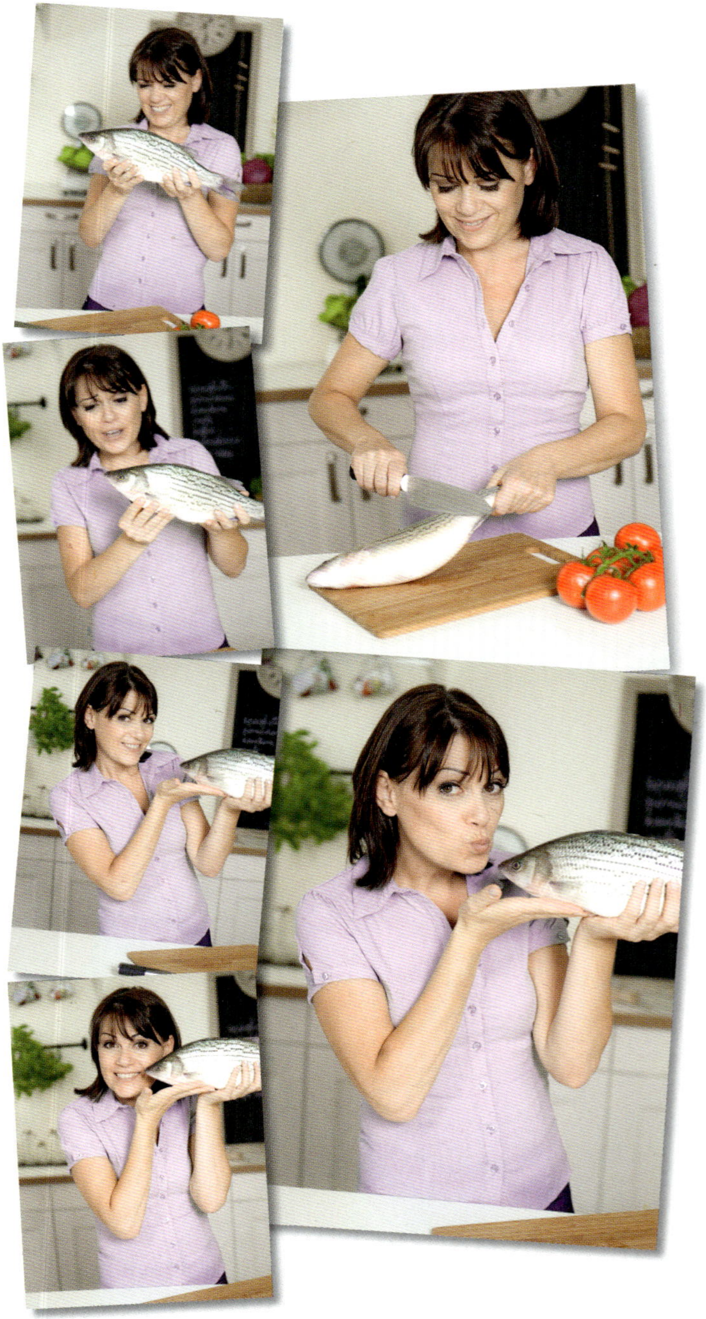

Secondi

Sfatiamo un mito: i secondi non sono difficili da cucinare. Non più delle altre portate.

Senza nulla togliere, l'arrosto della nonna era unico perché lei ci metteva tutta la sua cura, non perché aveva imperscrutabili abilità soprannaturali. Ne consegue che, con un forno accettabile e un buon taglio di carne, potete cucinarlo anche voi. Quello e qualche altra decina di piatti semplici ma d'effetto che faranno esclamare «oh!» ai vostri ospiti: anche loro, infatti, sono vittime dell'idea che "elaborato" significhi "complesso" e rimarranno stupiti quando porterete in tavola piatti che immaginano inarrivabili. D'altronde, lo pensavate anche voi. Chiaramente, dovete approfittarne: tutti gli chef, come i prestigiatori, giocano sul mistero che circonda il trucco. Quando il segreto sarà svelato, l'unica cosa che vorrete fare sarà buttarvi, e magari vi scapperà un sorriso nel rendervi conto che è bastata una sola sera per trasformarvi, agli occhi altrui, da mediocri apritori di scatolette in raffinati gourmet.

SECONDI
CALAMARI RIPIENI

Chi non impazzisce di fronte a un piatto di anelli fritti e croccanti? La tentazione è immensa, con il suo ricco contorno di senso di colpa per grasso, colesterolo, calorie e via dicendo. Dato che adoro i calamari, nel momento stesso in cui mi sono messa a dieta ho deciso che dovevo inventare qualche modo originale e alternativo per prepararli. Mi è venuto in mente che Artusi – e molti dopo di lui – li aveva utilizzati come "tasche" da riempire, così ho elaborato un ripieno semplice, leggero e completo: è quasi un piatto unico.

Difficoltà: ★★ **Cottura:** 15-20' **Preparazione:** 30' **Dosi:** 4 persone

PER I CALAMARI
Calamari: 500 g
Aglio: 2 spicchi
Prezzemolo tritato: 1 cucchiaio
Vino bianco: 1 spruzzata
Olio: 3 cucchiai
Sale e pepe: q.b.

PER IL RIPIENO
Acciughe (alici): 6 filetti
Uova: 2
Pane (mollica di grano duro): 120 g
Parmigiano reggiano grattugiato: 30 g
Aglio: 2 spicchi
Prezzemolo tritato: 2 cucchiai
Olio: 3 cucchiai
Vino bianco: 1 spruzzata
Sale e pepe: q.b.

1 Pulite, spellate ed eviscerate i calamari, conservando le tasche e tagliando finemente i tentacoli, dai quali avrete estratto il "dente".

2 Fate cuocere in un tegame i filetti d'acciuga sminuzzati con 3 cucchiai d'olio e 2 spicchi d'aglio tritati. Quando le acciughe si saranno sciolte incorporate i tentacoli e sfumate con una spruzzata di vino. Nel frattempo, spezzettate e mettete in poca acqua tiepida la mollica del pane: fatela ammollare e poi strizzatela bene, quindi sbriciolatela nella pentola assieme ai ciuffi di calamari per farla insaporire ed eventualmente asciugare, se contiene ancora acqua in eccesso. Aggiungete il prezzemolo tritato e trasferite il tutto in una terrina, dove mescolerete con le uova intere, il parmigiano grattugiato, sale e pepe fino a ottenere un impasto omogeneo.

3 Riempite le tasche dei calamari con il composto per ¾ (altrimenti scoppieranno durante la cottura!), e chiudetele con uno stuzzicadenti.

4 Fate dorare i calamari ripieni nell'olio con 2 spicchi d'aglio a fuoco medio, girandoli di tanto in tanto con attenzione. Non appena cominceranno a gonfiarsi, sfumate con una spruzzata di vino bianco, aggiustate di sale e cuocete per 10 minuti circa, coprendo il tegame con un coperchio. Poco prima della fine della cottura, spolverizzate con il prezzemolo.

Il consiglio di Sonia

❝ Vi raccomando di fare molta attenzione alla cottura: basta qualche minuto in più e i calamari risulteranno indigesti e gommosi! Rimanete in zona fornelli mentre siete alle fasi finali della ricetta. ❞

SECONDI
SOGLIOLA ARROTOLATA ALLE ERBE E OLIVE

L'idea

Facciamo finta che non ci interessi, di solito, ma poi eccome se la volta che invitiamo a cena gli amici vorremmo avere una tavola carina, il vassoio giusto per servire qualche stuzzichino con l'aperitivo e, naturalmente, un secondo a effetto. Il secondo è il cuore della serata, il momento attorno al quale gira tutto il resto, quindi va scelto con la massima cura. Questi filetti di sogliola arrotolati sono un'idea eccellente anche se avete tanta gente e poco tempo: originali e rapidissimi da preparare, sono di grande impatto estetico e, se non avete il tempo di sfilettare voi le sogliole, li trovate già puliti al supermercato.

Difficoltà: ★ **Cottura:** 10' **Preparazione:** 30' **Dosi:** 4 persone

---

Sogliola: 500 g di filetti
Erbe aromatiche (salvia, timo, erba cipollina, prezzemolo, rosmarino): 5 cucchiai
Vino bianco: 1 spruzzata
Burro: 1 noce
Aglio: 1 spicchio
Olive verdi o nere: 15 g
Limone: 1 (scorza grattugiata)
Sale e pepe: q.b.

---

1 Se non trovate in commercio dei filetti di sogliola già pronti, potete chiedere al vostro pescivendolo di sfilettarvi delle sogliole intere. Altrimenti, se preferite, sfilettatele voi. Una volta fatto, salate e pepate.

2 Tritate le erbe aromatiche e l'aglio in piccoli pezzi, mettete tutto in una ciotola e mescolate: vi passerete la sogliola solo da un lato, facendo aderire bene il mix di aromi. Quindi, arrotolate i filetti per formare degli involtini, che fermerete con degli stuzzicadenti.

3 In una padella fate sciogliere una noce di burro e versatevi le erbe avanzate e le olive tagliate a rondelle. Quando il burro si sarà insaporito, unite nella padella le sogliole arrotolate e lasciatele dorare. Aggiungete infine la buccia grattugiata di un limone e sfumate con il vino bianco. Girate gli involtini e coprite con un coperchio, continuando la cottura a fuoco basso per altri 5 minuti.

Il consiglio di Sonia:

"Se preferite, potete utilizzare i filetti di platessa, che sono decisamente più reperibili in commercio rispetto a quelli di sogliola: il procedimento rimane il medesimo."

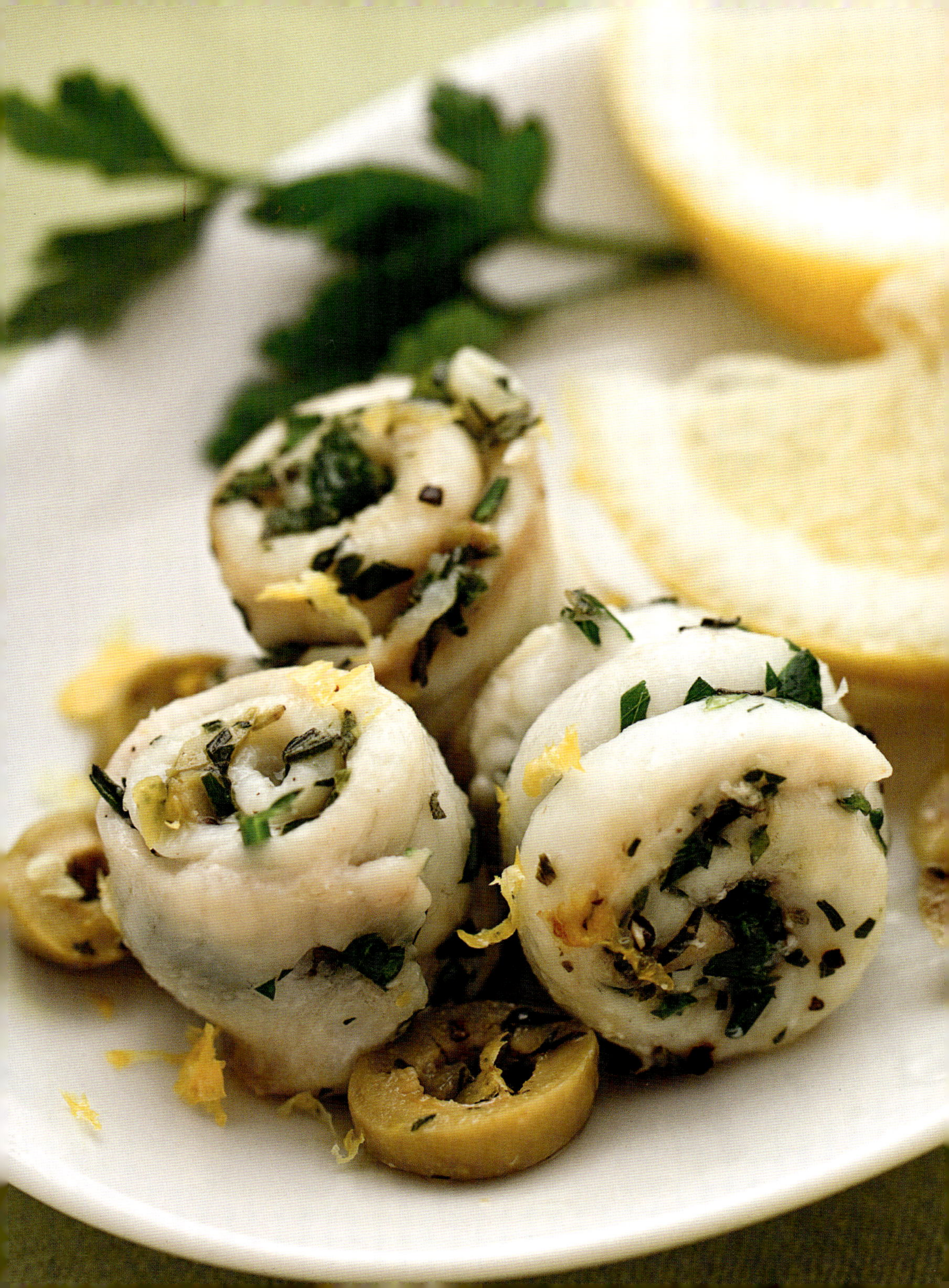

SECONDI
INSALATA DI POLPO E PATATE

Saranno passati almeno dieci anni da quando un fotomodello in bianco e nero sbatteva un polpo sugli scogli di una bollente spiaggia siciliana per la pubblicità di un nota casa di moda. Il segreto dell'insalata di polpo e patate è proprio quello: "battere" il polpo o, alternativa adatta a chi non vivesse sul mare, lasciarlo qualche ora nel congelatore. I colpi (e il gelo) distendono la nervatura dei tentacoli, facendo sì che, dopo una lunghissima cottura, il polpo risulti morbido e tenero. Iper-dietetico e iper-buono, questo è uno dei miei piatti unici preferiti d'estate, mentre d'inverno lo preparo come antipasto per cene importanti o durante le feste, sempre accompagnato da un vino bianco freschissimo.

Difficoltà: ★★   **Cottura: 40'**   **Preparazione: 20'**   **Dosi: 4 persone**

PER L'INSALATA DI POLPO
Polpo: 1 da 1 kg
Patate: 8 (120 g circa l'una)
Carote: 1
Cipolle: 1 piccola bianca
Sedano: 1 gambo
Aceto di vino bianco: 1 cucchiaio
Alloro: 3 foglie
Ginepro: qualche bacca
Sale: q.b.

PER CONDIRE
Aglio: 1 spicchio
Prezzemolo: 1 ciuffo
Olio, sale e pepe nero: q.b.

1 Mettete sul fuoco una pentola contenente acqua e le verdure mondate (carota, sedano, cipolla), l'alloro, il ginepro, l'aceto e il sale, e portate a bollore.

2 Se il polpo che avete acquistato non è già stato pulito, dovrete aprire la sacca lateralmente e svuotarla, poi eliminare occhi e dente servendovi di un coltellino dalla punta affilata o di un paio di forbici. Passate quindi il polpo sotto l'acqua corrente per togliere ogni residuo di sabbia, specialmente tra le ventose dei tentacoli.

3 Quando l'acqua con gli aromi bollirà, immergete e togliete i tentacoli dalla pentola per 3 o 4 volte, tenendo il polpo per la testa, affinché si arriccino e si ammorbidiscano. Immergetelo poi completamente, abbassate il fuoco al minimo e coprite con un coperchio: lo lascerete cuocere per circa 40 minuti (20 minuti per ogni 500 g). Dopo 25 minuti, lavate e spazzolate le patate, poi mettetele intere e con la buccia nella stessa pentola. Terminate quindi la cottura (altri 15 minuti circa). Infine, estraete il polpo servendovi di una pinza e ponetelo su di un tagliere, dove lo farete a pezzetti.

4 Sbucciate e tagliate le patate a quadrotti, anche piuttosto grossi, che porrete in una ciotola insieme al polpo. Condite con olio, prezzemolo tritato, aglio schiacciato, pepe e sale. L'insalata di polpo e patate è buona sia servita immediatamente (ancora tiepida), sia fredda.

SECONDI
MEDAGLIONI DI SALMONE AL PEPE VERDE

Non amavo particolarmente il salmone, per la sua forma non invitante, tutte quelle lische e il grasso, poi, sfogliando un libro di alta cucina, ho scoperto questo metodo. È stata un'illuminazione sulla via di Damasco: grazie a una legatura particolare si ottiene un'elegante forma rotonda, piacevolissima da vedere, non ci sono lische di sorta e la cottura a puntino permette di ottenere un salmone per niente asciutto. In poche parole: una ricetta spettacolare, adatta a serate importanti o a una cena romantica, anche se piuttosto impegnativa da realizzare. Se volete semplificarla, potete eliminare il fumetto di crostacei: il risultato sarà eccellente comunque.

Difficoltà: ★ ★   **Cottura: 60'**   **Preparazione: 30'**   **Dosi: 4 persone**

Salmone fresco: 4 fette (circa 200 g l'una, spesse 3 cm)
Pepe verde in salamoia: 1 cucchiaio
Panna fresca: 250 ml
Vino bianco secco: 1 spruzzata
Burro: 20 g
Cipolle: ½
Olio: 4 cucchiai

PER LA SALSA DI POMODORO
Pomodori (passata): 250 ml
Basilico: qualche foglia
Olio: 2 cucchiai
Sale: q.b.

PER IL FUMETTO DI CROSTACEI
Crostacei (ritagli, carcasse): 250 g
Pomodori maturi: 100 g
Carote: 1
Cipolle: 1 piccola
Sedano: 1 costa
Brandy: 1 bicchierino
Burro: 50 g
Sale: q.b.

1 Per prima cosa preparate il fumetto di crostacei: mettete le carcasse in un tegame assieme al burro e fate rosolare il tutto schiacciando bene con un mestolo per fare fuoriuscire i succhi. Aggiungete il brandy e fate sfumare, poi unite le verdure tritate e lasciatele dorare. Versate quindi dell'acqua calda fino a coprire interamente gli ingredienti (almeno 1 litro), salate e lasciate ridurre il tutto fino a ottenere 250 ml di liquido. Passate il brodo con un colino a maglie fitte e ponetelo su una fiamma bassa, poi aggiungete la panna fresca e lasciate che si riduca.

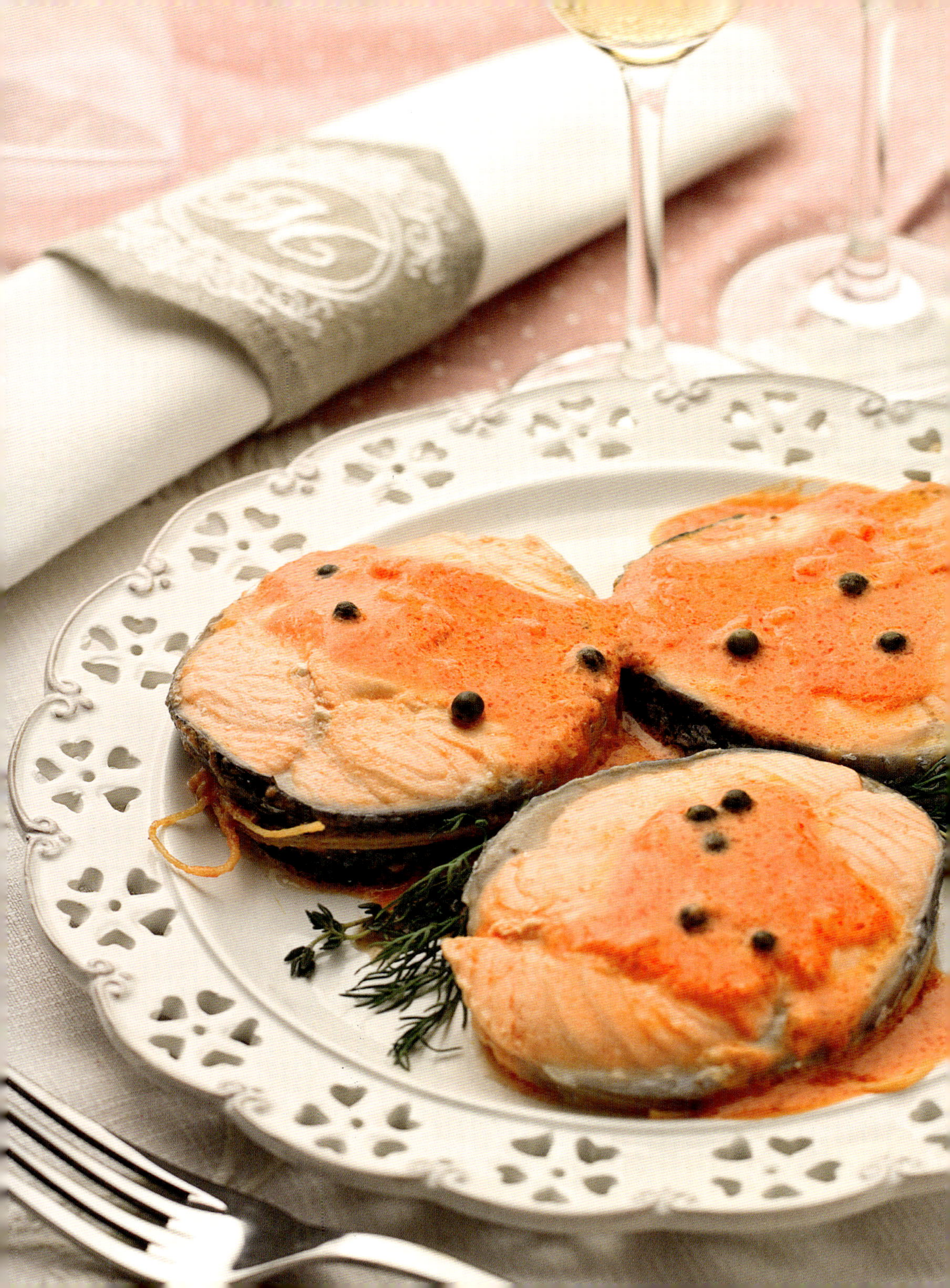

1. Incidete la spina dorsale del trancio..

2. Eliminate l'osso, senza rompere la pelle.

3. Estraete le lische con una pinzetta.

4. Incidete la pelle a circa 5 cm dall'estremità, senza staccare la polpa dal trancio, ed eliminatela.

5. Inserite le strisce ventrali, una alla volta, nel centro del trancio.

6. Avvolgete lo spago da cucina attorno al medaglione, e fate un nodo ben stretto.

2 Nel frattempo, preparate una salsa di pomodoro semplice mettendo in un tegame 2 cucchiai d'olio, la passata di pomodoro e il sale: fate bollire a fuoco dolce. Quando la salsa sarà addensata, aggiungete delle foglie di basilico fresco e spegnete il fuoco.

3 Dedicatevi quindi ai medaglioni, legando il salmone secondo la tecnica esposta nella pagina accanto.

4 Quando il fumetto di crostacei e la salsa di pomodoro saranno pronti, tritate la cipolla e mettetela in un tegame a fiamma bassissima con il burro e due cucchiai d'olio. Quando sarà trasparente aggiungete i grani di pepe verde e 3-4 cucchiai di salsa di pomodoro. Non appena il tutto sarà amalgamato, unite il composto di fumetto e panna e fate cuocere per altri 5 minuti.

5 In un tegame a parte scaldate 2 cucchiai di olio e adagiatevi i medaglioni: li farete rosolare a fuoco allegro su entrambi i lati (ci vorranno al massimo 5 minuti), poi li spruzzerete con il vino bianco secco, che lascerete evaporare. Sarà il momento di aggiungere la salsa e di ultimare la cottura — 10 minuti circa — a tegame coperto.

6 Servite i medaglioni di salmone nappandoli con il sugo di cottura.

Il consiglio di Sonia:

" Se preferite, potete utilizzare al posto dei grani di pepe verde quelli di pepe rosa in salamoia, che sono più teneri e hanno un gusto sì piccante, ma non pungente. Inoltre, potete sostituire la passata di pomodoro con dei pomodori freschi e ben maturi tagliati a dadini, che passerete a cottura avvenuta. "

SECONDI
BRANZINO IN CROSTA DI SALE

Il branzino in crosta di sale che ho preparato a Giallozafferano doveva bastare per tutti, così avevo acquistato un animale enorme, che a stento entrava nel forno. I ragazzi gli hanno subito dato un nome, Diego, che rimarrà negli annali come soprannome della ricetta, per noi anche detta "branzino alla Diego".

Il branzino cotto "alla Diego", dunque, è iper-dietetico ma decisamente ricco in sapore (il gusto del pesce, infatti, viene esaltato al massimo) e di aroma: dopo una decina di minuti che l'avrete messo nel forno vi sembrerà di stare in un bosco di pini da quanto le spezie mescolate alla crosta di sale sprigioneranno i loro profumi!

Difficoltà: ★   **Cottura:** 40'   **Preparazione:** 30'   **Dosi:** 2 persone

Branzino: 1 da 800 g (oppure 2 da 400 g)
Uova: 3-4 (albumi)
Aglio: 1 spicchio
Alloro: 3-4 foglie
Aneto: 2 ciuffi
Prezzemolo: 1 mazzetto
Rosmarino: 3 rametti
Salvia: 5-6 foglie
Timo: 6 rametti
Limoni: 1
Sale fino: 1 kg
Sale grosso: 1 kg

1 Accendete il forno a 200°. Qualora il branzino che avete acquistato non fosse già eviscerato, dovrete pulirlo voi. Puntate quindi il coltello nel foro situato vicino alla coda e tagliate il ventre; svuotate la pancia e poi sciacquate sotto l'acqua corrente.

2 Tritate le erbe aromatiche e l'aglio, e grattugiate la scorza di limone: utilizzate un paio di cucchiaiate del composto per riempire la pancia del pesce e tenete da parte il resto.

3 Montate a neve ferma gli albumi e incorporate delicatamente le erbe aromatiche e la scorza del limone avanzate, quindi unite il sale (fino e grosso) e amalgamate il tutto.

4 Stendete un foglio di carta da forno su una leccarda (o teglia), dove adagerete un sottile strato (circa 1,5 cm) del composto ottenuto, che formerà il letto di cottura per il branzino. Appoggiatevi sopra il branzino e ricopritelo con altro composto, pressando delicatamente per dare una forma che aderisca al pesce.

5 Infornate per circa 40 minuti, tenendo presente che, se al posto di un branzino grande avete scelto di cuocerne due di piccole dimensioni, il tempo di cottura sarà di circa 20-25 minuti, mentre le dosi del composto a base di sale saranno le stesse.

6 Terminata la cottura, estraete il branzino dal forno e fatelo riposare qualche istante prima di romperne la crosta con un piccolo martello. Procedete quindi a eliminare la pelle del pesce e la lisca centrale e servite dopo aver cosparso il branzino con un filo d'olio.

Il consiglio di Sonia:

" L'accompagnamento ideale per questo piatto sono le patate lesse o al forno, condite con un sottile filo di ottimo olio, che non copriranno l'aroma e il delicato sapore del branzino. "

SECONDI
IMPEPATA DI COZZE

L'insospettabile

Quando sono stata a Napoli sono rimasta sbalordita dalla semplicità (e dalla bontà) di questo piatto! Cozze e pepe sono le colonne portanti di una ricetta che generalmente passa per essere difficile, lunga e impegnativa. Niente di più falso: in meno di mezz'ora avrete tra le mani un capolavoro da leccarsi i baffi e la garanzia che i vostri ospiti (non troppi, altrimenti rischiate di passare ore e ore a pulire i gusci) rimarranno stupefatti. In più, e non guasta, le cozze hanno un costo veramente contenuto.

Il mio compagno le ama alla follia: colgo il segnale quando lo vedo arrancare dal fondo della corsia del supermercato spingendo un carrello pieno solo di scatoloni di cozze… In quel momento gli occhi dicono una cosa sola: "Impepata".

Difficoltà: ★   **Cottura:** 10'   **Preparazione:** 10'   **Dosi:** 4 persone

Cozze: 2 kg
Aglio: 2-3 spicchi
Olio: ½ bicchiere
Prezzemolo: q.b.
Pepe: in abbondanza

Il consiglio di Sonia

"Potete accompagnare l'impepata con delle fette di pane casereccio abbrustolito da intingere nel fondo di cottura e qualche fetta di limone, che verrà apprezzata da coloro che lo amano sul pesce."

1 La parte noiosa della preparazione di questo piatto è la pulizia delle cozze: lavatele sotto l'acqua corrente, raschiate i gusci con una spazzola di metallo ed eliminate il bisso (la barbetta che fuoriesce).

2 Scaldate quindi olio e aglio in un tegame, poi aggiungete le cozze e coprite con il coperchio. Fate cuocere per qualche minuto a fuoco vivace, finché i gusci non si saranno aperti. Verso fine cottura pepate abbondantemente e, se vi piace, unite del prezzemolo tritato. Agitate la pentola con il coperchio ben chiuso, per consentire al pepe e al sugo di spandersi.

3 La vostra impepata è pronta: servitela caldissima.

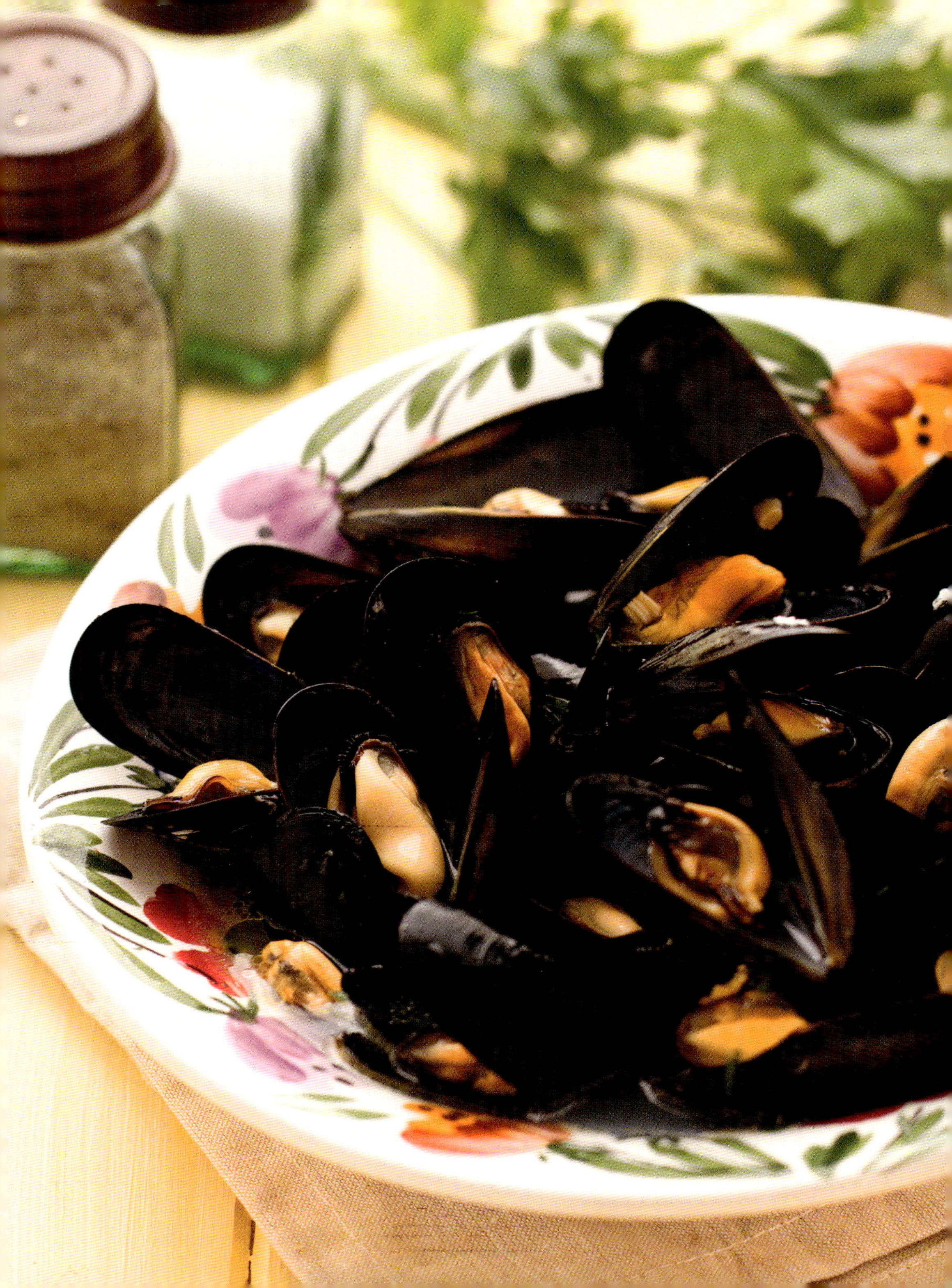

SECONDI
ORATA ALL'ACQUA PAZZA

Ci sono piatti, come questo, nei quali l'apporto del cuoco è minimo: si basano tutti sulla qualità degli ingredienti, che deve essere altissima. L'orata all'acqua pazza è frutto dell'equilibrio tra pesce, pomodoro, aglio, prezzemolo e vino bianco: fresca ed estiva, è meravigliosa se servita in estate, magari vicino al mare (ne andava matto anche Totò, che se la faceva preparare a Capri).
Ricordate che la cottura deve essere al punto giusto, pena ottenere un pesce gommoso o ancora crudo. La prova del nove per capire quale sia "il punto giusto"? Tirare la pinna caudale: se verrà via senza opporre resistenza l'orata è pronta, in caso contrario lasciatela in forno ancora per qualche minuto.

Difficoltà: ★   **Cottura:** 25'   **Preparazione:** 40'   **Dosi:** 4 persone

Orata: 1 orata da 800 g o 2 da 400 g
Pomodori ciliegini: 300 g
Aglio: 3-4 spicchi
Prezzemolo: 1 ciuffo
Olio: 2 cucchiai
Acqua: ½ bicchiere
Vino bianco: ½ bicchiere
Sale e pepe: q.b.

Il consiglio di Sonia:

" Se preferite la cottura in padella, procedete nello stesso modo, avendo cura di coprire il tegame che utilizzate con un coperchio durante la cottura. "

1 Se l'orata che avete acquistato non è già stata pulita dal vostro pescivendolo, dovrete pensarci voi. Eliminate quindi le pinne laterali, dorsali e ventrali (lasciando quella caudale), poi squamatela, praticate un taglio sulla pancia ed evisceratela. Sciacquatela quindi sotto l'acqua corrente, assicurandovi di aver pulito bene anche l'interno.

2 Riempite la pancia dell'animale con un pizzico di sale, uno spicchio d'aglio e un paio di foglioline di prezzemolo.

3 Prendete quindi una pirofila (o una teglia), cospargetene il fondo con l'olio, poi adagiatevi le orate (o l'orata se avete scelto quella da 800 g). Tagliate i pomodorini a spicchi o cubetti e uniteli nella pirofila assieme ai due spicchi d'aglio restanti tagliati a fettine, il prezzemolo a foglie, il sale e il pepe (o il peperoncino fresco, se vi piace), l'acqua e il vino bianco. I liquidi non devono ricoprire interamente il pesce ma restare a meno della metà dell'altezza del pesce.

4 Infornate a 220° per circa 20-25 minuti, dopo i quali verificherete lo stato di cottura del pesce tirando la pinna caudale: se verrà via facilmente l'orata sarà cotta, altrimenti lasciate il pesce in forno per qualche altro minuto.

5 A cottura ultimata, adagiate il pesce su di un piatto, eliminatene la pelle e dividetelo, togliendo tutte le lische e la testa. Una volta ottenuti i filetti, serviteli su un piatto da portata irrorati con il fondo di cottura.

SECONDI
BRASATO AL BAROLO

Una sicurezza

Non chiedetemi perché, ma Giallozafferano segue i tempi della moda. Avete presente quando in agosto, con poco più del costume addosso, pensate: «Potrei regalarmi un pomeriggio di shopping», ma non riuscite a superare l'ostacolo delle vetrine che espongono solo cappotti, pellicce e paletot? Ecco, così. I nostri utenti – non ne potete più delle insalatone, confessate! – in estate vanno alla ricerca di sapori invernali, come il brasato al barolo. Dal Piemonte con furore, è il principe degli arrosti, un intramontabile classico dal delizioso sughetto che bisogna onorare intingendoci il pane, naturalmente con le mani.

Difficoltà: ★ ★ ★   **Cottura:** 130'   **Preparazione:** 30'   **Dosi:** 4 persone

Carne bovina (vena o cappello del prete): 1 kg
Barolo: 1 bottiglia
Burro: 40 g
Aglio: 1 spicchio
Carote: 2
Cipolle: 1
Sedano: 2 costole
Olio: 3-4 cucchiai
Alloro: 2 foglie
Cannella: 1 pezzetto
Chiodi di garofano: 3
Rosmarino: 1 rametto
Sale: q.b.
Pepe: 4 grani

1 Con il giusto anticipo, dovete preparare la carne: asciugate il trancio dall'eventuale residuo di sangue e ponetelo in una capiente terrina con le spezie e le verdure mondate e tagliate a cubetti. Aggiungete quindi il Barolo, coprite con la pellicola per alimenti e lasciate marinare il tutto per 12 ore in frigorifero.

2 A quel punto, prelevate la carne e asciugatela delicatamente con della carta da cucina. Fatela quindi rosolare in una casseruola, dove avrete fatto fondere il burro insieme all'olio, per 5 minuti su ogni lato, finché non avrete ottenuto la crosticina tipica degli arrosti.

3 Unite le verdure e le spezie della marinata e fate cuocere il tutto per circa 15 minuti, quindi salate e versate nella casseruola anche la marinata (eventualmente riscaldata qualche minuto in microonde). Coprite con un coperchio e lasciate sobbollire per almeno 2 ore a fuoco dolce.

4 Una volta che la carne sarà brasata, toglietela dalla casseruola e mantenetela in caldo mentre preparate il sughetto: passate vino e verdure insieme in un mixer a immersione, poi fate addensare la miscela sul fuoco, regolando di sale. Portate tutto a bollore per qualche minuto, quindi versate sul brasato affettato, ed ecco pronto il vostro brasato al Barolo.

Il consiglio di Sonia:

" Il brasato al Barolo si presta a diventare piatto unico se accompagnato da contorni come il purè di patate, il riso o la polenta. In Piemonte costituisce il cibo delle feste per eccellenza, insieme agli agnolotti. Se volete onorare un ospite speciale, servitegliene una decina conditi solo con il sughetto dell'arrosto: una prelibatezza da leccarsi i baffi. "

SECONDI
FILETTO AL PEPE VERDE

L'insospettabile

Il filetto è romantico. È un taglio pregiato, tenero e morbido al palato, e bello da vedere: piccolo e rotondo, risulterà ancora più perfetto se lo legherete con lo spago da cucina per mantenerne la forma durante la cottura. È l'ideale per una cena speciale, magari a san Valentino, ma anche se avete tanti ospiti da stupire: chi non lo prepara con le sue mani di solito pensa che sia una ricetta da gran gourmet! Dato che non è un piatto leggerissimo (con tutto il suo contorno di panna e senape), consiglio di abbinarlo con un contorno di fagiolini mangiatutto o verdura cotta e appena saltata in padella.

Difficoltà: ★   **Cottura:** 15'   **Preparazione:** 5'   **Dosi:** 4 persone

Filetto di manzo: 4 fette (150-200 g l'una circa)
Pepe verde (in grani in salamoia): 2 cucchiai
Brandy: 1 bicchierino
Burro: 1 grossa noce
Senape: 2 cucchiai
Panna: 150 ml
Sale: q.b.

1 Legate il filetto con lo spago da cucina, in modo che mantenga la sua naturale forma rotonda durante la cottura. Schiacciate quindi con il pestacarne 1 cucchiaio di grani di pepe verde sgocciolati dalla salamoia e fateli aderire alla carne premendovi ogni lato.

2 Sciogliete in padella una noce di burro e fate scottare i filetti a fuoco allegro 2-3 minuti per lato, poi toglieteli e conservateli al caldo. Nel sugo di cottura fate prima sfumare il brandy, quindi unite la senape e, infine, la panna fresca, il resto del pepe verde e il sale. Fate addensare il tutto a fuoco moderato.

3 Mettete nuovamente in padella i filetti per qualche secondo, così che la salsa li avvolga completamente, poi serviteli su un piatto da portata scaldato.

Il consiglio di Sonia:

" Se preferite sentire l'aroma del pepe verde ma non il suo gusto piccante, evitate di pestare i grani col batticarne, limitandosi ad aggiungerli interi alla preparazione. "

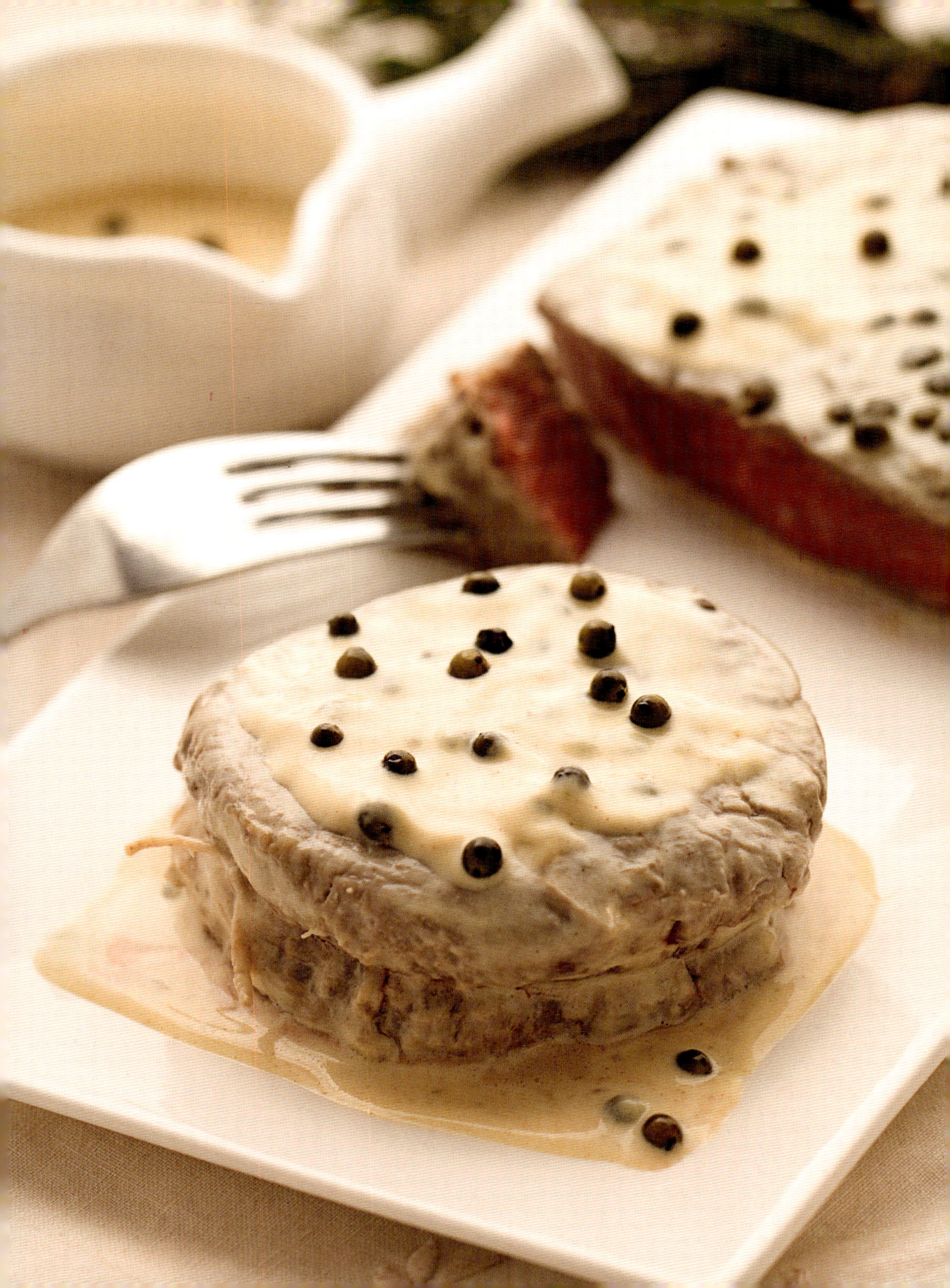

SECONDI
COSTOLETTA ALLA MILANESE

Le cose che identificano Milano sono tre: il Duomo, il risotto allo zafferano e la costoletta. Quella "s" non è uno sbaglio, ma il segreto di questo piatto sontuoso che, in pochissimo tempo, regala un risultato davvero eccezionale. La "s" significa "scelta" (del taglio di vitello, la lombata), significa "spessore" (almeno 3 cm, più o meno quanto l'osso), significa "sapore": la frittura nell'olio è bandita, dimenticatela. Qua ci vuole burro a volontà, e ne vale la pena. Se avete ospiti a cena, colpiteli con una vera raffinatezza: avvolgete l'osso nella carta stagnola così, se vorranno spolparlo, non saranno costretti a sporcarsi le mani.

Difficoltà: ★ **Cottura: 8'** **Preparazione: 20'** **Dosi: 4 persone**

Costolette di vitello: 4
Pangrattato: 200 g
Uova: 2
Burro: 200 g
Sale: q.b.

1 Sbattete le uova dentro una fondina, salate e grattugiate grossolanamente il pane seccato, poi pulite la carne: passerete ciascun lato prima nell'uovo e, successivamente, nel pangrattato: premete bene, così che l'impanatura aderisca completamente.

2 Fate sciogliere il burro in un tegame. Quando starà soffriggendo (diventerà color nocciola), aggiungete le costolette e fatele dorare su entrambi i lati a fuoco medio-basso. Se ne friggete due per volta, usate la metà del burro e, quando avrete terminato la cottura delle prime due, pulite la padella e ripetete da capo l'operazione.

Il consiglio di Sonia:

"Una variante molto amata della costoletta alla milanese è l'"orecchia di elefante", che viene preparata con fettine di carne battuta, larghe e sottili che, durante la cottura, si accartocciano diventando croccanti. Se volete evitare che il bordo si arricci eccessivamente, abbiate cura di inciderlo prima della fase di cottura."

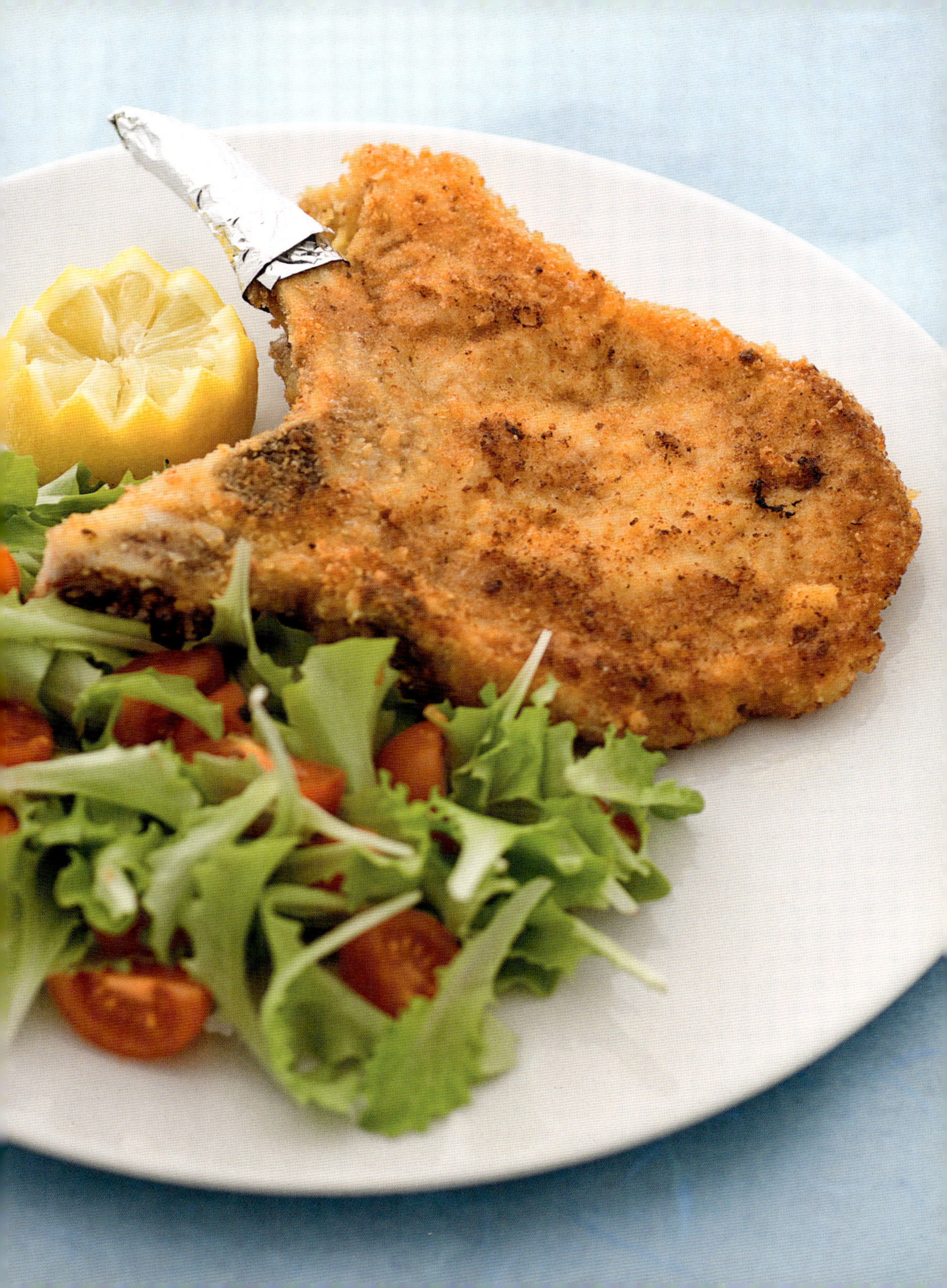

SECONDI
OSSIBUCHI ALLA MILANESE

Gli ossibuchi alla milanese bisogna guadagnarseli: lo stinco di vitello, infatti, richiede una cottura di almeno 1 ora, 1 ora e mezza. Alla fine, però, quello che estrarrete dalla padella sarà un moderno cibo degli dèi: aspro quel tanto che basta a stemperare il gusto forte della carne, l'ossobuco sprigionerà il suo aroma e il suo tenero mistero solo per quanti avranno avuto la pazienza di aspettare. Io li consiglio assolutamente come piatto unico, accompagnati dal risotto allo zafferano oppure dalla polenta, che assorbiranno il sugo e prolungheranno questo – è innegabile – peccato di gola.

Difficoltà: ★★   **Cottura:** 95'   **Preparazione:** 15'   **Dosi:** 4 persone

Ossibuchi (350 g circa l'uno): 4
Brodo di carne: ½ litro
Farina: 50 g
Burro: 50 g
Cipolle: 1 piccola
Aglio: 1 spicchio
Olio: 2-3 cucchiai
Prezzemolo: 1 ciuffo
Vino bianco: 1 bicchiere
Limone: ½ (scorza grattugiata)
Sale e pepe: q.b.

1 Mettete il burro e l'olio in una padella capiente, dove lascerete appassire a fuoco lento la cipolla tritata finemente.

2 Nel frattempo, incidete con le forbici la membrana che circonda gli ossibuchi, evitando così che si "arriccino" durante la cottura. Infarinateli da entrambi i lati e, quando la cipolla sarà trasparente (ci vorranno circa 15 minuti), fateli rosolare in padella da entrambi i lati. Bagnateli quindi con un bicchiere di vino bianco, che lascerete evaporare prima di cominciare ad aggiungere il brodo poco per volta. Coprite con un coperchio (lasciando uno sfiato) e fate cuocere a fuoco lento per almeno 1 ora, 1 ora e mezza. Regolate di sale e di pepe Di tanto in tanto muovete la padella, facendola ondeggiare, per far sì che gli ossibuchi non si attacchino.

3 Potete dedicarvi alla famosa gremolada, un trito di prezzemolo, la buccia grattugiata di mezzo limone e uno spicchio d'aglio. Ne cospargerete gli ossibuchi a cinque minuti dalla fine della cottura.

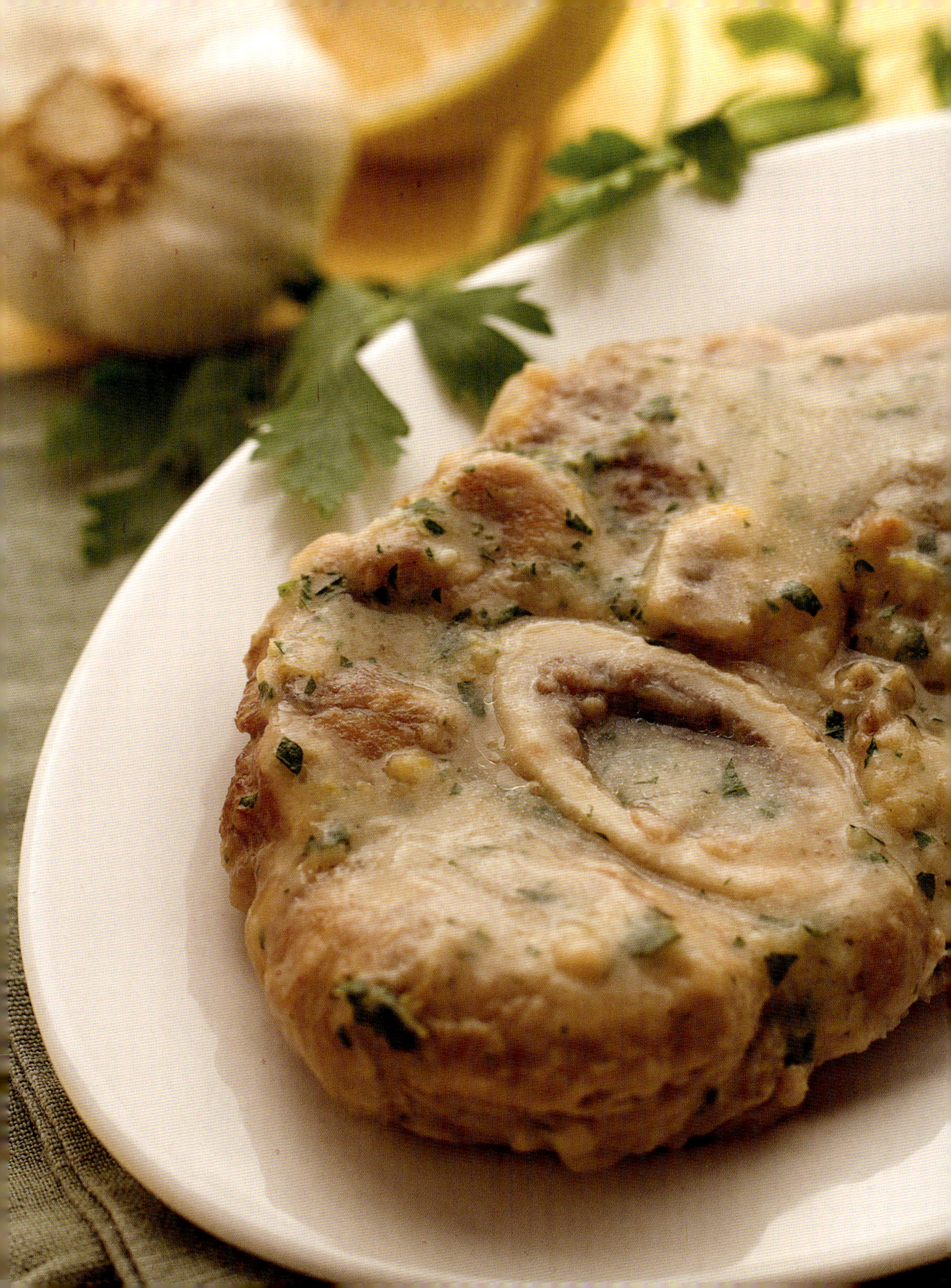

SECONDI
POLLO ALLA CACCIATORA

La mia amica Franca passa una delle prime domeniche d'autunno a preparare quintali di pollo alla cacciatora, poi lo congela. Durante tutto l'inverno, almeno un paio di volte alla settimana, le sue figlie passano da lei tornando dal lavoro per elemosinarne contenitori di numero variabile a seconda di quante persone hanno a cena.
Tradizionale e rustico, il pollo alla cacciatora è l'ideale se avete una tavolata lunga da sfamare: economico, buonissimo, potete cucinarlo quando avete tempo e scongelarlo al momento opportuno. Accompagnato dal riso può addirittura fungere da piatto unico.

Difficoltà: ★   **Cottura: 60'**   **Preparazione: 20'**   **Dosi: 4 persone**

Pollo: 1
Pomodori pelati: 400 g
Sedano: 3 gambi
Cipolle: 1
Carote: 2
Aglio: 1 spicchio
Olio: ½ bicchiere
Vino rosso: 1 bicchiere
Prezzemolo: 1 ciuffo
Rosmarino: 1 rametto
Sale e pepe: q.b.

Il consiglio di Sonia:
" Quando fate rosolare il pollo, per renderlo più leggero, potete togliere dalla padella il grasso fuoriuscito dalla pelle. Usate la stessa ricetta per preparare anche il coniglio alla cacciatora. "

1 Pulite il pollo e tagliatelo a pezzi, lasciando la pelle.

2 Lo farete rosolare da tutte e due le parti per circa 10 minuti in una padella antiaderente con l'olio. Quando sarà dorato, aggiungete la cipolla tritata finemente, l'aglio, il sedano e le carote tritate, un pizzico di sale, il pepe e il rosmarino, lasciando soffriggere il tutto per almeno altri 10 minuti.

3 Quando tutto sarà colorito, versate sul pollo il vino rosso e lasciatelo evaporare. Aggiungete quindi i pomodori, coprite con un coperchio e lasciate cuocere il tutto a fiamma moderata per almeno 30 minuti durante i quali, se il pollo dovesse asciugarsi, aggiungerete un mestolo d'acqua calda o di brodo.

4 Una volta cotto, aggiungete una manciata di prezzemolo tritato e servite ben caldo con un contorno di polenta o purea di patate.

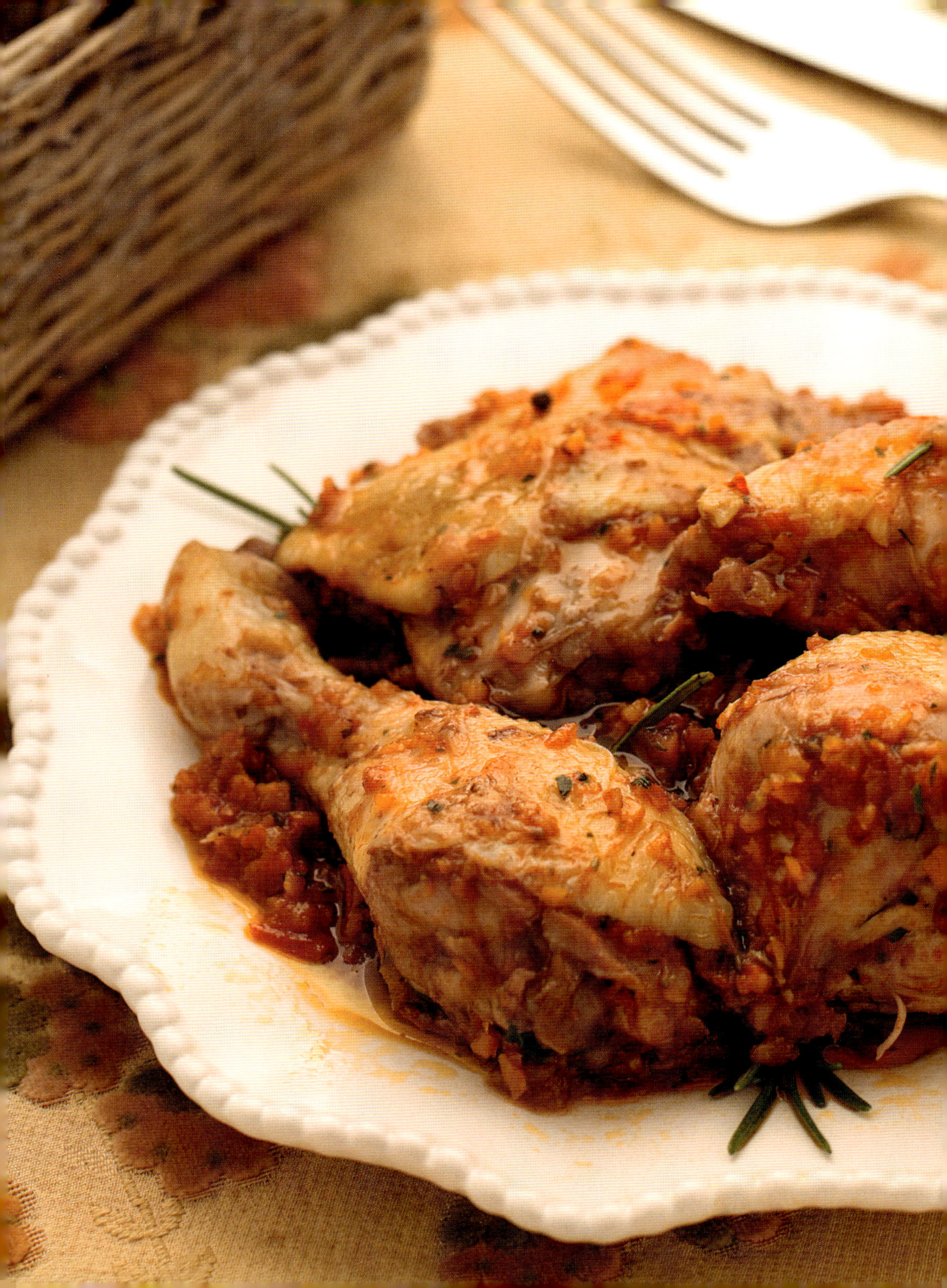

SECONDI
SPIEDINI DI POLLO

L'idea

Ecco una ricetta veramente fulminea per trasformare il pollo in qualcosa di ammaliante al punto che sarà difficile riconoscerlo! I bocconcini di carne avvolti nella pancetta usciranno trasfigurati dal passaggio sulla griglia o in padella: teneri, appetitosi, saporiti, piacciono ai bambini proprio perché hanno un gusto familiare ma al contempo peccaminoso, come le patatine fritte. La presentazione sotto forma di spiedini è sempre scenografica e garanzia di sicuro successo.

Li ho cucinati innumerevoli volte, per le mie figlie e le amiche che invitavano a pranzo o a cena, e ho insegnato loro a prepararli: se non altro sono sicura che quando vivranno da sole non ricorreranno alla rosticceria cinese sotto casa…

Difficoltà: ★   Cottura: **10'**   Preparazione: **20'**   Dosi: **4** persone (8 spiedini)

Pollo (petto): 800 g
Pancetta tesa affumicata: 24 fette sottili (circa 240 g)
Zucchine piccole: 250 g
Funghi champignon: 150 g
Rosmarino: qualche rametto

1 Ricavate 24 cubi di 3 cm di lato dal petto di pollo. Lavate le zucchine, eliminate le estremità e tagliatele a fette spesse 1 cm: dovrebbero risultare circa 24 rondelle. Lavate e tagliate a fette spesse 1 cm anche i funghi, ottenendo 24 fette. Spezzettate il rosmarino fino ad avere 24 cimette.

2 Avvolgete ogni cubo di pollo in una fetta di pancetta, sotto la quale infilerete una cimetta di rosmarino, e infilzatelo nello spiedino. Procedete quindi aggiungendo una rondella di zucchina e una fetta di fungo, poi di nuovo un cubo ricoperto di pancetta, la zucchina e il fungo e così via, fino a riempire lo spiedo con 3 serie di ingredienti.

3 Conclusa la preparazione di tutti e 8 gli spiedini, scaldate una capiente piastra o padella antiaderente.

4 Gli spiedini non devono essere cotti a calore troppo elevato, che li brucerebbe all'esterno e li lascerebbe crudi all'interno: la pancetta deve indorarsi gradualmente, permettendo al pollo di cuocersi con il suo stesso grasso.

5 Girate gli spiedini su tutti i lati per circa 15-20 minuti e serviteli immediatamente.

SECONDI
ROASTBEEF ALL'INGLESE

Dedicato a chi pensa che mettersi a dieta signifíchi per forza mortificare lo spirito, il corpo e il palato. Il roastbeef è un taglio di carne pregiatissimo, tenero e di prima qualità – la lombata – che viene fatto rosolare su tutti i suoi lati, per preservarne all'interno i valori nutritivi, e poi cotto al sangue per circa una mezz'ora. Il risultato è prelibato, gustoso e saporito. E ha un contenuto di grassi al di sotto del 5%.

Non serve aggiungere che è buonissimo servito alla maniera tradizionale, con le patate cotte al forno, ma anche freddo, eventualmente utilizzato come ripieno per panini insieme all'insalata verde e a qualche pomodorino.

Difficoltà: ★   **Cottura:** 35'   **Preparazione:** 5'   **Dosi:** + persone

Carne di manzo: lombata, 1 kg
Burro: 30 g
Farina: 2 cucchiai
Senape in polvere: 1 cucchiaino
Vino rosso: 3-4 cucchiai
Pepe nero: q.b.
Sale: q.b.

1 Accendete il forno alla massima temperatura. Se il pezzo di roastbeef che avete comprato è irregolare, legatelo con dello spago per fargli mantenere la forma, secondo la procedura illustrata a pagina 168.

2 Mettete in un pentolino antiaderente la farina, la senape e un'abbondante macinata di pepe, e fatele tostare a fuoco dolce: ne cospargerete la carne prima di farla rosolare (senza punzecchiarla) nel tegame dove avrete sciolto il burro. Non appena il roastbeef sarà rosolato su tutti i lati (ci vorranno 5 minuti), adagiatelo sulla graticola del forno già caldo, disponendo sotto di essa una leccarda (o un altro contenitore) che raccoglierà i succhi di cottura. Lasciate cuocere la carne alla massima temperatura per 15 minuti, bagnandola ogni 4-5 minuti con il suo stesso succo, che gocciolerà nella leccarda. Dopo i primi 4-5 minuti, bagnate il roastbeef con il vino rosso. Passati i 15 minuti, abbassate la temperatura del forno a 200°, salate e proseguite la cottura per altri 15 minuti, continuando a inumidire a intervalli regolari.

3 Una volta pronto, estraete il roastbeef dal forno, avvolgetelo in un foglio di alluminio e lasciatelo riposare per 10 minuti, affinché i liquidi contenuti all'interno defluiscano verso l'esterno e le fibre si rilassino, ammorbidendosi. Tagliate poi il roast beef in fette sottili, meglio se con l'affettatrice.

Il consiglio di Sonia:

"Se volete servire il roastbeef accompagnato da patate al forno, vi suggerisco di sbucciarne 6 medie, di tagliarle a pezzi e di infornarle con un goccio di olio, un po' di sale e del rosmarino in una teglia al di sotto dell'arrosto: si cuoceranno contemporaneamente, assorbendo i succhi di cottura. Quando toglierete il roastbeef dal forno, vi lascerete le patate ancora per 10 minuti, giusto il tempo che la carne appena sfornata dovrà passare avvolta nell'alluminio a riposare."

SECONDI
ARROSTO DI MAIALE ALLA BIRRA

Da Dublino a Monaco la carne si cuoce nella birra. Più grassa è, meglio è: la birra purifica e asciuga, dando acidità e sapore. I tedeschi per la verità non si limitano a utilizzarla al posto del brodo per arrosti e stufati ma la infilano ovunque, persino nelle torte, come coadiuvante della lievitazione, e gli irlandesi di certo non sono da meno.
Quando mi è stata chiesta una ricetta sul tema "Oktoberfest" non ho avuto dubbi: arrosto alla birra o, più precisamente, arista di maiale, uno dei tagli più succosi che ci siano. Consiglio assolutamente di mantenere l'osso, che protegge la carne dalla disidratazione.

Difficoltà: ★ ★ ★ **Cottura:** 90' **Preparazione:** 20' **Dosi:** 4 persone

Arista di maiale: 1,8 kg
Birra chiara: 1 litro
Pancetta: 50 g
Cipolle: 1 (grossa)
Carota: 1
Sedano: 2 costole
Aglio: 1 spicchio
Sale e pepe: q.b.
Olio: 3-4 cucchiai
Salvia: 3 foglie
Rosmarino: 1 rametto
Semi di finocchio: 1 cucchiaino

1 La sera prima di preparare l'arrosto, legate l'arista coperta di pancetta secondo la procedura indicata a pagina 168, poi mettetela a marinare nella birra assieme alle verdure tagliate a pezzetti (carota, cipolla e sedano) in un contenitore capiente, che coprirete con la pellicola trasparente e porrete in frigorifero.

2 Il giorno dopo scolate e asciugate la carne (tenendo la marinatura da parte) e tritate le foglie di salvia, l'aglio e il rosmarino, poi uniteli ai semi di finocchietto con un po' di sale e di pepe macinato. Cospargete l'arista di trito, premendo con le mani per farlo ben aderire.

3 Mettete in un tegame l'olio, fate rosolare l'arrosto su tutte le superfici e poi unite le verdure della marinata ben scolate. Lasciate cuocere per 10 minuti rimestando e poi aggiungete poco alla volta la birra della marinata necessaria per terminare la cottura, che deve avvenire a fuoco dolce e durante la quale dovrete rigirare l'arrosto sui vari lati. Potete eventualmente effettuare la cottura anche in forno a 170-180°. Non dimenticate di verificare con uno stecchino se la carne è cotta: se il liquido che fuoriesce è bianco l'arrosto è cotto, se è rosa la carne è ancora cruda. Attenzione perché, se non fuoriuscirà alcun liquido, la carne sarà troppo cotta e quindi asciutta.

4 Frullate il fondo di cottura e filtratelo, quindi lasciatelo addensare sul fuoco, regolate di sale e poi nappateci le fette di arrosto.

SECONDI
SALTIMBOCCA ALLA ROMANA

L'insospettabile

Sfido chiunque (a parte i vegetariani) a rimanere impassibile davanti a un piatto di saltimbocca alla romana: l'aroma della salvia, la vista del prosciutto croccante, il sughetto che promette meraviglie… Quando li preparo per una cena gli amici li divorano con gli occhi, ma solo dopo avermi chiesto: «Ma davvero sono questi i saltimbocca alla romana?». Sì, davvero sono questi: insospettabili e rapidissimi da preparare, sono un secondo di sicuro successo da accompagnare con patate, carote, piselli o verdure in genere, come vuole la tradizione. Volendo, in "taglia" ridotta, piccolissimi e irresistibili, sono adattissimi anche a un buffet, dato che si possono mangiare con le mani.

Difficoltà: ★   Cottura: **10-15'**   Preparazione: **15'**   Dosi: **4 persone**

Fettine di vitello: 8 (70-80 g l'una)
Prosciutto crudo: 8 fette
Salvia: 8 foglie
Burro: 50 g
Vino bianco: 200 ml
Pepe: q.b.
Sale: q.b.

1 Eliminate i nervetti e il grasso dalla carne. Se volete che abbia una forma tondeggiante, tagliate con un coltello i bordi sporgenti. Chiudete quindi una fettina per volta in un foglio di carta da forno, che la proteggerà mentre la batterete con il pestacarne per renderla il più sottile possibile. A questo punto adagiate una fetta di prosciutto crudo su ciascuna fettina. Lavate e asciugate la salvia e appuntatela al centro della carne con uno stuzzicadenti.

2 Fate sciogliere il burro in una padella capiente abbastanza per contenere tutte le fettine (se le cuocerete in due riprese, utilizzate per ora solo la metà del burro). Quando comincerà a soffriggere aggiungete i saltimbocca e fateli rosolare un paio di minuti per lato. A quel punto aggiungete il vino bianco (in proporzione) e fate sfumare.

3 Salate e pepate i saltimbocca, poi serviteli irrorati con il fondo di cottura.

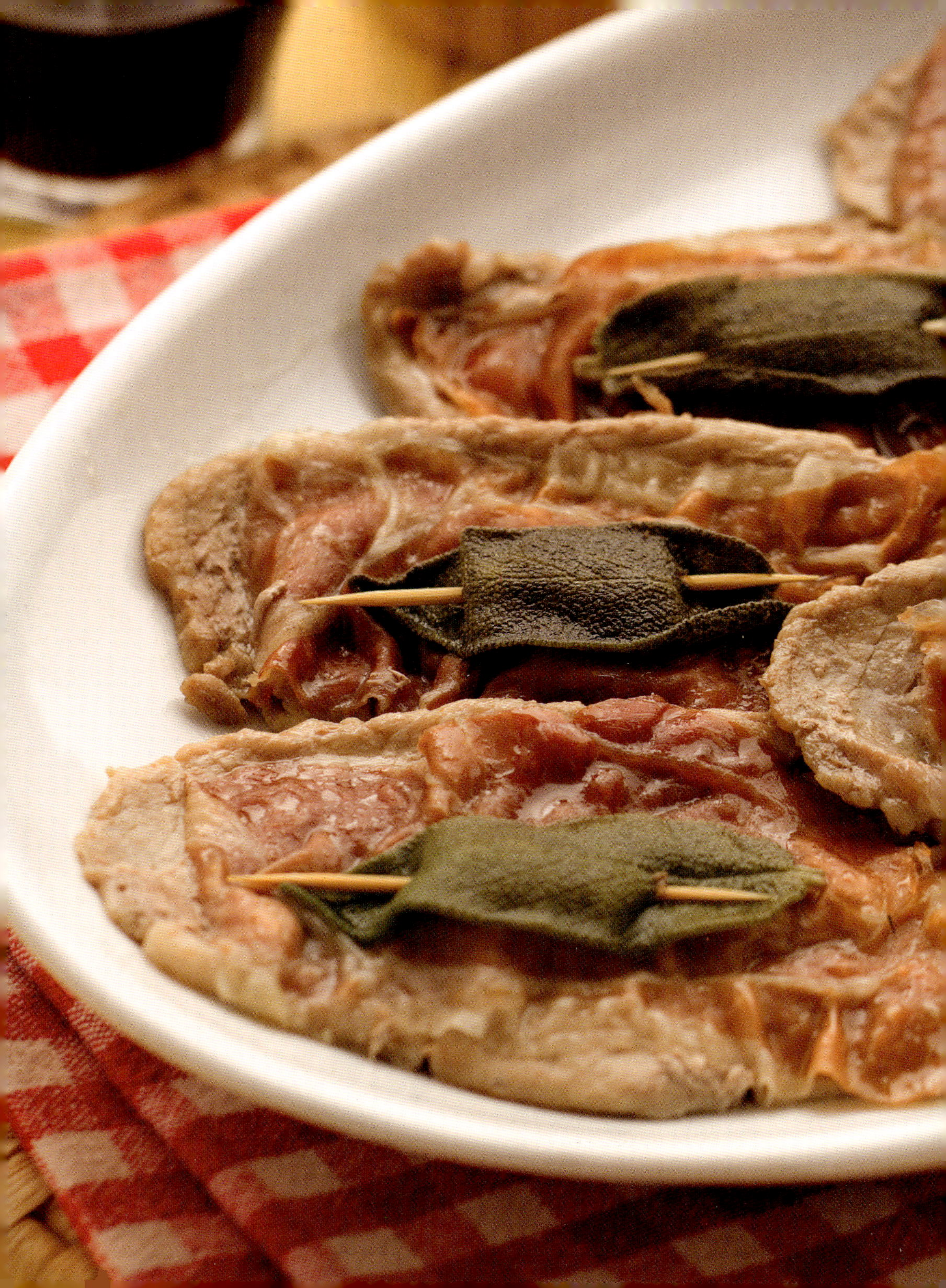

SECONDI
SCALOPPINE AL LIMONE

Chi ha figli lo sa: la tenera fettina di vitello, che si taglia con un grissino, è un classico intramontabile dal sapore drammaticamente uguale giorno dopo giorno. Preparare le scaloppine al limone è un modo originale, semplice e veloce per cucinare l'indispensabile fettina variandone aspetto e gusto (ed evitando le proteste dei commensali con più di dieci anni). Quando ho pensato di proporle per Giallozafferano, ho studiato decine di varianti: miravo al sugo sfizioso, nel quale la punta di aspro della buccia di limone viene stemperata dalla farina, così ho aggiunto un cucchiaio di maizena. Munitevi di pane per fare la scarpetta: provare per credere.

Difficoltà: ★   **Cottura:** 10'   **Preparazione:** 20'   **Dosi:** 4 persone

Fettine di vitello: 8 (600 g circa)
Acqua (o brodo vegetale): 400 ml
Maizena: 1 cucchiaio
Farina: q.b.
Limoni: 1
Olio: 4-5- cucchiai
Pepe bianco: q.b.
Sale: q.b.

1 Battete leggermente le fettine di carne e infarinatele. Fatele rosolare su entrambi i lati in una padella capiente, dove avrete scaldato l'olio, cercando di evitare che si bruci. Quando saranno dorate, ponetele su un piatto che terrete al caldo.

2 Nel frattempo, sciogliete in 400 ml d'acqua fredda un cucchiaio di maizena e versate il tutto nella stessa padella, mescolando a fuoco dolce al fondo di cottura. Unite il succo e la scorza grattugiata del limone, attendendo che la salsa si addensi e diventi trasparente.

3 Salate, pepate e inserite in padella anche le fettine tenute al caldo: lasciate cuocere per qualche minuto quindi servite, guarnendo il piatto, se piace, con qualche fettina sottile di limone.

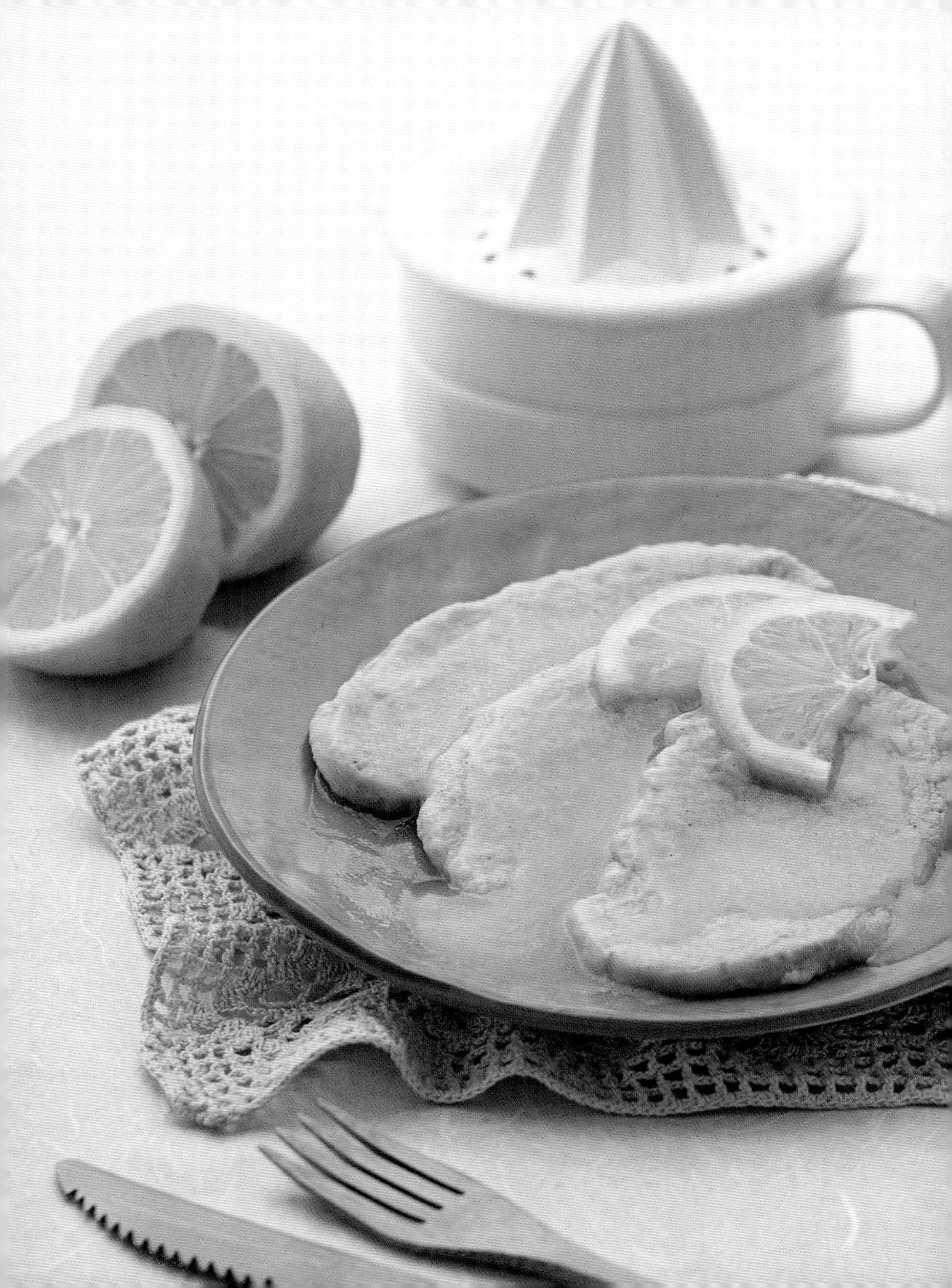

SECONDI
VITELLO TONNATO

Avrei dovuto indagare di più sui metodi che mia nonna aveva per reperire le sue ricette... Chissà come, infatti, è una colonna portante della tradizione gastronomica della nostra famiglia il vitel tonè, che a dispetto della vulgata – che lo vuole francese – è un piatto italianissimo, per l'esattezza piemontese.
La seconda sorpresa che questo piatto ci riserva è che, contrariamente a quanto si creda, la caratteristica salsa non contiene nemmeno una goccia di maionese, ma è il risultato di una raffinata mescolanza del sugo di cottura della carne con tonno e uova.

Difficoltà: ★ **Cottura:** 240' **Preparazione:** 30' **Dosi:** 4 persone

Carne bovina (tondino, magatello, girello): 600 g
Tonno (all'olio di oliva, sgocciolato): 100 g
Acciughe (alici): 6 filetti
Uova sode: 3
Carote: 1
Cipolle: 1
Sedano: 1 gambo
Aglio: 2 spicchi
Aceto balsamico: q.b.
Acqua o brodo: q.b.
Chiodi di garofano: 4
Alloro: 5 foglie
Rosmarino: 1 rametto
Capperi: 15
Vino bianco: ½ litro
Olio: q.b.
Sale e pepe: q.b.

1 Mettete la carne (tondino, girello o magatello) in un tegame con la carota, il sedano, la cipolla, l'aglio, il rosmarino, l'alloro, i chiodi di garofano, due cucchiai d'olio e un pizzico di sale e di pepe, affinché si aromatizzi. Bagnatela con il vino bianco per farle acquistare maggiore sapore, quindi aggiungete a filo dell'acqua (o, se preferite, del brodo).

2 Lasciatela quindi cuocere a fuoco dolce per circa 1 ora e mezza o 2. Quando sarà pronta, spegnete il fuoco e lasciate che il taglio si raffreddi insieme al suo fondo.

3 Per preparare la salsa tonnata, mettete in una ciotola il tonno sbriciolato e le uova sode tritate, i capperi e le acciughe, diluendo il tutto con un po' d'olio (operazione che potete eseguire con l'aiuto di un frullatore) e un po' di brodo di cottura della carne: otterrete un'emulsione cremosa e morbida.

4 Tagliate quindi la carne a fettine non troppo spesse e disponetele sul piatto da portata. Se volete, è il momento di aggiungere un goccio di aceto balsamico, altrimenti procedete nappando il vitello con la salsa. Guarnite con qualche cappero e servite.

Il consiglio di Sonia:

" Se volete che le fettine siano molto sottili, affettate la carne già fredda con un'affettatrice. Ricordate di servire dopo qualche ora, per permettere alla carne di insaporirsi. "

SECONDI
ARROSTO ALLA PANNA

Pranzo della domenica

L'arrosto alla panna è un gioco bellissimo: la pancetta (meglio se affumicata) lo mantiene tenero, la panna gli conferisce un sapore delicato e la legatura… Una delle cose che più amo della cucina è dare la forma: la forma alla pasta all'uovo, alla pasta frolla, la forma ai biscotti, alle polpette, alle fettine di carne, ai rotolini di zucchine. La forma agli arrosti. Poche cose danno soddisfazione come una legatura ben fatta. Quando ero bambina appiccicavo il naso alla vetrina del macellaio e lo guardavo incantata annodare e stringere fino a ottenere quel disegno perfetto; oggi mi sembra di riuscire a fare la stessa magia.

Difficoltà: ★ **Cottura:** 60' **Preparazione:** 15' **Dosi:** 6 persone

Carne bovina (sottofesa di vitello): 1 kg
Pancetta a fette: 100 g
Rosmarino: 1 rametto
Panna fresca: 250 ml
Aceto di vino bianco: 6 cucchiai
Brodo di carne: q.b.
Burro: 60 g
Cipolle: 1
Noce moscata: q.b.
Olio: q.b.
Sale e pepe: q.b.

1 Posizionate la carne su un tagliere e disponetevi sopra le fette di pancetta per il lungo, fino a coprirne interamente la superficie. Quindi procedete alla legatura, come indicato alla pagina successiva, e aggiungete il rametto di rosmarino Prima di tutto rivestite l'arrosto di pancetta, nel caso la ricetta lo preveda.

2 In un tegame abbastanza capiente, mettete quindi a stufare la cipolla finemente tritata insieme all'olio e al burro. Quando sarà diventata trasparente, aggiungete l'arrosto e fatelo dorare rigirandolo su ogni lato per cinque minuti: a quel punto unite l'aceto, un pizzico di noce moscata, pepate e salate a piacere. Versate quindi la panna, allungate con un po' di brodo e lasciate cuocere chiudendo il tegame con un coperchio.

3 Dopo 1 ora valutate il grado di cottura pungendo l'arrosto con uno stecchino: se fuoriuscirà del liquido bianco sarà cotto a puntino, se il liquido sarà rosa, inve-

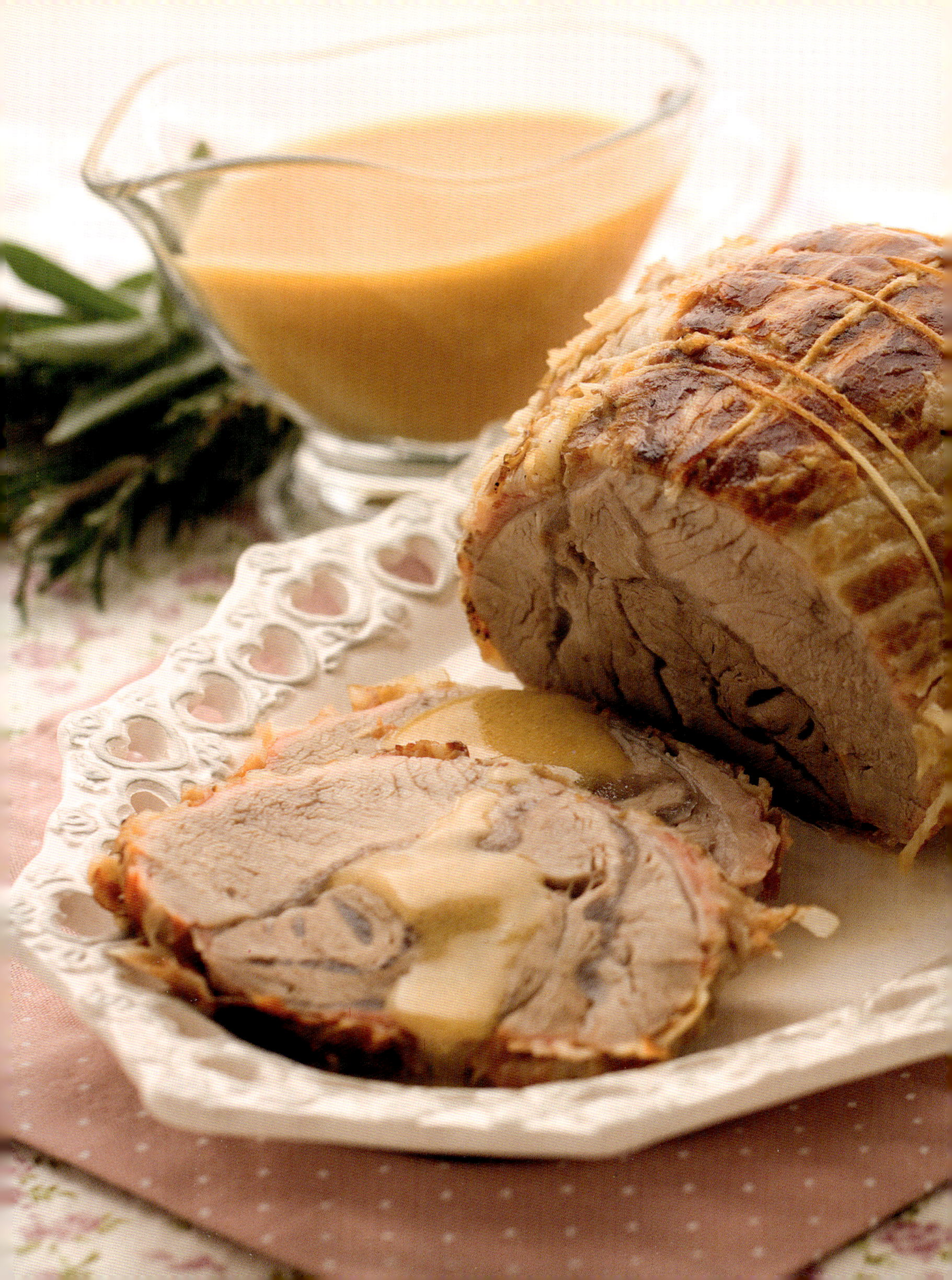

1. Circondate il perimetro della carne con dello spago da cucina, annodandolo su uno dei lati più corti.

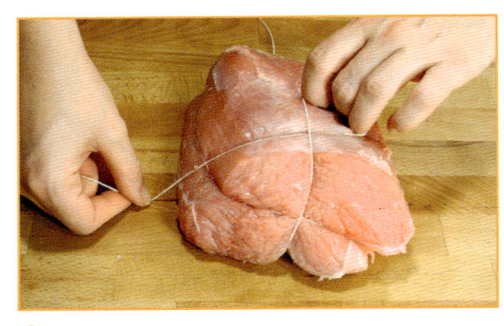

2. Passate il filo sotto la carne e fatelo fuoriuscire sul lato corto opposto, poi tiratelo verso l'alto, giratelo intorno alle dita e incrociatelo a formare un'asola.

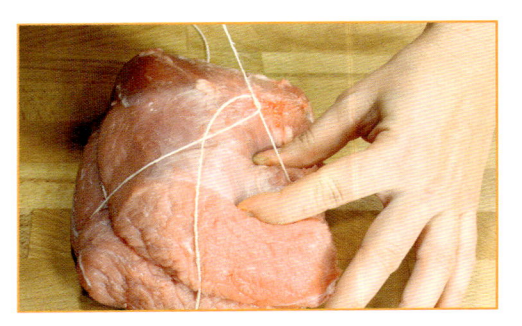

3. Tenendo aperta l'asola, fate girare il filo sotto l'arrosto e passatelo dentro l'asola: lasciatela andare e tirate, stringendo lo spago attorno alla carne.

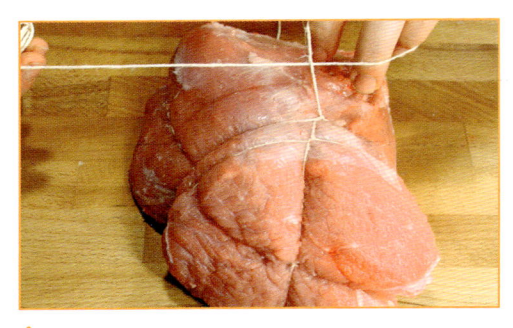

4. Ripetete la procedura finché non avrete legato tutto l'arrosto.

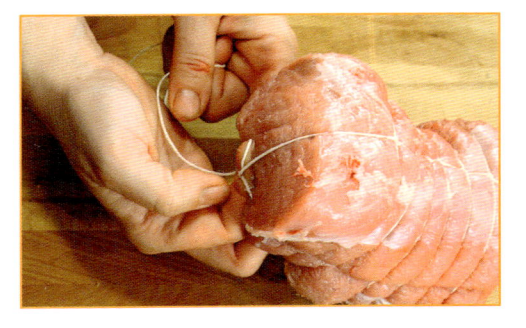

5. Alla fine, per fermare il filo, introducetelo nell'asola iniziale e annodate stretti i due fili.

6. Infilate le erbe aromatiche sotto la legatura, che le terrà ferme durante la cottura.

ce, la carne avrà bisogno di rimanere sul fuoco. A cottura ultimata, togliete l'arrosto dal tegame e tenetelo in caldo, magari coprendolo con una ciotola.

4 Fate addensare il fondo di cottura e filtratelo con un colino. Vi cospargerete ciascuna fetta di carne prima di servirla.

Il consiglio di Sonia:

"La cottura è fondamentale: dopo 30 minuti circa ricordatevi di girare il vostro arrosto, in modo che si rosoli in maniera uniforme da entrambi i lati. Ogni tanto scuotete il tegame nel quale è contenuto, per evitare che si attacchi al fondo. Consiglio assolutamente di servire questo piatto con patate arrosto o purè, qualcosa che assorba il fondo di cottura."

SECONDI
SPEZZATINO DI VITELLO CON PATATE

Pranzo della domenica

Per lo spezzatino di vitello mia figlia Deborah, forse, rinuncerebbe alla notte degli Oscar. Per lei è un amarcord dell'infanzia, come d'altronde per me: ho imparato a cucinarlo da mia nonna, che lo preparava molto spesso come piatto unico, accompagnato dalle patate cotte nello stesso, superbo sughetto.
Una nota: lo spezzatino è un "false friend", come quelle parole inglesi che assomigliano a un termine italiano ma vogliono dire tutt'altro. Ecco, lo spezzatino sembra semplicissimo da fare ma non lo è. O, meglio, richiede una cottura lunga da seguire con una certa attenzione, quindi preparatelo quando avete davanti un paio d'ore di tempo da dedicargli.

Difficoltà: ★ ★   **Cottura:** 120' ca.   **Preparazione:** 30'   **Dosi:** 4 persone

Polpa di vitello: 1 kg
Patate: 1 kg
Carota: 1
Sedano: 1 costa
Cipolla: 1
Olio: 3-4 cucchiai
Brodo di carne: 1 litro
Farina: 1 cucchiaio
Sale e pepe: q.b.

1 Tagliate la polpa di vitello a cubi piuttosto grandi (4 cm di lato) poi mondate e tritate finemente la cipolla, il sedano e la carota. In una casseruola capiente versate l'olio e soffriggete il trito a fuoco dolce. Dopo almeno 10 minuti aggiungete la carne e lasciatela soffriggere per bene su tutti i lati, mescolando spesso per non farla attaccare. Aggiungete il brodo di carne fino a ricoprire lo spezzatino e lasciatelo sobbollire a fuoco molto basso, coprendo la pentola con un coperchio fino a che la carne non sarà tenera (ci vorrà circa 1 ora, 1 ora e mezza). Se lo spezzatino si asciugasse troppo, aggiungete altro brodo. A metà cottura, salate e pepate.

2 Mezz'ora prima del termine della cottura unite le patate sbucciate e tagliate a grandi cubi, poi, dopo 15 minuti, un cucchiaio di farina stemperata in acqua fredda, che addenserà la preparazione.

3 Terminate la cottura verificando che la carne sia tenerissima e che abbia la giusta sapidità. Servite lo spezzatino ben caldo accompagnandolo con delle fette di pane.

SECONDI
TRIPPA CON FAGIOLI

Il mio compagno ama la trippa alla follia, se potesse ne farebbe scorpacciate un giorno sì e l'altro pure. Dopo aver passato anni a dannarmi per pulirla e preparargliela il più spesso possibile, ho scoperto la trippa precotta: chiara, lavata, perfetta, si cucina in un soffio.
Nella versione "alla milanese" (in dialetto "busecca") che propongo qua, è un piatto sostanzioso e aromatico, che incanta i nasi con il profumo dei chiodi di garofano e del ginepro. Consiglio di servirla con una spolverata di grana padano e crostini caldi da intingere: assolutamente irresistibile per chi apprezza le interiora.

Difficoltà: ★ ★   **Cottura:** 85'   **Preparazione:** 15'   **Dosi:** 4 persone

Trippa (precotta): 800 g
Fagioli lessati bianchi di Spagna: 200 g
Carota, cipolla, sedano: 1
Pomodori (passata): 3-4 cucchiai
Pancetta tesa: 100 g
Dado di carne: q.b.
Grana padano grattugiato: q.b.
Acqua calda: q.b.
Burro: 30 g
Chiodi di garofano: 3
Ginepro: 2-3 palline
Salvia: 4 foglie
Pepe macinato: q.b.

1 Tritate finemente la cipolla, la carota e il sedano e fateli soffriggere con il burro, la pancetta tagliata a listarelle, le foglie di salvia., i chiodi di garofano e il ginepro.

2 Quando il soffritto sarà pronto aggiungete la trippa tagliata a pezzetti non molto grossi, fatela asciugare e poi unite qualche cucchiaio di passata di pomodoro, il dado per il brodo, pepate e aggiungete un po' di acqua calda per consentire la cottura prolungata.

3 Fate cuocere per almeno 1 ora a fuoco moderato, sempre controllando che non si asciughi troppo, quindi aggiungete i fagioli bianchi (dopo averli scolati) e mescolate per 15 minuti, fino a quando la busecca avrà una consistenza densa. Cospargetela a piacere con grana padano grattugiato.

Il consiglio di Sonia:

" La cottura della trippa richiede molto tempo: se volete risparmiarne circa la metà, potete utilizzare la pentola a pressione almeno per la prima fase di cottura (prima di aggiungere i fagioli), riducendo così il tempo di cottura a circa mezz'ora. "

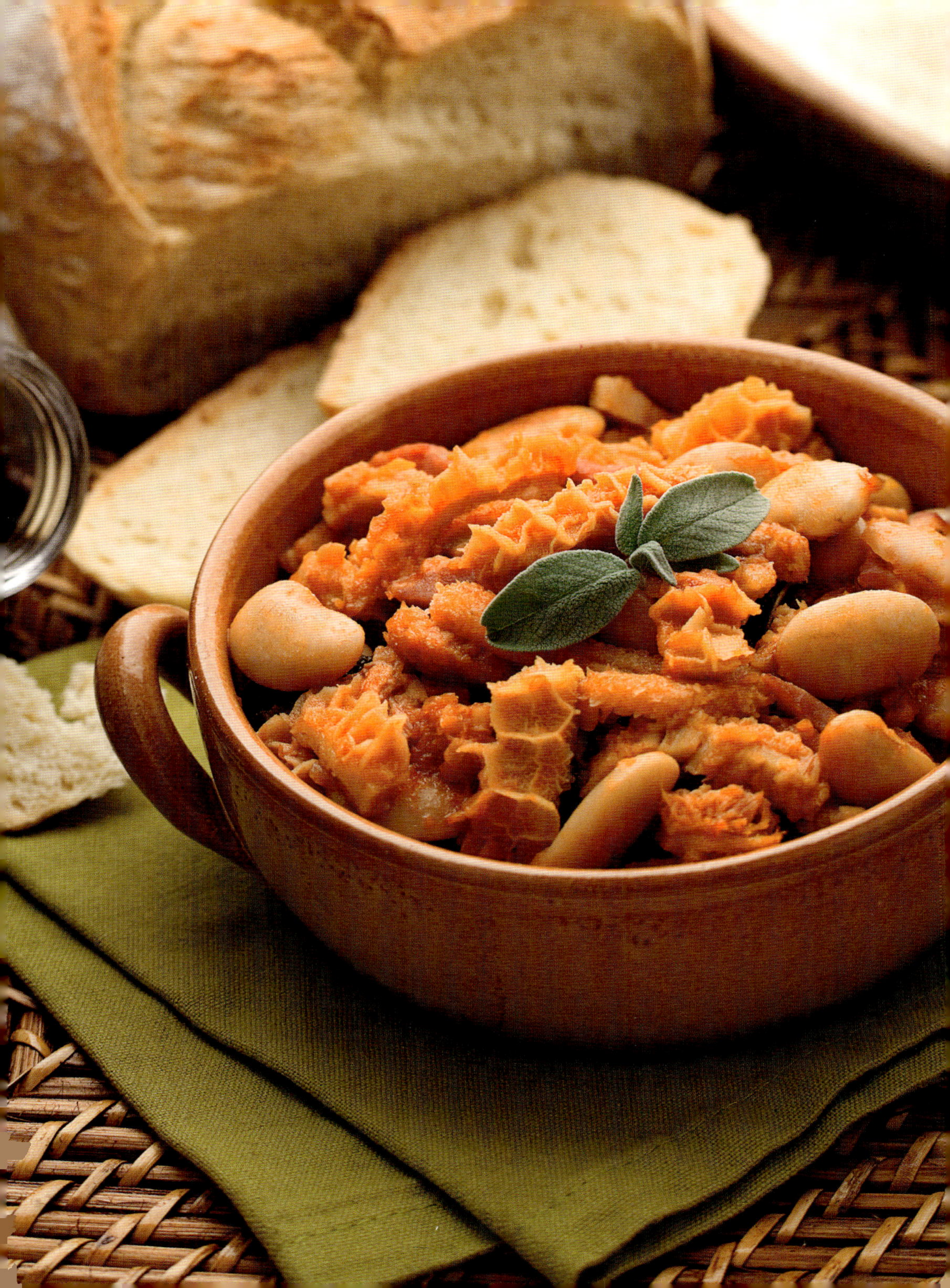

SECONDI
POLPETTE AL SUGO

Mani in pasta

Le polpette sono parte della mia storia. Mio padre le faceva sia fritte che ricoperte di sugo: le amava piccolissime, io e mio fratello passavamo le ore a "dare la forma" insieme a lui. Per noi era il più divertente dei giochi, mentre lui evitava di trascorrere un pomeriggio straziante ad appallottolare la carne. Per me prepararle è talmente naturale che, quando la Disney mi ha coinvolto in uno speciale dedicato al cibo nei cartoni animati, la prima cosa che mi è venuta in mente, e che ho cucinato, sono stati gli spaghetti "speciali" con le polpette di Lilli e il vagabondo, il piatto più romantico della storia del cinema.

Difficoltà: ★★   **Cottura:** 40'   **Preparazione:** 20'   **Dosi:** 4 persone

---

- **Carne bovina (o suina) tritata:** 500 g
- **Uova:** 3
- **Mollica di pagnotta:** 100 g
- **Parmigiano reggiano:** 50 g
- **Pecorino grattugiato:** 50 g
- **Pomodori (passata):** 1 litro
- **Aglio:** 3 spicchi
- **Cipolle:** 1
- **Olio:** 5 cucchiai
- **Prezzemolo:** 2 cucchiai
- **Basilico:** 4-5 foglie
- **Noce moscata:** 1 pizzico
- **Sale e e pepe:** q.b.

1 Private un pezzo di pagnotta della crosta e tagliate 100 g di mollica a quadrotti, che sbriciolerete nel mixer.

2 Mettete in una ciotola la carne trita (unendo, se volete, della salsiccia privata della pelle esterna) con il pane tritato, il parmigiano, il pecorino, il prezzemolo, le uova, il sale, il pepe e la noce moscata. Impastate il tutto con le mani e lasciate riposare il composto al fresco per circa 1 ora.

3 Nel frattempo, dedicatevi al sugo. Versate l'olio, la cipolla e l'aglio tritati finemente in una casseruola capiente. Quando la cipolla sarà trasparente (serviranno circa 15 minuti) versate il sugo di pomodoro e portate dolcemente a bollore.

4 È il momento di dare la forma alle polpette: prelevate 10 g circa di impasto per volta e modellatelo con i palmi delle mani per dargli una forma tondeggiante, a esaurimento.

5 Non appena il sugo di pomodoro bollirà, versatevi le polpette, muovendo delicatamente il tegame per farle assestare. Lasciate cuocere per circa 20-30 minuti a fuoco basso, finché il sugo si sarà addensato. 5 minuti prima di terminare la cottura, aggiungete le foglie di basilico e regolate di sale. Servite le polpette ancora calde.

Il consiglio di Sonia:

"Una variante molto diffusa consiste nel friggere le polpette a parte nell'olio, e solo dopo unirle alla passata di pomodoro bollente: a voi la scelta."

SECONDI
ZUCCHINE RIPIENE

Le zucchine ripiene sono un classicone che non conosce confini regionali: tutta Italia le cucina, e solitamente tutte le case hanno una ricetta specifica. Meravigliose anche come "tattica" per svuotare il frigo dai vari avanzi, se volete provarle una volta con il ripieno ideale sappiate che è quello a base di carne, simile alle polpette, per capirci. È la versione che propongo qui, e che ho più o meno standardizzato rispetto alle numerosissime varianti di cui sono venuta a conoscenza. Un consiglio di natura estetica: in estate provate a riempire le zucchine rotonde, utilizzando la parte che tagliate per svuotarle come se fosse un coperchio.

Difficoltà: ★★ **Cottura: 45'** **Preparazione: 60'** **Dosi: 4 persone**

Zucchine tonde: 8 (circa 250 g l'una)
Carne trita di suino: 250 g
Salsiccia: 200 g
Uova medie: 2
Parmigiano reggiano: 70 g
Prezzemolo tritato: 2 cucchiai
Aglio: 1 spicchio
Pepe nero: q.b.
Sale: q.b.
Mollica: 50 g
Olio: 2 cucchiai
Brodo vegetale: ½ mestolo

1 Lavate e asciugate le zucchine, poi tagliate via la parte superiore come per formare un cappello (tagliatele a circa ¼ dell'altezza totale). Incidetene il perimetro, poi praticate una croce nella polpa ed estraetela, scavando l'interno e lasciando uno spessore di circa 1 cm. Salate.

2 In una ciotola mettete la carne, la salsiccia, il parmigiano, la polpa delle zucchine, le uova, la mollica, il sale, il pepe, il prezzemolo tritato e l'aglio schiacciato: amalgamate bene impastando per 5 minuti. Dividete il composto ottenuto e riempiteci le 8 zucchine, che adagerete in una teglia o pirofila leggermente unta d'olio. Aggiungete anche il brodo vegetale. In una teglia a parte, rivestita con carta da forno, adagiate invece le calotte precedentemente tagliate.

3 Infornate a 180° per circa 45 minuti (controllate ogni tanto che la superficie non diventi troppo scura o si bruci), posizionando sul fondo del forno la teglia con le calotte. Trascorsi i 45 minuti, spegnete il forno e lasciate al suo interno le zucchine per altri 10 minuti, poi estraetele, lasciatele intiepidire, quindi servitele.

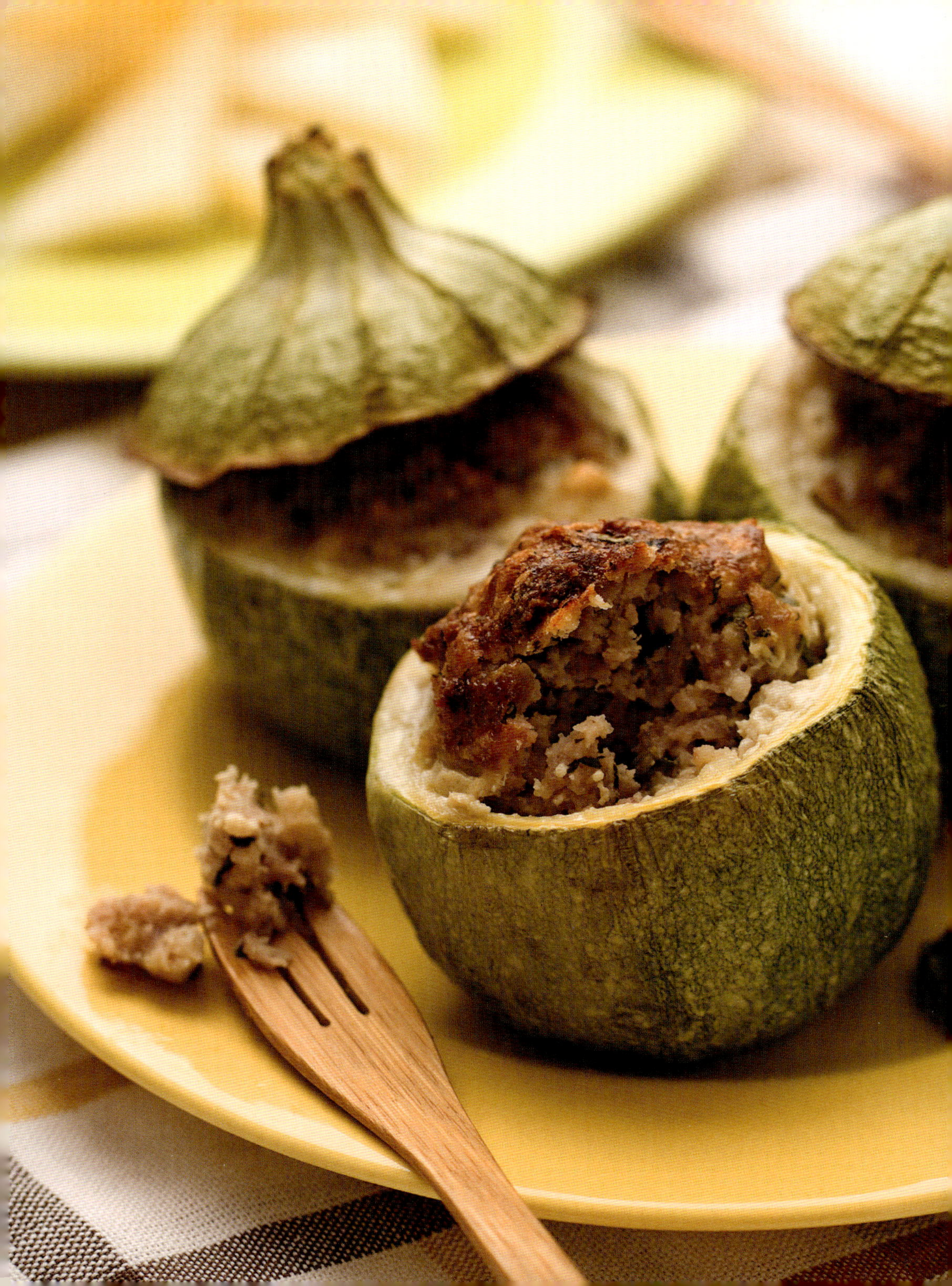

SECONDI
FOCACCIA ALLA GENOVESE

Metto mano alla bottiglia di olio ligure che tengo da parte per le occasioni speciali e preparo 2 o 3 chili di fügassa quando i ragazzi di Giallozafferano mi dicono: «Avremmo voglia di qualcosa di buono…». Il giorno dopo, quella avanzata la intingiamo nel cappuccino: uno spettacolo. Poche cose sono buone come la focaccia alla genovese, forse l'olio che ci vuole per farla e che ne costituisce il segreto. Chiarisco: la fügassa deve essere annegata, immersa, sprofondata nell'olio. Chi la addenta deve sentirla croccare e, al contempo, grondare come un mastino napoletano. Non ci sono scuse, o così o niente.

Difficoltà: ★★ **Cottura:** 15' **Preparazione:** 180' **Dosi:** 6 persone

---

Acqua: 400 ml
Manitoba (o farina ricca di glutine): 600 g
Lievito di birra: 25 g
Olio: 140 ml
Malto (oppure zucchero): ½ cucchiaino
Sale e sale grosso: q.b.

Il consiglio di Sonia:
" I genovesi non fanno quasi mai la focaccia in casa, semplicemente perché è più buona quella cotta dal panettiere nel forno a legna, che raggiunge temperature altissime, ottimali in questo caso. Quando la infornerete, quindi, cercate di tenere aperto lo sportello il meno possibile, per evitare inutili dispersioni di calore. "

1 Sciogliete nell'acqua tiepida 40 ml d'olio, il sale e il malto (o lo zucchero), poi versate il tutto nella planetaria (o in una qualsiasi altra ciotola se impastate a mano) con metà della farina. Mescolate fino a ottenere una pastella omogenea e piuttosto liquida. Unite quindi il lievito di birra sbriciolato e impastate per altri 3 minuti. Aggiungete poi la restante farina e impastate di nuovo: otterrete un composto omogeneo che risulterà piuttosto appiccicoso.

2 Cospargete una teglia con 50 ml d'olio. Spolverizzate con pochissima farina un piano di lavoro e ponete-ci sopra l'impasto, che lavorerete per dargli la forma di un panetto. Ponetelo quindi sulla teglia e spennellate-lo con l'olio presente nella teglia stessa. A questo punto mettetelo a lievitare a una temperatura di circa 30° (il forno chiuso con la luce accesa andrà benissimo) per circa 1 ora, 1 ora e mezza, finché non sarà raddoppiato di volume. Prelevate quindi la teglia e stendete l'impasto su tutta la sua superficie, verificando che al di sotto di esso ci sia ancora olio in abbondanza. Spennellate la superficie della focaccia di olio e cospargetela con sale grosso prima di infornarla nuovamente (a forno spento), per farla lievitare altri 30 minuti.

3 A quel punto, pressate l'impasto con i polpastrelli, imprimendo con decisione i caratteristici buchi che contraddistinguono la focaccia alla genovese. Irrorate la focaccia con i restanti 50 ml d'olio e mettete di nuovo il tutto a lievitare (per l'ultima volta) per circa 30 minuti.

4 È ora di infornare la focaccia a 200° per almeno 15 minuti. Prima, però, dovrete spruzzarla con dell'acqua a temperatura ambiente. Quando sarà cotta, abbiate cura di farla intiepidire su una gratella, così da preservarne la fragranza.

SECONDI
FRITTATA DI PATATE

La frittata di patate è sempre irresistibile: calda, fredda, tagliata a tocchetti all'ora dell'aperitivo o inserita in un buffet, strizzata in un panino, "alla spagnola" (nella versione "tortilla", senza formaggio e con le cipolle) o più rustica "all'italiana", servita come piatto unico o accompagnata da qualcosa di fresco, come un'insalatina mista o delle carotine alla julienne.
In casa mia è un grande classico delle gite fuoriporta, delle domeniche al parco a fare i picnic, ma anche delle serate di totale relax, quando ciascuno sceglie di mangiarla come la preferisce.

Difficoltà: ★   **Cottura:** 45'   **Preparazione:** 20'   **Dosi:** 6 persone

Uova: 6
Patate: 500 g
Parmigiano reggiano grattugiato: 100 g
Prezzemolo: 1 ciuffo
Noce moscata: 1 spolverata
Olio: 4-5 cucchiai
Sale e pepe: q.b.

1 Sbucciate le patate e tagliatele a fette spesse circa 1 cm. Intanto mettete sul fuoco una casseruola con dell'acqua salata: quando arriverà a bollore vi verserete le patate e le lascerete cuocere per una decina di minuti, scolandole prima che si spappolino.

2 Nel frattempo, sbattete le uova in una ciotola capiente, dove unirete il parmigiano, la noce moscata e il prezzemolo tritato. Aggiustate di sale e di pepe, poi aggiungete le patate intiepidite. Mescolate.

3 Coprite con l'olio il fondo di una padella del diametro di circa 24-26 cm. Quando sarà caldo versate il composto e fate cuocere per 10-15 minuti a fuoco medio, coprendo con un coperchio. Quando la frittata si staccherà dal fondo sarà pronta per essere girata. Fate cuocere per 10-15 minuti anche l'altro lato, questa volta senza coperchio.

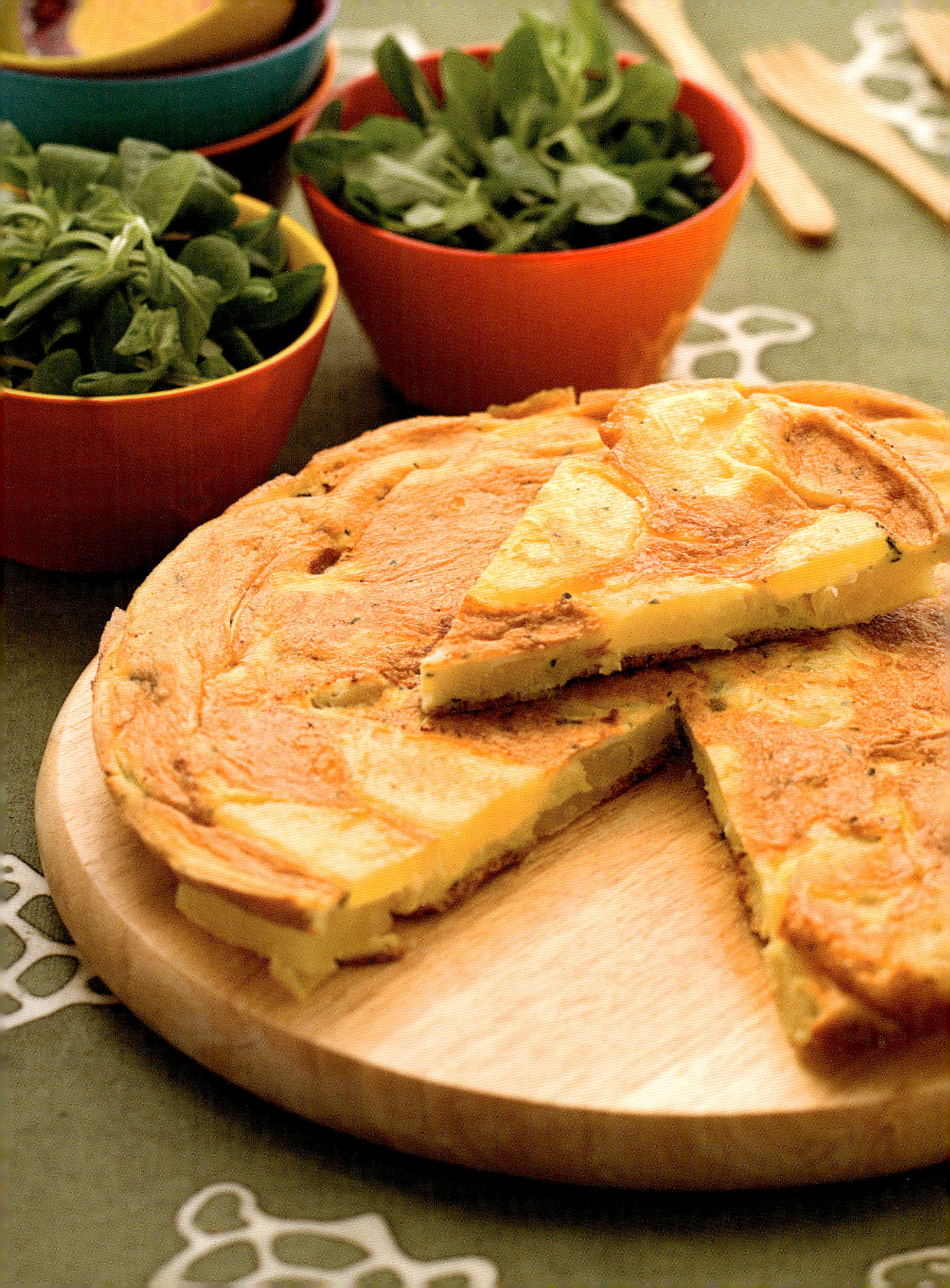

SECONDI
CORDON BLEU

Sui cordon bleu grava un terribile equivoco: dato che i francesi hanno chiamato così una delle loro più prestigiose scuole di cucina, si pensa che siano una preparazione inarrivabile, che richiede ore di tempo e l'abilità di uno chef con tre stelle Michelin.
Dimenticatevi tutto: i cordon bleu non sono una ricetta delle più semplici, ma assolutamente fattibile. Anzi, dovete provare perché fatti in casa sono tutt'altra cosa rispetto a quelli che si trovano al supermercato già pronti e che hanno la consistenza e il sapore del polistirolo. Usciti dalle vostre mani, invece, saranno un piatto meraviglioso che avrete voglia di riprovare al più presto, nonostante le migliaia di calorie…

Difficoltà: ★★   **Cottura:** 10'   **Preparazione:** 20'   **Dosi:** 4 persone

PER I CORDON BLEU
Pollo (petto): 4 fette spesse (circa 120 g l'una)
Prosciutto cotto: 4 fette (circa 100 g)
Scamorza a fette: 80 g

PER L'IMPANATURA
Uova: 2-3
Pangrattato: q.b.
Sale: q.b.

PER FRIGGERE
Olio di semi: q.b.

1 Per preparare i cordon bleu occorrono delle fette di petto di pollo abbastanza spesse e di forma regolare (più o meno ovale): se non lo fossero, cercate di pareggiarle voi tagliando via i pezzi in esubero o quelli sfilacciati. La cosa migliore sarebbe acquistare un petto di pollo intero e suddividerlo in 4 parti, ricavando delle fette di circa 120 g l'una.

2 Tagliate ogni fetta in senso orizzontale, lasciando uniti 3 dei 4 lati: otterrete una tasca, che riempirete con 20 g di scamorza a fette, sulla quale posizionerete una fetta di prosciutto cotto (20-25 g circa).

3 Quando avrete concluso la farcitura di tutte e 4 le fette, dedicatevi all'impanatura, passando i cordon bleu prima nell'uovo sbattuto con il sale (e il pepe, a piacere), sia da un lato che dall'altro, poi nel pangrattato, avendo cura che siano perfettamente ricoperti dall'uovo e che il pangrattato aderisca bene e in maniera omogenea a tutta la superficie. Ricordate di tenere i lembi della carne ben chiusi, in modo che si sigillino e che durante la frittura non fuoriesca nulla. Se volete, potete aiutarvi sigillando la tasca con degli stuzzicadenti.

4 Ponete quindi i cordon bleu in una padella con abbondante olio caldo (non bollente) e fateli friggere a fuoco dolce, in modo da ottenere una bella crosta croccante e dorata all'esterno e una perfetta cottura all'interno. Una volta pronti, toglieteli dal fuoco, asciugate l'olio in eccesso con la carta da cucina e servite.

Il consiglio di Sonia:

Se volete evitare di cimentarvi nella realizzazione della tasca, potete piegare in due un'unica fetta lunga e sottile, oppure sovrapporne due distinte, e sigillarle con degli stecchini prima di procedere all'impanatura. Togliete gli stecchini prima di passare alla frittura. Se non vi piace la scamorza, potete sostituirla con qualsiasi altro formaggio che fili, a vostro piacimento, basta che non sia acquoso, come la mozzarella. Stessa cosa per il prosciutto cotto, al posto del quale potete utilizzare il prosciutto crudo, la pancetta, lo speck, il prosciutto di Praga e così via.

SECONDI
PIZZE!

Adoro quella bassa e croccante, con la crosta esterna un po' spessa, alla napoletana, e con ingredienti semplici e buonissimi, come la margherita. Quando le bimbe erano piccole avevo la casa sempre piena di bambini: davo a ciascuno una pallina d'impasto e lasciavo che scegliessero con cosa farcirlo. Preparavo chili e chili di impasto almeno una volta alla settimana, oggi un po' meno. Anche se a volte, tornata a casa da Giallozafferano, dopo aver cucinato per otto ore, mi rimetto ai fornelli e impasto, farcisco e cuocio. La pizza la mangiamo tardi, ma che soddisfazione!

PER LA MARGHERITA
Mozzarella di bufala: 600 g
Pomodori (passata): 700 ml
Basilico: 12 foglie
Olio e sale: q.b.

PER LA DIAVOLA
Mozzarella fiordilatte: 600 g
Pomodori (passata): 700 ml
Salame piccante a fette (tipo napoletano): circa 250 g
Olio e sale: q.b.
Olio piccante: (facoltativo)

PER LA VEGETARIANA
Mozzarella fiordilatte: 600 g
Pomodori (passata): 700 ml
Peperoni: 1 rosso e 1 giallo
Melanzana: 1
Zucchine: 2
Olio e sale: q.b.

PER LA WÜRSTEL E PATATINE
Mozzarella fiordilatte: 600 g
Patatine da forno: 600 g
Würstel: 400 g
Sale: q.b.

Qualsiasi pizza intendiate preparare fate riferimento alla ricetta base a pag. 264. Stendete una pagnotta di impasto e formate un cerchio del diametro di circa 30 cm, che adagerete in una teglia leggermente unta. Quindi procedete con la farcitura.

MARGHERITA: cospargerete la pasta con la passata di pomodoro, un po' d'olio e e la mozzarella tritata grossolanamente. Infornate per circa 15 minuti a 250° e, prima di servire, arricchite con le foglie di basilico fresche.

DIAVOLA: versate sulla pasta la passata di pomodoro, salatela e aggiungete un po' d'olio. Infornate per circa 15 minuti a 250°. Dopo 6-7 minuti, cospargete la pizza con la mozzarella a pezzetti e le fette di salame piccante, quindi terminate la cottura. Se vi piace, prima di servire potete unire un filo d'olio piccante.

VEGETARIANA: grigliate le zucchine e la melanzana, che avrete tagliato a fettine dello spessore di circa 3-4 mm. Infornate i peperoni a 200° e fateli abbrustolire, poi metteteli in un sacchetto per alimenti e lasciateli sudare, quindi spellateli e tagliateli a strisce. Infornate quindi il disco di pasta condito con l'olio, la passata di pomodoro e salato a 250° per 15 minuti. Dopo 6-7 minuti, cospargetelo con la mozzarella tritata grossolanamente e le verdure grigliate, quindi terminate la cottura.

WÜRSTEL E PATATINE: sbriciolate la mozzarella sulla pasta e adagiateci sopra le patatine, che salerete, e le fettine di würstel. Mettete nel forno già caldo per circa 15 minuti a 250°.

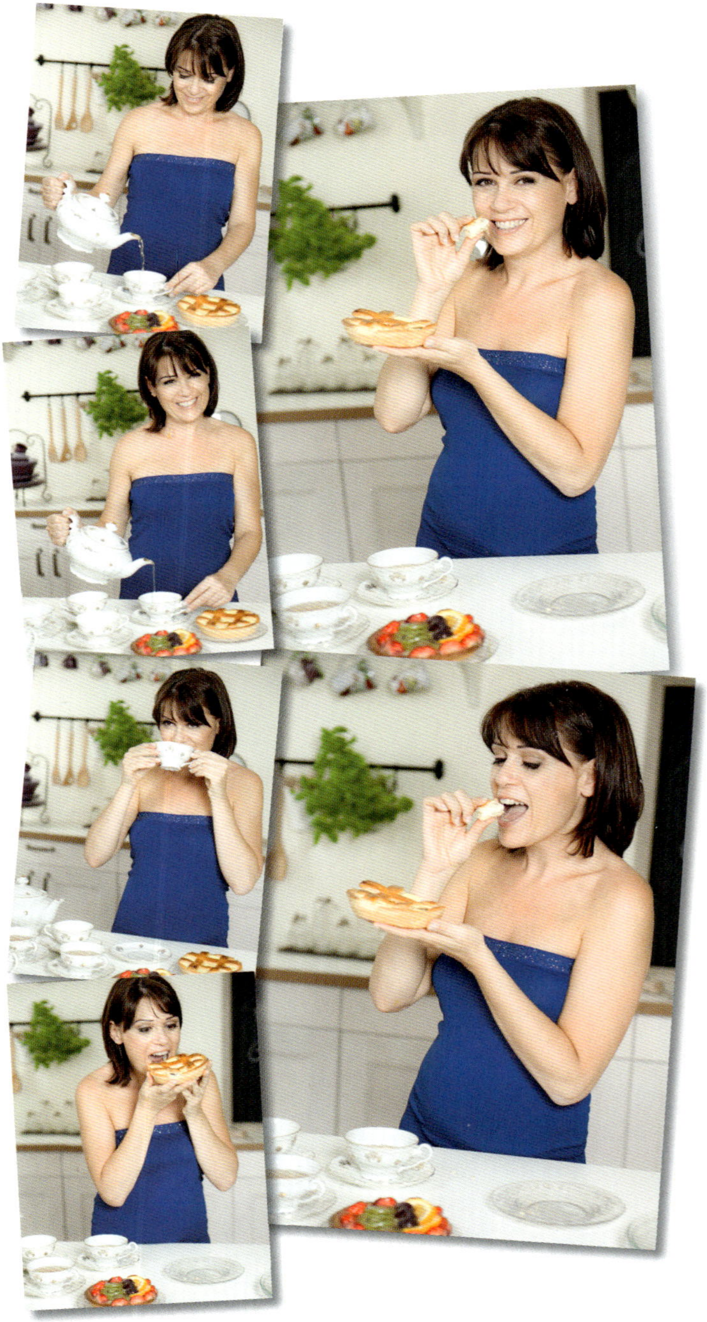

Dolci

Toglietemi tutto ma non il dessert.
I dolci sono la mia passione, sono la mia storia, sono mia nonna che li cucinava continuamente, sono i compleanni delle mie figlie e le feste della mia vita.
Sarò sentimentale, ma i dolci sono emozionali: sono ciò che si ricorda di una cena, il piatto che si prepara con più cura, quello al quale viene riconosciuta importanza. Non capisco come mai in Italia la pasticceria sia un po' trascurata, infatti capita di cenare benissimo, di assaggiare antipasti, primi e secondi eccellenti, e di trovarsi davanti dolci di medio-basso livello. Forse per mancanza di creatività?
Io adoro dedicare ore e ore alla preparazione di torte, crostate, creme e biscotti, mescolare gli ingredienti con le mani, dare forme e decorare. Mi riempie di soddisfazione.
In questa sezione mi sono scatenata: trovate di tutto, dai grandi classici, che non potevano proprio mancare, ad alcuni giochi che richiedono un paio di mezze giornate, dalle proposte che guardano oltreoceano alle torte da merende, da innamorati, da occasioni speciali. Sbizzarritevi, poi raccontatemi com'è andata.

DOLCI
BACI DI DAMA

Una sicurezza

Questi biscottini profumatissimi alle mandorle, che si fondono in un bacio al cioccolato, sono di una tale bontà che, quando li preparo in casa, li devo nascondere altrimenti Lauretta, la più piccola delle mie figlie, rischierebbe l'indigestione.
Il segreto per prepararli è, dopo aver formato delle palline con l'impasto, rimettere in frigorifero tutta la teglia per una mezz'ora, o si rischia di non riuscire a ottenere il profilo "a barchetta" che consente ai due biscottini di aderire uno all'altro. Il risultato sarà bellissimo da vedere: potreste fare come me, riempirne alcune pirottine da regalare come cotillon alla fine di una cena.

Difficoltà: ★★   **Cottura:** 15'   **Preparazione:** 60'   **Dosi:** 40 baci di dama

Burro: 150 g
Cioccolato: 150 g
Farina: 150 g
Mandorle pelate: 150 g
Sale: 1 grosso pizzico
Vaniglia: qualche goccia di estratto
Zucchero: 150 g

1 Frullate nel mixer le mandorle con lo zucchero, poi versatele nella ciotola dove avrete impastato il burro morbido (ma non molle) tagliato a pezzi con la farina e amalgamate. Poi aggiungete l'essenza di vaniglia e il sale. Continuate a lavorare con le mani finché non otterrete un unico panetto, che avvolgerete nella pellicola e lascerete riposare in frigo per almeno 1 ora. Quando l'impasto sarà sodo, suddividetelo in tanti bastoncini, da cui taglierete delle piccole porzioni (6-8 g circa l'una) cui darete la forma di una pallina.

2 Disponete le palline su una placca da forno foderata con l'apposita carta e rimettete il tutto in frigorifero per almeno 30 minuti. Infornate e lasciate cuocere in forno statico a 160° per circa 20 minuti, o fino a che la base del biscotto non sarà dorata (se utilizzate il forno ventilato, la temperatura sarà di 135°).

3 Nel frattempo fate sciogliere il cioccolato a bagnomaria, oppure nel microonde. Quando i biscotti saranno raffreddati, aiutandovi con un cucchiaino o una siringa versate una goccia di cioccolato sciolto (ma piuttosto denso) sulla parte piatta del biscotto, e ricoprite con un altro biscotto. Quando il cioccolato sarà indurito, potrete servire i baci di dama.

Il consiglio di Sonia:

" Per personalizzare i vostri baci di dama, potreste realizzare ripieni diversi dal cioccolato fondente: con del cioccolato al latte, per esempio, oppure con delle creme alla frutta (frutta della passione, limone, kiwi), il burro e lo zucchero a velo. Volendo potete sostituire la farina di mandorle con quella di nocciole. "

DOLCI
NEW YORK CHEESECAKE

Appena ho avuto la conferma che sarei andata a New York, alla faccia della dieta ho prenotato (con mesi di anticipo!) un tavolo alla Cheesecake Factory, il tempio della cheesecake, un posto da sogno. Lì, dal 1978, preparano non solo "The Original", la migliore cheesecake di tutti gli Stati Uniti, ma anche più di trenta variazioni sul tema, con topping di ogni sapore e colore. Ho scelto la mia preferita, con la salsa di fragole: di una bontà quasi commovente. Non per peccare di presunzione, però anche la mia ricetta, supercollaudata, non è male. Se volete fare voi anche la salsa di fragole, dovrete solo frullarle con zucchero e limone: una prelibatezza!

Difficoltà: ★★ **Cottura: 60'** **Preparazione: 30'** **Dosi: 8 persone**

PER IL FONDO
Biscotti digestive: 250 g
Burro: 150 g
Zucchero di canna: 2 cucchiai

PER LA CREMA
Maizena: 20 g
Limoni: ½ (succo)
Panna fresca: 100 ml
Philadelphia: 600 g
Uova: 2 + 1 tuorlo
Vanillina: 1 bustina
Zucchero: 100 g
Sale: q.b.

PER LA COPERTURA
Panna acida: 200 ml
Vanillina: 1 bustina
Zucchero a velo: 2 cucchiai

1 Mettete i biscotti digestive nel mixer, aggiungendo lo zucchero di canna, e sminuzzateli, poi amalgamateli con il burro, dopo averlo fatto sciogliere in un pentolino. Imburrate una tortiera (meglio se a cerchio apribile, del diametro di 22-24 cm). Ritagliate un disco di carta da forno dello stesso diametro del fondo della tortiera e due strisce della stessa altezza dei bordi, quindi foderatela. Ricoprite fondo e lati della tortiera con il composto, livellandolo bene con l'aiuto di un cucchiaio, poi ponete la tortiera in frigo per 1 ora (o nel freezer per mezz'ora). Preriscaldate il forno a 180°.

2 In una capace bacinella sbattete le uova con la vanillina e lo zucchero. Quando avrete ottenuto un composto omogeneo unite il formaggio (se volete una cheesecake più alta, potete aggiungere fino a 150 g di Philadelphia) e amalgamate finché l'impasto sarà cremoso e senza grumi. Senza smettere di mescolare, inglobate il succo di limone, la maizena, 2 bei pizzichi di sale e, infine, la panna, senza montarla.

3 Versate la crema nella tortiera che avrete tolto dal frigorifero (o dal freezer), livellatela e infornate a 180° per 30 minuti, poi abbassate la temperatura a 160° e lasciate cuocere per altri 30-40 minuti. Se dopo la prima mezz'ora vi accorgete che la superficie della cheesecake si sta scurendo troppo, copritela con un foglio di carta stagnola. A cottura avvenuta spegnete il forno e lasciate riposare la torta per 30 minuti nel forno spento e con lo sportello leggermente aperto.

4 Quando sarà fredda, mischiate la panna acida con i due cucchiai di zucchero a velo e la bustina di vanillina: spalmate il composto sulla sommità della cheesecake e decidete se infornare nuovamente a 180° per 5 minuti per glassare la panna, poi riporre il tutto in frigorifero per almeno 6 ore, oppure riporre il dolce direttamente in frigo. La soluzione ottimale sarebbe preparare la torta la sera prima del consumo e lasciarla raffreddare tutta la notte.

Il consiglio di Sonia:

"Per una riuscita ottimale della cheesecake dovete usare assolutamente il Philadelphia, mentre per il fondo consiglio i biscotti digestive (i migliori sono quelli della marca McVitie's, si trovano facilmente nei grandi supermercati). Ricordate di non aprire il forno prima di 30-40 minuti dall'inizio della cottura, per evitare rovinosi "afflosciamenti" della torta."

DOLCI
CRÈME BRÛLÉE

Anni fa avevo comprato un "bruciatorino" delizioso per preparare la crème brûlée. Invito a cena gli amici e mi appresto a caramellare davanti ai loro occhi stupefatti ma il mio nuovo bruciatore era troppo delicato: agiva su zone piccolissime molto lentamente, invece di fare la crosticina esterna stava creando delle colonne nere all'interno del dolce. Ho capito l'errore qualche mese dopo, durante un corso di cucina: lo chef ha estratto una sorta di fiamma ossidrica da ferramenta, sembrava Terminator ma ha fatto, è il caso di dirlo, della roba da fuoco, lavorando solo la superficie! Quindi, magari senza lasciarlo in giro, procuratevi un bruciatore di quelli seri: il risultato sarà sicuramente migliore.

Difficoltà: ★　　**Cottura: 60'**　　**Preparazione: 10'**　　**Dosi: 6 persone**

Latte: 125 ml
Panna fresca: 500 ml
Uova: 8 tuorli
Vaniglia: 1 baccello
Zucchero: 130 g + 3 cucchiai

1 Accendete il forno a 180°. Versate in un tegame il latte, la panna, i semi di vaniglia che avrete estratto dal baccello e il baccello stesso, quindi portate lentamente a sfiorare il bollore.

2 Nel frattempo, mischiate delicatamente in una ciotola i rossi d'uovo e i 130 g di zucchero con un mestolo di legno, senza sbatterli né formare schiuma. Quando il latte starà per bollire spegnete il fuoco, togliete il baccello di vaniglia e versate a filo il composto caldo nei rossi d'uovo, mescolando continuamente fino a ottenere una preparazione omogenea.

3 Suddividete la crema in sei pirofiline da forno monoporzione, che disporrete in una teglia contenente dell'acqua bollente che dovrà ricoprirle per un terzo. Infornate per circa 50-60 minuti a 180°. Quando la superficie della crema sarà compatta e dorata togliete le pirofiline dal forno e lasciatele raffreddare.

4 Cospargete la sommità di ciascuna porzione con i 2 cucchiai di zucchero e caramellatela con l'apposito bruciatore. In alternativa, mettete le pirofiline sotto il grill per qualche minuto, ponendole a bagnomaria con dell'acqua ghiacciata (in questo modo l'eccessivo calore non farà impazzire la crema). Potrete servire la crème brûlée non appena si sarà formata la classica crosticina dorata.

Il consiglio di Sonia:

" Per aromatizzare la crème brûlée, potete sostituire lo zucchero semolato con quello di canna. Se intendete prepararla in anticipo, è consigliabile conservarla in frigorifero e caramellarla appena prima di servirla. "

DOLCI
CROSTATA ALLA CONFETTURA DI ALBICOCCHE

La crostata, classico immortale, è inaspettatamente uno dei dolci più cercati su Giallozafferano.it: il contrasto tra la morbidezza della marmellata e la fragranza della pasta frolla, il rito della pennellatura con l'uovo, il profumo rustico di "cucina della nonna" che si spande nell'aria… È una bomba, c'è poco da fare. Ancora più esplosiva se, oltre a fare voi la frolla, deciderete di investire un'oretta nella preparazione della confettura… Se volete letteralmente incantare i vostri bambini, potreste preparare per loro delle crostatine monoporzione per merenda o da mangiare durante l'intervallo, facendo invidia a tutti i compagni.

Difficoltà: ★   **Cottura:** 45'   **Preparazione:** 20'   **Dosi:** 6 persone

PER LA FROLLA
Burro: 150 g
Farina 00: 300 g
Uova (medie): 2
Zucchero: 130 g
Limoni: 1 (scorza)
Sale: 1 pizzico

PER FARCIRE
Confettura di albicocche: 600 g

PER SPENNELLARE
Uova (medie): 1

1 Preparate la frolla con le dosi indicate a fianco, secondo la ricetta di pagina 284. Dopo aver lasciato l'impasto a riposare in frigo per almeno mezz'ora, accendete il forno a 180° ventilato e stendete due terzi della frolla in una sfoglia di circa 3-4 mm di spessore, con cui fodererete uno stampo rettangolare da 20x28 cm (o uno tondo per crostate del diametro di 20 cm). Bucherellatela con i rebbi di una forchetta e, con la frolla avanzata, create delle strisce aiutandovi con un coltello o con la rotella per tagliare la pasta. Versate quindi la confettura nel guscio di frolla e livellatela con un cucchiaio.

2 Spennellate i bordi della torta con l'uovo sbattuto e adagiate sulla sua superficie le strisce, a formare una griglia di rombi. Spennellate anche queste, poi infornate per circa 45 minuti. Una volta estratta dal forno, fate raffreddare la crostata nello stampo prima di servirla su un piatto da portata spolverizzata con zucchero a velo.

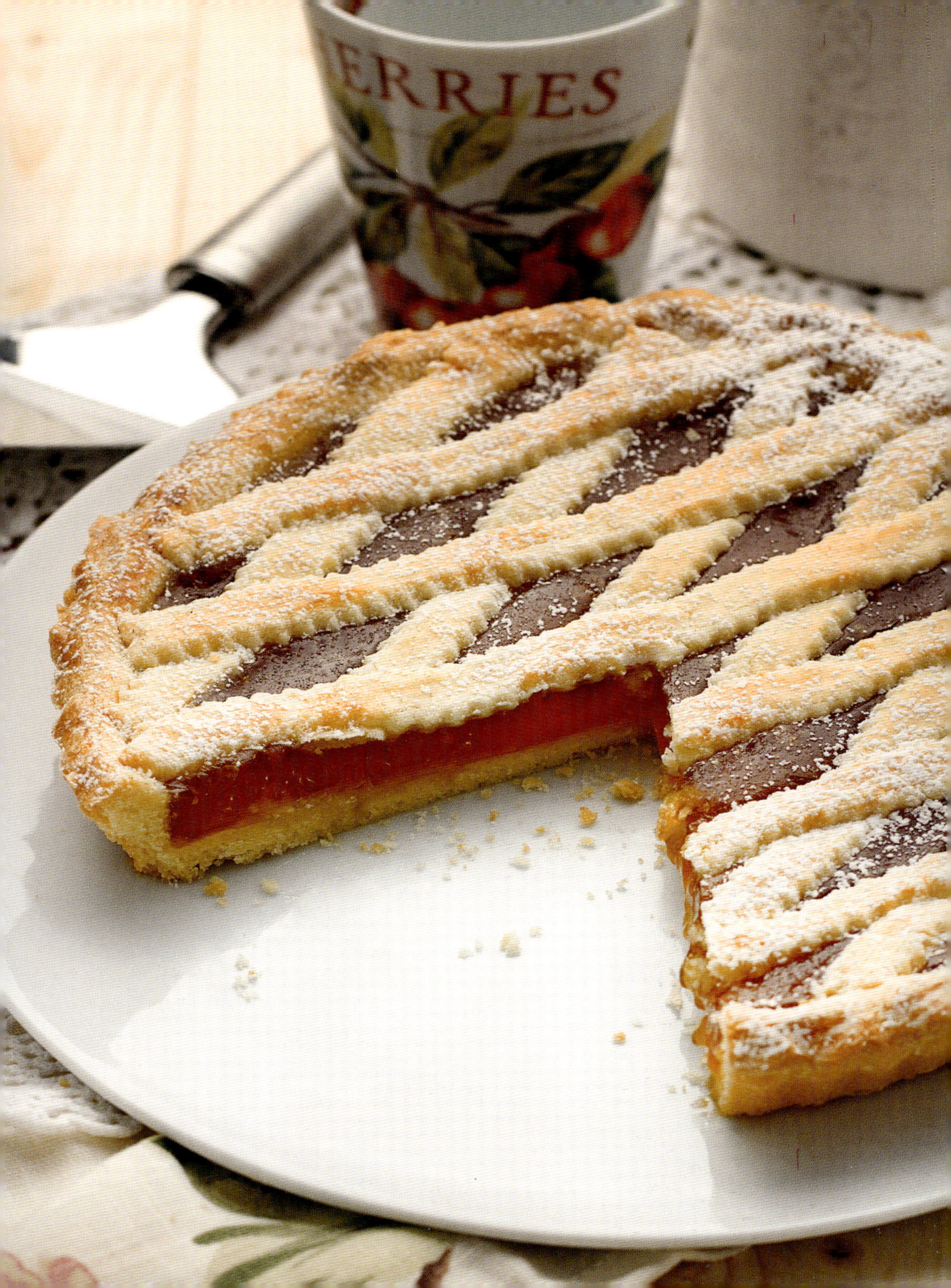
ERRIES

DOLCI
DELIZIE AL LIMONE

Banchetto luculliano

Avete presente il detto: «Vedi Napoli e poi muori»? Si potrebbe tranquillamente modificarlo in: «Mangia napoletano e poi muori», soprattutto se alla fine di una cena superba vi vengono servite le delizie al limone. Le ho assaggiate per la prima volta durante una vacanza sulla costiera amalfitana e mi sono piaciute talmente tanto che, per non farmi mancare nulla, una volta a casa ho provato a prepararle anche alla fragola. Sono uno dei dolci più buoni che esistano, ma vanno meritate: il risultato stellare arriverà solo dopo due ore e mezza di dedizione serrata. Mi raccomando, utilizzate i limoni di Sorrento: il succo è poco acido e il profumo della scorza è ineguagliabile.

Difficoltà: ★★   **Cottura:** 40'   **Preparazione:** 180'   **Dosi:** 15 delizie

PER LA BASE DEL PAN DI SPAGNA
Farina 00: 300 g
Limoni di Sorrento: 1
Uova: 300 g di albumi
Uova: 150 g di tuorli
Zucchero: 300 g

PER LA CREMA AL LIMONE
Acqua: 200 ml
Burro: 200 g
Colla di pesce: 20 g
Limoncello: 50 ml
Limoni: 2 (scorza grattugiata)
Panna fresca: 500 ml
Uova: 200 g di tuorli
Zucchero a velo: 50 g
Zucchero: 200 g

PER LA BAGNA AL LIMONCELLO
Acqua: 100 ml
Limoncello: 150 ml
Limoni: 1 (scorza)
Zucchero: 100 g

1 Montate gli albumi (che devono essere a temperatura ambiente) con uno sbattitore. Quando cominceranno a diventare bianchi aggiungete 50 g di zucchero, lasciate montare per un minuto, poi unite altri 50 g di zucchero e, dopo un altro minuto, altri 50. A parte montate i tuorli con 150 g di zucchero per almeno 7-8 minuti. Quando i due composti saranno pronti, amalgamateli con delicatezza in una ciotola capiente, dove andrete ad aggiungere la farina preventivamente setacciata e la scorza grattugiata di 1 limone.

2 Inserite il composto ottenuto in una tasca da pasticcere e spremetelo nell'apposito stampo in silicone o metallico nel quale sono ricavate alcune mezze sfere del diametro di 7-8 cm. Infornate a 180° per circa 20 minuti. A fine cottura, sfornate e lasciate intiepidire prima di estrarre le mezze sfere dallo stampo e farle raffreddare completamente su di una gratella.

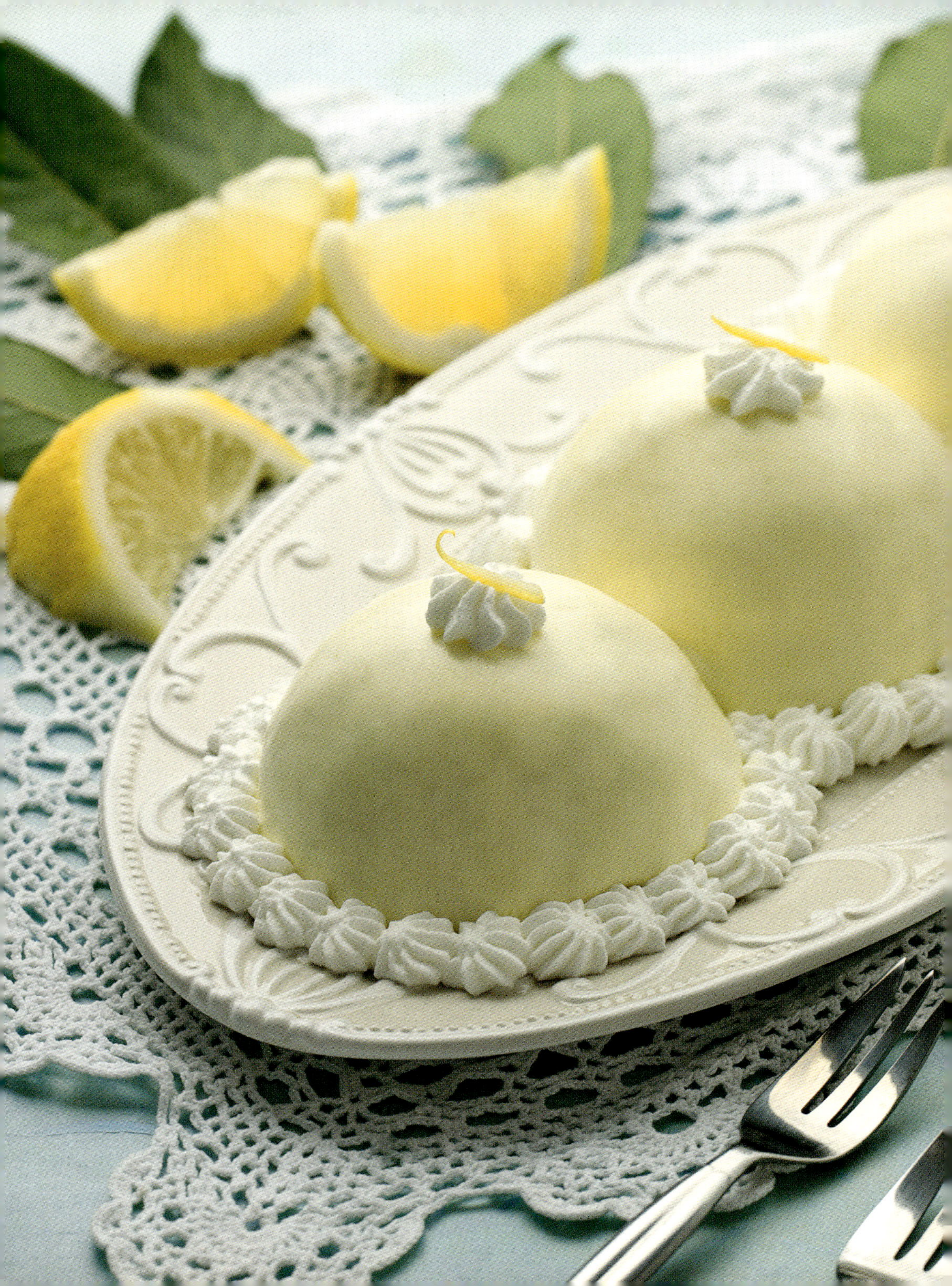

1. Usando una sac à poche versate l'impasto nello stampo di silicone.

2. Estraete le tortine solo quando saranno fredde.

3. Scavate il fondo delle delizie e spruzzatelo con la bagna.

4. Riempite le tortine di crema.

5. Fermate la crema con il ripieno appena tolto.

6. Ricoprite le sfere con la crema, dopo averle irrorate con la bagna.

3   Nel frattempo preparate la crema al limone. Fate ammollare per 10 minuti la colla di pesce in una ciotola d'acqua molto fredda. Versate in un pentolino 200 ml d'acqua insieme alle scorze grattugiate di 2 limoni, unite lo zucchero e fatelo sciogliere; non appena l'infusione accennerà il primo bollore spegnete il fuoco e lasciate raffreddare, poi filtrate e rimettete sul fuoco. Quando bollirà aggiungetela a filo ai tuorli, che avrete posto in una ciotola e preventivamente rotto con una frusta. Mescolate bene, poi scaldate il composto a fuoco basso. Ai primi cenni di bollore unite il burro tagliato a cubetti, amalgamate e lasciate cuocere dolcemente per 2-3 minuti. Strizzate la colla di pesce e versatela nel composto insieme al limoncello: incorporate il tutto, poi spegnete il fuoco e versate la crema in un contenitore largo e basso. Dovrete coprirla a filo (la pellicola dovrà toccare la superficie della crema) e posizionarla in frigorifero finché sarà fredda (potete utilizzare il freezer se volete velocizzare l'operazione).

4   Potete dedicarvi quindi alla bagna, sciogliendo in un pentolino lo zucchero nell'acqua. Aggiungete la scorza grattugiata del limone e il limoncello, infine portate a bollore. A questo punto potete mettere in frigo anche la bagna e, quando si sarà raffreddata, filtrarla e inserirla in un vaporizzatore o in un dosatore di plastica.

5   Estraete la crema al limone dal frigorifero e frullatela con le lame di un mixer se risulta troppo gelatinosa. Montate la panna assieme allo zucchero a velo e poi mischiatela (tranne 3 cucchiai) con la crema al limone. Per eliminare eventuali grumi, passatela al setaccio.

6   Scavate quindi le mezze sfere di pan di spagna al centro, dalla parte piatta, quindi spruzzatele appena di bagna, riempitele con la crema e fermate il ripieno utilizzando il pan di spagna che avete appena tolto. Allungate la crema avanzata con della panna liquida o con del latte e ricoprite le sfere, dopo averle irrorate anche esternamente con la bagna. Sulla sommità di ogni delizia spremete un ciuffo di panna che poi guarnirete con la scorza del limone di Sorrento, oppure con del limone candito. Conservate i dolci in frigorifero finché non li servirete.

DOLCI
FRITTELLE DEL LUNA PARK

Il luna park mi mette ansia, mi vengono le vertigini al solo vedere tutta quella gente lanciata in aria o che mi schizza davanti a velocità spaventosa urlando e ridendo su quei vagoncini così piccini. L'unica cosa che mi piace sono le frittelle: rotonde e piatte, cosparse di zucchero, sono meravigliose se organizzate una festa per bambini, perché non richiedono troppo tempo e vanno a ruba. Non solo tra i piccoli: un ragazzo mi ha scritto dicendomi che ha aperto un'attività e le vende, a Giallozafferano le ho dovute preparare tre o quattro volte prima di riuscire a fotografarle come si doveva perché scomparivano sempre prima. «Vanno mangiate calde», mi dicevano. Frittella sparita, ricetta garantita!

Difficoltà: ★★ **Cottura:** 15' **Preparazione:** 20' **Dosi:** 8 persone

Burro: 100 g
Farina manitoba: 500 g
Latte: 250 ml
Lievito di birra: 25 g
Limoni: 2 (scorza grattugiata)
Sale: fino 10 g
Vanillina: 1 bustina
Zucchero: 50 g

PER FRIGGERE
Olio di semi: q.b.

PER COSPARGERE
Zucchero semolato: q.b.

1 Togliete il burro dal frigorifero e lasciatelo ammorbidire a temperatura ambiente. In un contenitore versate il latte, anch'esso a temperatura ambiente, il sale, lo zucchero e la scorza grattugiata di 2 limoni. Mescolate bene e versate il composto in una planetaria munita di gancio per impasti (o in un recipiente capiente se lavorate a mano), dove aggiungerete un terzo della farina mista a vanillina. Quando avrete ottenuto una pastella fluida unite il lievito sbriciolato e proseguite la lavorazione ancora per qualche minuto, poi incorporate man mano tutta la restante farina. Inserite quindi nella planetaria il burro ammorbidito e lavorate l'impasto finché sarà morbido ed elastico.

2 Ungete di olio di semi (meglio se di arachidi) i palmi delle mani e l'interno di un recipiente abbastanza grande, nel quale porrete l'impasto, che spennellerete a sua volta di olio. Coprite la ciotola con un canovaccio e mettetela in un luogo tiepido, privo di correnti d'aria per almeno 1 ora e mezza, così che l'impasto raddoppi il suo volume (il forno con la sola luce accesa andrà bene).

3 A quel punto, trasferitelo su un piano di lavoro leggermente infarinato e formate un lungo bastone, che taglierete a pezzetti di circa 100-110 g, a ciascuno dei quali darete la forma di una pallina. Disponete quindi le palline su di un canovaccio pulito e asciutto, distanziandole tra di loro di almeno 2-3 cm; ricopritele con un altro canovaccio e lasciatele lievitare per altri 20 minuti. Conclusa la lievitazione, allargate le palline con le mani per renderle piatte e circolari, lasciando che il centro diventi molto sottile e i bordi rimangano più spessi.

4 Fate scaldare sul fuoco dell'olio di semi: quando avrà raggiunto una temperatura di circa 170° potete cominciare a immergere le frittelle nell'olio, aspettando che si coloriscano da entrambi i lati. Scolatele con l'aiuto di due forchette, ricopritele di zucchero semolato, facendolo aderire su entrambe le superfici. Adagiate le frittelle su un vassoio e servitele immediatamente.

Il consiglio di Sonia:

" La prova del fuoco per capire se la temperatura dell'olio è giusta per friggere consiste nel fare un tentativo con un piccolo pezzetto di impasto: se diventa dorato lentamente l'olio è pronto, se si scurisce troppo in fretta allora l'olio è troppo caldo e c'è il rischio che le frittelle si brucino. "

DOLCI
PANNA COTTA

La panna cotta è un'idea deliziosa per concludere una cena. Si prepara la sera prima ed è più buona ancora se lasciata in frigo una notte intera, è facilissima da fare ma guarnita a dovere è super-scenografica e, infine, vi farà fare un figurone perché generalmente si pensa che sia una ricetta impossibile. Invece basta conoscere alcune peculiarità dell'ingrediente fondamentale, la colla di pesce, e il gioco è fatto. Dovete sapere che lei, la colla di pesce, deve compiere una specie di percorso termale: va messa a mollo nell'acqua gelida, poi va strizzata, scolata e sciolta nell'ingrediente più caldo che avete. Mescolate tutto e il dolce è risolto.

Difficoltà: ★ | Cottura: 15' | Preparazione: 15' | Dosi: **4 persone**

Colla di pesce: 3 fogli (6 g)
Panna liquida: 500 ml
Vaniglia: 1 baccello
Zucchero a velo: 150 g

Il consiglio di Sonia:

"Per rendere la vostra panna cotta ancora più golosa vi suggeriamo di guarnirla con una salsa di frutta, che si può fare facilmente in casa, come la salsa di fragole, di kiwi, di pere o, ancora meglio a detta di qualcuno, con del caramello. Ai più libidinosi suggerisco una guarnizione di salsa di cioccolato con qualche fiocco di panna montata e contorno di fragole... impossibile resistere!"

1 Mettete a mollo i fogli di colla di pesce in acqua fredda per 10 minuti; tagliate il baccello di vaniglia nel senso della lunghezza e, con il dorso di un coltello, estraete i semini interni.

2 Versate la panna in un pentolino con la vaniglia incisa, i semini interni e lo zucchero a velo, scaldate a fuoco basso. Quando sfiorerà il bollore unite la colla di pesce ben strizzata e mescolate per farla sciogliere completamente. Filtrate il composto con un colino a maglie strette e preparate degli stampini individuali, oppure uno stampo unico a cassetta.

3 Tenete il tutto in frigo per almeno 5 ore. Al momento di servire, immergete lo stampo per un secondo nell'acqua bollente, poi sformate sul piatto da portata.

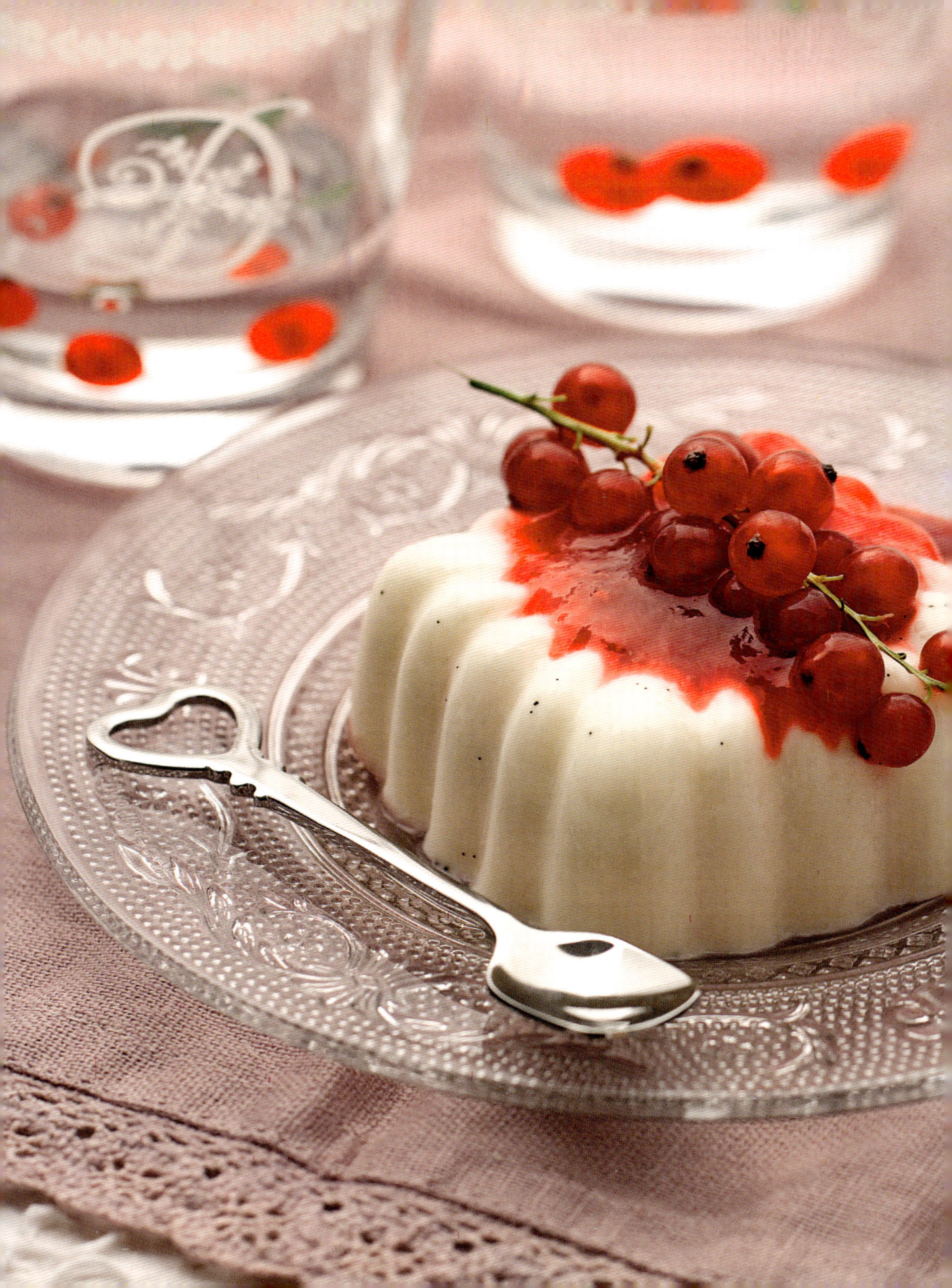

DOLCI
KRAPFEN

Un osservatore esterno avrebbe tranquillamente potuto pensare che mia nonna avesse una fabbrica di dolci, invece cucinava per passione. Continuamente, un po' come faccio io oggi. I dolci di Natale cominciava a prepararli in ottobre, ne faceva scatole su scatole che poi regalavamo ad amici e parenti. Io ero l'aiutante addetta alla decorazione e rimanevo lì seduta a spalmare glasse colorate. Ogni tanto ci scappava un krapfen e il palato faceva faville. Da purista trentina quale sono, sento il dovere morale di dire che il krapfen non è un bombolone (e viceversa): il primo è ripieno di marmellata, il secondo di crema; il primo si frigge già farcito, il secondo no. Il primo lo adoro, il secondo così così.

Difficoltà: ★★ **Cottura:** 5' **Preparazione:** 210' **Dosi:** 6 persone

PER LA PASTA
Farina 00: 150 g
Farina manitoba: 350 g
Malto: 1 cucchiaino
Latte: 250 ml
Lievito di birra: 25 g
Limoni: 1 (scorza grattugiata)
Sale: 5 g
Burro: 120 g
Uova medie: 1 + 4 tuorli
Vanillina: 1 bustina
Zucchero: 50 g

PER IL RIPIENO
Marmellata di albicocche: 200 g

PER LA DECORAZIONE
Zucchero a velo: q.b.

PER FRIGGERE
Strutto (o olio): q.b.

1 Sciogliete il lievito di birra in mezzo bicchiere di latte intiepidito con un cucchiaino di malto (o zucchero). Mescolate al latte rimasto con lo zucchero semolato, la vanillina e le uova che sbatterete con una forchetta.

2 Nel frattempo setacciate le farine e versatele nella ciotola di un mixer munito di gancio a foglia; unite la buccia grattugiata del limone, azionate il mixer e, poco per volta, versate il composto di latte, zucchero e uova. Lavorate tutti gli ingredienti fino a ottenere un impasto omogeneo, quindi unite in due volte il burro ammorbidito che avrete precedentemente tagliato a pezzetti. Lavorate l'impasto fino a che diventerà liscio ed elastico.

3 Adagiatelo in un recipiente coperto con un canovaccio, dove lo lascerete lievitare per almeno 2 ore (il volume dovrà triplicare). Quindi stendetelo con un matterello in una sfoglia di circa 3 mm, dalla quale, con uno stampino (coppapasta, bicchiere o tazza), ricaverete dei dischi del diametro di circa 6 cm.

4 Ponete al centro di ogni disco un cucchiaino di marmellata, spennellatene il bordo con l'albume e ricoprite con un altro disco, premendo bene i bordi. Lasciate riposare per almeno 1 ora.

5 Trascorso il tempo necessario, scaldate in un tegame lo strutto (o l'olio) e friggetevi a fuoco moderato (non superate i 170°) i krapfen, pochi alla volta, rigirandoli affinché si dorino su entrambi i lati. Toglieteli dal tegame con una schiumarola, fateli sgocciolare e asciugateli con la carta assorbente prima di cospargerli di zucchero a velo.

DOLCI
MUFFIN CON GOCCE DI CIOCCOLATO

Devo proprio dirlo: forse questa ricetta è l'exploit più strabiliante di Giallozafferano. Ha avuto un successo strepitoso, e ne sono felice perché è una delle preferite di Valentina, la mia seconda figlia. Adora i muffin, così una sera, volendo farle una sorpresa, ho preparato questi: li abbiamo spazzolati alla velocità della luce! Magicamente, erano morbidissimi, quindi mi sono affrettata a scrivermi le dosi e a pubblicare la ricetta. Con i muffin, infatti, si corre il rischio di ritrovarsi a fine cottura delle pietre immasticabili che farebbero soffocare qualsiasi volenteroso assaggiatore: per evitarlo dovete seguire alla lettera le dosi e il magico equilibrio di quella sera sarà anche il vostro.

Difficoltà: ★ **Cottura:** 25' **Preparazione:** 15' **Dosi:** 12 muffin

Bicarbonato: ½ cucchiaino
Burro: 190 g
Cioccolato fondente in gocce: 100 g
Farina: 380 g
Latte fresco intero: 200 ml
Lievito chimico in polvere: 1 bustina
Sale: 1 pizzico
Uova (medie): 3
Vanillina: 1 bustina
Zucchero: 200 g

1 Accendete il forno a 180°. Fate ammorbidire il burro a temperatura ambiente, poi sbattetelo con lo zucchero energicamente (o servendovi di un robot da cucina) per qualche minuto, finché il composto risulterà cremoso. Unite poi le uova uno alla volta, continuando a mescolare, e il latte tiepido a filo: il composto sarà pronto quando risulterà liscio, gonfio e omogeneo.

2 In una ciotola setacciate la farina e mischiatela con il lievito, il bicarbonato, la vanillina e il sale: aggiungete le polveri al composto poco alla volta, amalgamando fino a quando tutto sarà cremoso e senza grumi. È il momento di incorporare 80 g di gocce di cioccolato.

3 Riempite con l'impasto delle pirottine di carta fino al bordo (utilizzando uno stampo da muffin, se l'avete), poi distribuite sulle superfici i 20 g di gocce di cioccolato tenuti da parte. Infornate per circa 20-25 minuti: quando i muffin saranno dorati spegnete il forno e lasciateli riposare per 5 minuti a sportello aperto, infine estraeteli e lasciateli raffreddare completamente.

Il consiglio di Sonia:

" Invece di acquistare delle gocce di cioccolato, potete ridurre a pezzetti delle tavolette di cioccolato fondente, al latte oppure bianco, e aggiungerli all'impasto. "

DOLCI
PASTIERA NAPOLETANA

A Napoli la pastiera è un collante sociale: un mio amico, napoletano doc, la prepara per Pasqua, ne fa dei quintali che impacchetta in porzioni accettabili e regala a parenti (suoi e della moglie), amici (suoi e della moglie e genitori di quelli dei figli), vicini di casa, ne porta qualcuna in parrocchia… Impossibile, prima o poi, non riceverne una. E lì, la scoperta: i canditi si possono frullare. Li ho sempre odiati per via della loro consistenza gommosa ma non avevo mai osato modificare di una virgola la ricetta tradizionale di questo mostro sacro della pasticceria. Ma se un vero napoletano lo fa, allora… Qua, naturalmente, trovate la ricetta classica, la variante consiste semplicemente nel frullare i canditi e utilizzarli come indicato.

Difficoltà: ★★ **Cottura:** 60' **Preparazione:** 30' **Dosi:** 10 persone

PER IL RIPIENO
Acqua di fiori d'arancio: 25 g
Arance candite: 50 g
Burro: 30 g
Cannella: 1 cucchiaino
Cedro candito: 50 g
Limoni: 1 (scorza grattugiata)
Ricotta: 350 g (½ di pecora, ½ di mucca)
Uova: 3 + 2 tuorli
Vanillina: 1 bustina
Zucchero: 350 g
Grano precotto: 250 g
Latte: 200 g

PER LA PASTA FROLLA (550 g CIRCA)
Burro: 125 g
Farina: 250 g
Uova: 1 + 1 tuorlo
Vanillina: 1 bustina
Zucchero: 100 g
Limone: 1 (scorza grattugiata)
Sale: 1 pizzico

1 Preparate la pasta frolla con le dosi indicate qui accanto, secondo la ricetta di pagina 284. Una volta pronta, fatela rassodare in frigorifero per circa 40 minuti, avvolta nella pellicola.

2 Nel frattempo dedicatevi alla crema di grano: in una pentola versate il grano precotto, il latte, il burro e la buccia grattugiata del limone e fateli bollire a fuoco dolce, mescolando. Otterrete una crema densa, che dovrete versare in una ciotola capiente e lasciar intiepidire.

3 Intanto, in un mixer, frullate 2 uova insieme ai tuorli, allo zucchero, alla ricotta, all'acqua di fiori d'arancio, alla vanillina e alla cannella finché non risulterà una crema fluida e senza grumi.

4 Stendete la pasta frolla, tenendone da parte una piccola quantità. Con la sfoglia ottenuta foderate una teglia rotonda di 28 cm di diametro, che avrete precedentemente imburrato.

5 Quando la crema di grano si sarà intiepidita unite la crema di ricotta e amalgamate, poi aggiungete il cedro e l'arancia canditi. Mescolate bene, poi versate il ripieno nella teglia e, nel caso i bordi della frolla siano più alti della crema, pareggiateli.

6 Con la pasta tenuta da parte ricavate una sfoglia non troppo sottile dalla quale taglierete con una rotella dentellata delle strisce larghe 1,5-2 cm, che vi serviranno per decorare la sommità della pastiera disponendole a griglia. Spennellate le striscioline con un uovo sbattuto e infornate la pastiera a 180°. Dopo circa 1 ora, quando la superficie sarà dorata, estraetela e lasciatela raffreddare. A quel punto, copritela e tenetela in frigorifero tutta la notte, poi sformatela delicatamente, mettetela su di un piatto da portata e spolverizzatela con dello zucchero a velo prima di servirla.

Il consiglio di Sonia:

"La pastiera andrebbe preparata con qualche giorno di anticipo, per permettere agli aromi di amalgamarsi nel suo inconfondibile sapore e far sì che il dolce si compatti a dovere."

DOLCI
PROFITEROLE AL CIOCCOLATO

Il problema è smettere di mangiarli! I profiterole sono uno dei dolci più goduriosi e scenografici in assoluto: la piramide ricoperta di cioccolata nutre gli occhi prima ancora della pancia. Il vero valore aggiunto – oltre che il vero divertimento – è fare in casa i bignè: al supermercato o dal panettiere se ne trovano di accettabili, ma hanno sempre un retrogusto di polistirolo… So che la preparazione sarà più lunga, ma ne varrà la pena: pensate a quando potrete dire, con orgoglio, a chi vi domanderà: «Ma l'hai fatto tu?», «Certo, che ci vuole?».

Difficoltà: ★ ★   **Cottura: 30'**   **Preparazione: 60'**   **Dosi: 12 persone**

PER 60 BIGNÈ
Acqua: 200 ml
Burro: 100 g
Farina: 130 g
Sale: 1 pizzico
Uova (medie): 4
Zucchero: 5 g

PER LA CREMA CHANTILLY
Panna fresca: 500 ml
Zucchero a velo: 2 cucchiai rasi

PER LA RICOPERTURA
Cioccolato fondente: 400 g
Latte fresco: 20 ml
Panna fresca: 500 ml

1 Per realizzare i bignè seguite la ricetta a pagina 286, con le dosi indicate qui accanto. Quando saranno freddi, praticate un foro sulla base di ciascuno con un oggetto sottile (il manico di un cucchiaino andrà benissimo), così che la bocchetta della sac à poche possa penetrarvi.

2 Preparate quindi la crema Chantilly mettendo in una ciotola capiente 500 ml di panna fresca ben refrigerata: montate con lo sbattitore finché la panna non rimarrà attaccata alle fruste senza colare, quindi aggiungete lo zucchero a velo e sbattete qualche altro secondo. Riempite tutti i bignè e chiudeteli in un contenitore ermetico, che porrete in frigorifero.

3 Nel frattempo dedicatevi alla ricopertura di cioccolato: mettete in una casseruola la panna e il latte, quando sfioreranno il bollore aggiungete il cioccolato tritato. Mescolate fino a ottenere un composto liscio e privo di grumi che farete addensare in frigorifero. A quel punto, tuffate i bignè, uno alla volta, nella crema, ricopriteli completamente, fateli scolare e disponeteli in un piatto formando prima la base della piramide che andrete a costruire, poi innalzandovi man mano con strati sempre più stretti. Se dovesse avanzare della crema al cioccolato, versatela a ricoprire l'intera piramide, che guarnirete con fiocchetti di panna montata.

4 Se non desiderate gustare i profiterole immediatamente, metteteli in frigorifero ed estraeteli 15 minuti prima di servirli.

Il consiglio di Sonia:

" Per variare il ripieno dei bignè, al posto della crema Chantilly potete utilizzare la crema pasticcera, da preparare secondo la ricetta di pagina 280. "

DOLCI
SALAME DI CIOCCOLATO

Mani in pasta

L'incapacità in cucina non esiste, è un'invenzione dei pigri e di chi ha paura di sperimentarsi. Non è necessario essere né chef stellati né donne immolate alla cura della casa né, tanto meno, cultori della gastronomia più raffinata per mettere a tavola una famiglia o per togliersi qualche sfizio – tutte cose che, alla fine, riempiono di soddisfazione. Bastano un po' di attenzione, una spesa ben fatta e qualche ricetta di quelle giuste, semplici nella preparazione e straordinarie nel risultato. Prendete il salame al cioccolato: un dolce da leccarsi i baffi, e non serve nemmeno il forno!

Difficoltà: ★   **Preparazione: 30'**   **Dosi: 8 persone**

Biscotti secchi: 300 g
Burro: 150 g
Cioccolato fondente: 200 g
Rum: 2 cucchiai
Uova: 2
Zucchero: 100 g

Il consiglio di Sonia:

" I biscotti più indicati in questo caso sono quelli secchi, che non appesantiranno un dolce già abbastanza saporito e calorico. Ricordate che il burro deve essere freschissimo e di ottima qualità, poiché influenzerà moltissimo il gusto del salame. Inoltre, se preferite non utilizzare alcol, potete sostituire il rum con l'aroma al rum (o altro), che troverete in fialette al supermercato. "

1 Sbriciolate grossolanamente i biscotti secchi in una ciotola capiente. Sciogliete quindi a bagnomaria il cioccolato fondente, che mescolerete finché non sarà cremoso e senza grumi, poi lasciatelo raffreddare.

2 Nel frattempo lavorate il burro a temperatura ambiente con uno sbattitore, così che diventi una crema, nella quale incorporerete via via lo zucchero, le uova, il cioccolato ormai freddo e il rum. Versate il composto nella ciotola dove avete sbriciolato i biscotti e amalgamate. Avete ottenuto l'impasto per il salame di cioccolato: ora sta a voi decidere se volete utilizzarlo tutto per fare un grosso salame, oppure dividerlo in più salamini.

3 Per conferire al dolce la classica forma cilindrica, arrotolate l'impasto in un foglio di carta da forno, che avvolgerete poi nella carta stagnola. Dopo 3 ore in frigorifero, il salame sarà pronto per essere servito, a fette oppure intero.

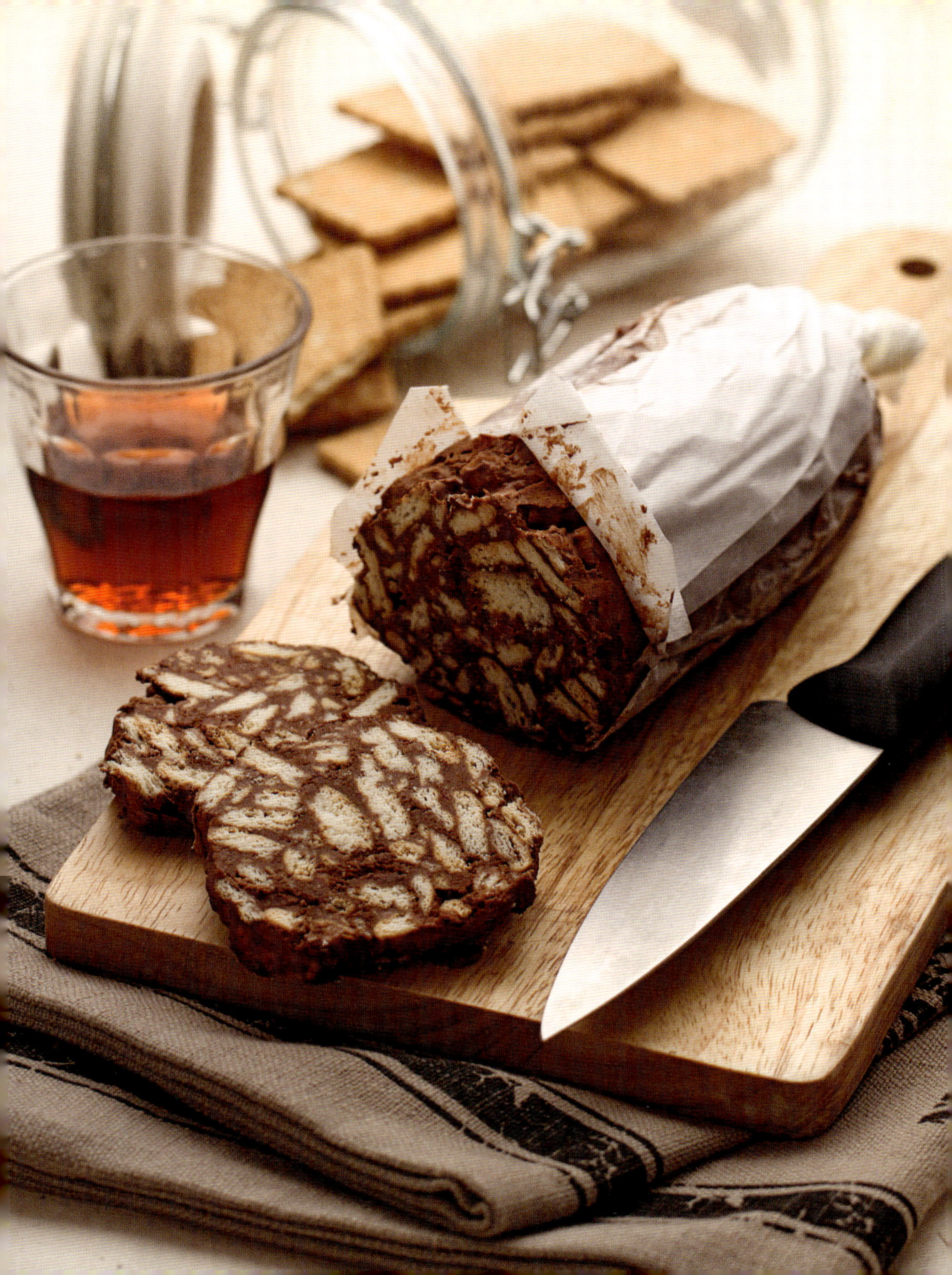

DOLCI
STRUDEL DI MELE

Momenti cruciali

Quando ho deciso di mollare la scrivania per trasferirmi – io e la mia cucina – in quello spazio che si cela dentro le nostre linee Adsl ero felice. E terrorizzata. Una notte mi sono svegliata in preda al panico: e se fosse andata male? E se non fossi stata all'altezza? Al decimo "E se…" dovevo impegnare la testa in qualche cosa di costruttivo, così mi sono messa a fare lo strudel, con la pasta sfoglia. A mattina inoltrata me ne sono finalmente tagliata una fetta: dentro c'era la mia infanzia, la mia terra, gli insegnamenti di mia nonna, anni di dedizione per imparare a farlo come lei. C'era la mia passione per le cose che cambiano forma, il mio amore per il cibo. C'ero io. Allora sì, ho capito che quella era la mia strada, la mia scelta, e che era ora di farla.

Difficoltà: ★★   Cottura: **40'**   Preparazione: **70'**   Dosi: **6** persone (2 strudel)

PER LA PASTA
Acqua tiepida: 100 ml
Farina: 250 g
Olio: 2 cucchiai
Sale: 1 pizzico
Uova (grandi): 1

PER IL RIPIENO
Burro: 100 g
Burro liquefatto: 100 g
Cannella in polvere: 2 cucchiaini
Limoni: 1 (scorza grattugiata)
Mele Golden: 1,5 kg
Pangrattato: 150 g
Pinoli: 50 g
Rum: 4 cucchiai
Uvetta sultanina: 100 g
Zucchero: 120 g

PER LA RICOPERTURA
Zucchero a velo: q.b.

1 Versate la farina a fontana su di una spianatoia (o in una ciotola) e unite l'uovo, il sale e l'olio. Impastate energicamente aggiungendo lentamente l'acqua, quanto basta per rendere la pasta consistente, liscia ed elastica. Quando avrete finito, formate una palla, ungetela con dell'olio, copritela con la pellicola trasparente e lasciatela riposare per mezz'ora al fresco.

2 Intanto mettete a bagno l'uvetta nel rum, o se preferite, in acqua tiepida, e tostate il pangrattato nel burro.

3 Sbucciate quindi le mele, togliendo il torsolo, e tagliandole prima in quattro spicchi, poi a fettine sottili. In una ciotola capiente le mescolerete con l'uvetta strizzata, la cannella in polvere, lo zucchero, i pinoli e la buccia grattugiata del limone. Quando gli ingredienti saranno mischiati, lasciate riposare.

4   Accendete il forno a 200°. Dividete la pasta in due parti uguali e con il mattarello stendetela per il lungo (come un rettangolo) su di un canovaccio infarinato. Dovete cercare di ottenere una sfoglia sottile come un foglio di carta. Una volta che l'avrete tirata al massimo utilizzate le mani per allargarla fino a renderla quasi trasparente. Ungete una sfoglia con metà del burro liquefatto, lasciando tutto intorno un bordo di 2-3 cm, e cospargetela con metà del pangrattato tostato precedentemente nel burro, sul quale adagerete metà del composto di mele. Arrotolate lo strudel dalla parte più lunga, aiutandovi con il canovaccio per non rompere la pasta. Sigillatelo anche sui lati, affinché il contenuto non esca durante la cottura.

5   Ponete il rotolo in una teglia imburrata (o sulla carta da forno) con la chiusura rivolta verso il basso e, prima di infornarlo a 200° per circa 40 minuti, irroratelo con un po' di burro fuso. A cottura ultimata, cospargetelo di zucchero al velo e servitelo ancora tiepido, tagliato a fette.

Il consiglio di Sonia:

"Lo strudel si può preparare anche con la pasta sfoglia (vedi pagina 288), ma la versione tradizionale della ricetta prevede la pasta apposita che ho indicato in queste pagine. Se volete arricchire la presentazione del vostro dolce, accompagnatelo, sempre tiepido o caldo, con della panna semimontata spolverizzata di cannella."

DOLCI
TORTA RUSTICA DI MELE

Il giorno che indiremo il contest "La torta più veloce da preparare" scommetto che questa sarà in lizza per la vittoria. Il procedimento consiste nel mescolare gli ingredienti in un mixer, nell'incorporarne alcuni a mano e poi nell'infornare: 20 minuti netti, forse anche meno. Eppure i bambini mi ringrazieranno. Ma anche i fidanzati e i mariti che, al mattino, troveranno una morbida fetta di torta; i figli che, tornati da calcio-danza-tennis per merenda non riceveranno i tre euro da spendere al forno sotto casa… E voi, che riceverete complimenti da tutti. Potrei continuare, ma la lista sarebbe lunghissima, quindi mano alle mele.

Difficoltà: ★ **Cottura:** 60' **Preparazione:** 20' **Dosi:** 8 persone

Mele Golden: 700 g
Burro: 100 g
Zucchero: 200 g
Farina: 200 g
Uova: 2
Latte: 200 ml
Lievito chimico: 1 bustina
Limoni: 1 (scorza e succo)
Cannella: 1 cucchiaino
Vanillina: 1 bustina
Sale: q.b.

PER COSPARGERE
Cannella: q.b.
Zucchero a velo: q.b.

Il consiglio di Sonia:

"Se volete arricchire questa torta, potete aggiungere all'impasto dei pinoli e/o dell'uvetta passita."

1 Sbucciate le mele, levate il torsolo, tagliatele in quattro parti e affettatele, quindi mettetele a riposare in una ciotola con il succo del limone, affinché non anneriscano.

2 Versate nel mixer le uova, lo zucchero, il burro precedentemente sciolto a bagnomaria, la scorza grattugiata del limone, la cannella e il latte e frullate fino a ottenere un composto liscio e omogeneo. Potete svolgere questa operazione anche con delle fruste o uno sbattitore, ma correreste il rischio che il burro si divida, formando dei grumi: nel mixer questo non succederà. Versate il composto in una ciotola e incorporate la bustina di lievito e quella di vanillina, la farina e ¼ di cucchiaino di sale, preventivamente setacciati. Unite quindi le mele dopo averle sgocciolate, sparpagliandole.

3 Versate il tutto in una tortiera di 24 cm di diametro, imburrata e infarinata, poi infornate a 180° per circa 1 ora. Quando la torta sarà cotta, spolverizzatene la superficie di zucchero a velo misto a cannella, poi servite.

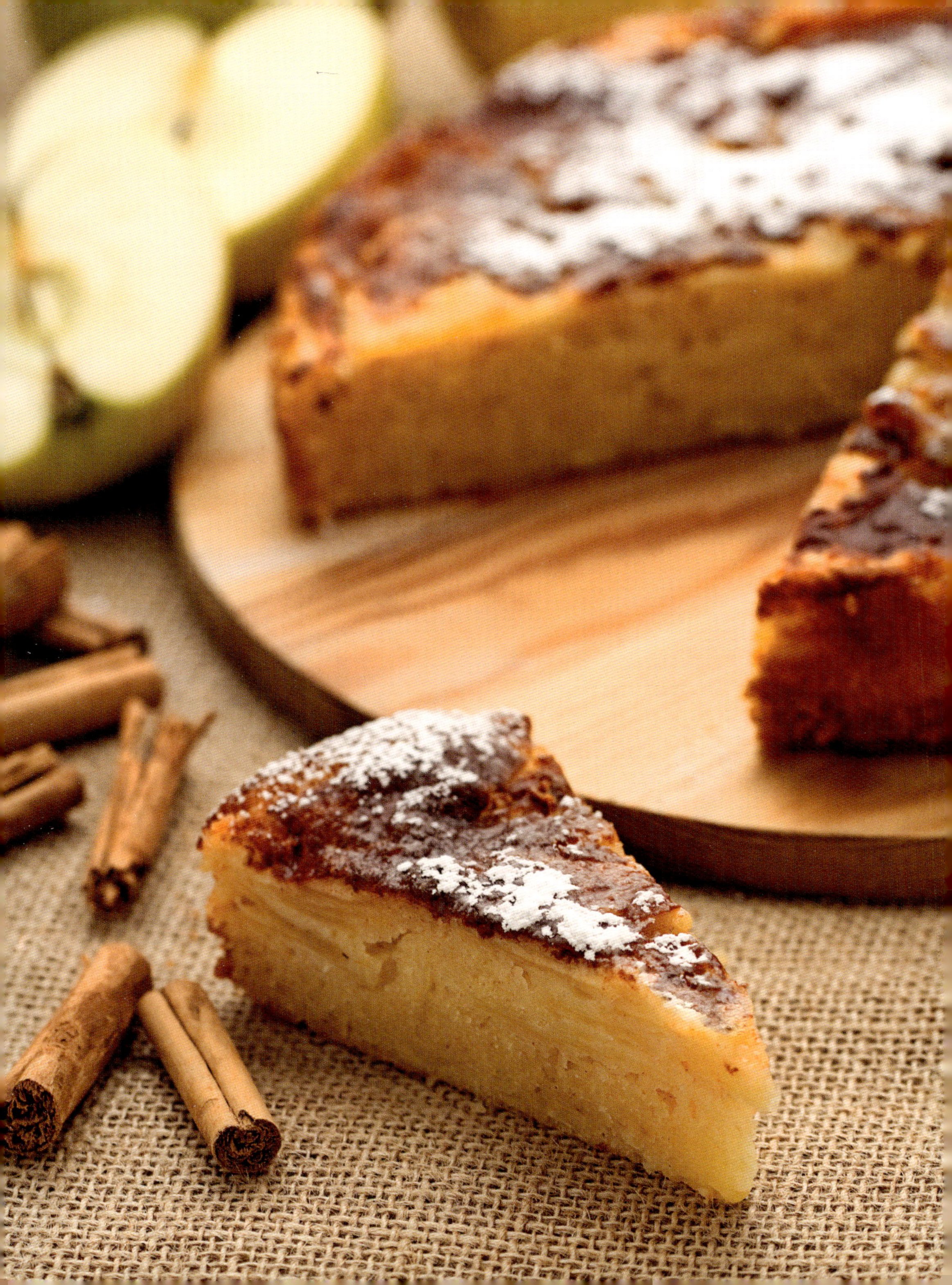

DOLCI
TIRAMISÙ

Cavallo di battaglia

Il tiramisù è uno dei miei cavalli di battaglia. Tutti in famiglia ne vanno pazzi, mia figlia Valentina ne ha mangiato talmente tanto che è diventata una vera cultrice della materia: ogni volta che la invitano a cena, ne prepara a tonnellate e torna sempre a mani vuote.
Il perfetto equilibrio di dolce e amaro e il fatto che quello preparato la sera prima sia ancora più compatto e voluttuoso fanno del tiramisù il dolce ideale da servire in chiusura di una cena tutta italiana. Io sono una grandiosa e mi piace presentare in tavola un'unica teglia gigantesca, spolverizzata di fresco con il cacao amaro almeno quanto il caffè della moka, però trovo efficace e scenografica anche la presentazione di tante pirottine monoporzione.

Difficoltà: ★ **Preparazione**: **40'** **Dosi**: **8 persone**

Cacao in polvere: q.b.
Caffè: q.b.
Cioccolato in scaglie: q.b.
Mascarpone: 500 g
Uova (medie): 6
Zucchero: 120 g + 2 cucchiai
Savoiardi: 400 g
Sale: q.b.

1 Preparate il caffè con la moka (quanto basta per inzuppare i savoiardi) e versatelo in una ciotola. Zuccheratelo a piacere, poi lasciatelo intiepidire.

2 Montate i tuorli delle uova insieme a metà dello zucchero. Ricavate poi dal mascarpone una crema senza grumi con uno sbattitore (o un cucchiaio di legno) e unite i due composti. Montate quindi gli albumi a neve ferma con un pizzico di sale, aggiungete la restante metà dello zucchero e, con un mestolo, unite tutto delicatamente: la crema del tiramisù è pronta.

3 Bagnate i savoiardi nel caffè (non dovranno essere completamente zuppi) e adagiateli in una teglia, poi ricopriteli con uno strato di crema, che livellerete con una spatolina prima di spolverizzarla con il cacao. Passate al secondo strato di savoiardi, da disporre perpendicolarmente ai primi, spalmate la crema restante, livellatela e spolverizzate nuovamente di cacao, aggiungendo una manciata di scaglie di cioccolato. Riponete in frigo per qualche ora prima di servire.

Il consiglio di Sonia:

"Siccome non vengono cotte, è molto importante verificare la freschezza delle uova mettendole in una bacinella piena d'acqua: se l'uovo si adagia sul fondo significa che è fresco. Per dare un sapore più deciso al tiramisù potete correggere il caffè con mezzo bicchierino di liquore, meglio se rum, marsala all'uovo o liquore al caffè."

DOLCI
TORTA AL CAFFÈ

Il caffè non è roba per signorine. Volevo una torta da uomini duri, che avesse lo stesso appeal del tiramisù e la stessa morbidezza delle torte al cioccolato (a guardar bene, infatti, gli uomini duri di solito hanno un cuore tenero), ho provato e riprovato finché non ho ottenuto il connubio perfetto: caffè e farina di nocciole tostate. Se preferite un sapore più delicato, usate la farina di mandorle. Dato che richiede una lunga preparazione, anche piuttosto complessa, ammetto che bisogna essere piuttosto motivati, però ne vale assolutamente la pena: con le dosi indicate otterrete una torta imperiale, bella da vedere e importante, una torta da occasioni speciali.

Difficoltà: ★★★ **Cottura:** 60' **Preparazione:** 240' **Dosi:** 10 persone

PER LA BASE
Zucchero: 220 g
Farina di nocciole: 150 g
Farina 00: 75 g
Fecola di patate: 75 g
Burro: 250 g
Uova (medie): 6
Caffè solubile: 10 g
Lievito in polvere: 1 bustina

PER LA CREMA AL CAFFÈ
Latte: 500 ml
Burro: 250 g
Zucchero semolato: 200 g
Uova (medie): 4 tuorli
Colla di pesce: 20 g
Caffè solubile: 20 g
Panna fresca: 500 ml
Zucchero a velo: 50 g

PER LA BAGNA AL CAFFÈ
Caffè solubile: 10 g
Acqua calda: 100 ml
Zucchero: q.b.

1 Cominciate dalla base, lavorando il burro a crema soffice assieme a 100 g di zucchero semolato. Unite quindi i tuorli uno alla volta, senza smettere di sbattere, e infine il caffè solubile, che avrete precedentemente disciolto in un cucchiaio di acqua bollente. Montate gli albumi a neve e, sempre sbattendo, aggiungete poco alla volta il restante zucchero.

2 Versate il composto di burro e tuorli in una ciotola capiente dove unirete la farina di nocciole tostate, la farina 00, la fecola e il lievito setacciati; ammorbidite il tutto con due cucchiaiate di albumi montati, poi inglobate delicatamente anche il resto degli albumi. Versate il tutto in una tortiera di 24 cm di diametro preventivamente imburrata e infarinata e infornate a 180° per 45-50 minuti (fate la prova con lo stecchino per verificare la cottura). Sfornate la base quando sarà cotta e sformatela una volta tiepida.

3 Nel frattempo preparate la crema al caffè. Mettete a bagno in acqua molto fredda la colla di pesce finché non sarà ammorbidita e versate in un tegame il latte e i tuorli. Portate a sfiorare il bollore, poi aggiungete lo zucchero semolato, la colla di pesce strizzata, il caffè solubile e il burro a cubetti, quindi mischiate, fate sobbollire per 2 minuti, spegnete il fuoco e versate la crema in un contenitore largo e basso. Coprite la crema con la pellicola, facendola aderire alla superficie: eviterete che si rapprenda. Mettetela in frigorifero a raffreddare e addensare per 3-4 ore. Quando la crema sarà fredda, gelatinosa e compatta, passatela con le lame di un mixer per farla tornare cremosa (se ci fossero grumi, usate un setaccio) e mischiatela delicatamente con la panna, montata con lo zucchero a velo, quindi mettete il composto in frigorifero per almeno mezz'ora.

4 Sciogliete quindi il caffè solubile in 100 ml di acqua bollente (oppure preparate 100 ml di caffè con la moka) e addolcitelo con lo zucchero (quantità a piacere). Lasciate raffreddare la bagna.

5 Tagliate la base della torta a metà e inzuppate la superficie inferiore con metà della bagna, poi spalmatevi abbondante crema e coprite con l'altra metà della base, la cui superficie inzupperete con la restante bagna. Ricoprite tutta la torta di crema. Con quella che avanzerà, potete riempire una sac à poche e decorare il dolce, che dovrete lasciare in frigorifero fino al momento di servirlo.

DOLCI
TORTA CAPRESE

Dopo averla assaggiata non potrete non provare a rifarla con le vostre mani. Io sono stata praticamente costretta a imparare da mia figlia Laura, che la adora. Bassa e croccante all'esterno e morbida dentro grazie alla montatura a neve dei bianchi d'uovo, la torta caprese a Napoli vuol dire "pasticceria": esistono addirittura due scuole di pensiero sulla grandezza che le mandorle debbono avere!

Se volete servirla a chiusura di una cena, bilanciate con cura il menu: la caprese fa una gran figura, ma è un dolce decisamente sostanzioso ed evitare che gli ospiti "rotolino" a casa è un must di qualsiasi padrone di casa.

Difficoltà: ★ **Cottura: 60'** **Preparazione: 20'** **Dosi: 8 persone**

Burro: 250 g
Cioccolato fondente: 250 g
Mandorle pelate: 300 g
Uova (grandi): 5
Zucchero: 200 g

PER COSPARGERE
Zucchero a velo: q.b.

1 Se le mandorle non sono già pelate, scottatele nell'acqua bollente per 1 minuto, quindi scolatele ed eliminate la buccia. Fatele tostare leggermente nel forno a circa 200°, poi, quando saranno fredde, frantumatele non troppo finemente.

2 Spezzettate il cioccolato fondente e fatelo sciogliere a bagnomaria finché risulterà liscio e senza grumi, quindi lasciatelo intiepidire mescolando di tanto in tanto.

3 Con l'aiuto di un robot da cucina sbattete il burro (a temperatura ambiente) con metà dello zucchero e i tuorli delle uova, poi aggiungete il cioccolato, amalgamatelo e trasferite il composto in una ciotola capiente, dove verserete le mandorle spezzettate. A parte, montate gli albumi a neve ferma con lo zucchero rimanente, quindi incorporateli delicatamente nel composto, mescolando dal basso verso l'alto.

4 Imburrate una tortiera bassa del diametro di circa 24-26 cm e foderatela con la carta da forno prima di riempirla con l'impasto. Infornate a 180° per circa 1 ora. Trascorso il tempo necessario, estraete la torta e lasciatela raffreddare completamente, quindi sformatela su di un piatto da portata e spolverizzatela con lo zucchero a velo prima di servirla.

Il consiglio di Sonia:

" Questa torta è perfetta per i celiaci, perché non contiene glutine; attenti, però, allo zucchero a velo: alcuni potrebbero contenere tracce di glutine. "

DOLCI
TORTA DELLA NONNA

«Una delizia unica», come ha detto un'utente di Giallozafferano.it! Con la sua copertura di pinoli e il "coperchio" a chiudere il delicato ripieno di crema, la torta della nonna sembra quella che prepara Biancaneve per i sette nani. È una delle ricette più cercate, un vero classico molto raffinato che presenta due sole difficoltà: la crema non deve essere troppo liquida, altrimenti quando taglierete la torta si affloscerà, e la pasta frolla non troppo friabile, o correte il rischio che si crepi il "coperchio" o si sbricioli ai lati. Per ovviare a questi inconvenienti ho tentato decine di combinazioni di ingredienti: questa mi sembra quella giusta.

Difficoltà: ★ **Cottura:** 50' **Preparazione:** 30' **Dosi:** 10 persone

PER LA PASTA FROLLA
Burro: 200 g
Farina 00: 400 g
Sale: 1 pizzico
Uova: 4 tuorli
Zucchero a velo: 150 g

PER LA CREMA PASTICCERA
Farina: 80 g
Latte fresco: 1 litro
Uova: 8 tuorli
Vaniglia: 1 baccello
Zucchero: 250 g

PER LA RICOPERTURA
Pinoli: 120 g
Zucchero a velo vanigliato: q.b.

1 Per la pasta frolla fate riferimento al procedimento di pagina 284. Quando sarà pronta, datele la forma di un panetto basso, avvolgetela nella pellicola e mettetela a riposare in frigorifero per almeno 1 ora.

2 Nel frattempo preparate la crema pasticcera secondo il procedimento illustrato a pagina 280, attenendovi alle dosi di questa ricetta.

3 Mentre la crema si raffredderà in frigorifero, estraete la pasta frolla, prendetene circa due terzi e stendetela in un disco che possa foderare una tortiera del diametro di circa 24-26 cm, coprendone anche i lati. Imburrate e infarinate la tortiera e ricopritela con la pasta. Eliminatene l'eccesso passando il matterello sui bordi della tortiera, oppure tagliandolo a filo con un coltellino dalla lama liscia, poi bucherellate la frolla con i rebbi di una forchetta. Infine, versatevi la crema pasticcera.

4 Stendete la pasta restante ricavandone un cerchio dello stesso diametro della tortiera, quindi srotolatelo sulla crema, chiudendo la torta, che andrete a sigillare facendone aderire i bordi con le dita. Bucherellate la superficie per evitare che si formino bolle durante la cottura, poi spennellatela con del latte o un po' di albume.

5 Distribuite quindi i pinoli, che aderiranno alla frolla, quindi infornate a 180° per circa 45-50 minuti. A quel punto, estraete la torta e lasciatela raffreddare. Prima di servirla spolverizzatela con abbondante zucchero a velo vanigliato. Ricordatevi di conservarla in frigorifero.

Il consiglio di Sonia:

> Sformare la torta della nonna non è la cosa più semplice che possa capitare di fare… Il mio consiglio è di utilizzare uno stampo a cerchio apribile; se non l'avete, ricoprite la tortiera con la carta da forno lasciando che fuoriesca, così da poterla poi utilizzare per estrarre comodamente la torta.

DOLCI
TORTA MIMOSA

Mai avrei immaginato, quando ho scelto Internet come mezzo di comunicazione, che non solo sarei "entrata nelle cucine della gente", ma che la gente mi avrebbe pure raccontato di sé, che cosa prepara, per chi. Ho fatto scoperte sensazionali, come che una bella schiera di virtuosi mariti in occasione della festa della donna dedica un pomeriggio a preparare la torta mimosa. «È divertente» dicono. Giusto: talmente divertente che sull'onda dell'entusiasmo abbiamo addirittura organizzato un contest sul tema. Decine di persone ci hanno mandato foto e ricette personalizzate, e allora è stato il mio turno di imparare.

Difficoltà: ★★★   **Cottura:** 60'   **Preparazione:** 30'   **Dosi:** 10 persone

PER IL PAN DI SPAGNA
Farina: 200 g
Fecola di patate: 40 g
Uova: 4 + 8 tuorli
Zucchero: 220 g
Sale: q.b.
Vaniglia: 1 baccello

PER LA CREMA PASTICCERA
Farina: 55 g
Latte fresco intero: 300 ml
Panna fresca liquida: 300 ml
Uova: 8 tuorli
Vaniglia: ½ bacca
Zucchero: 200 g

PER LA BAGNA AL LIQUORE
Acqua: 100 ml
Cointreau: 50 ml
Zucchero: 50 g

PER LA PANNA MONTATA
Panna liquida fresca: 200 ml
Zucchero a velo: 20 g

1 Per fare questa torta avrete bisogno di due dischi di pan di spagna larghi circa 22 cm. Seguite quindi le dosi indicate a fianco, dimezzandole se avete un forno solo e siete quindi costretti a cuocere un pan di spagna per volta. Ripetete quindi per due volte il procedimento indicato a pagina 282. Mentre i pan di spagna si raffreddano, dedicatevi alla crema pasticcera, secondo la ricetta di pagina 280. Quando sarà pronta, fatela raffreddare in un recipiente basso, largo e freddo, coprendola a pelle con la pellicola.

2 Preparate la bagna, facendo sciogliere in un pentolino lo zucchero assieme all'acqua e al liquore, quindi fate raffreddare. Montate la panna ben fredda con uno sbattitore: non appena comincerà a gonfiare unite lo zucchero a velo e portate a termine la montatura, poi mettete il tutto in frigorifero. Quando la crema pasticcera sarà fredda mettetela in una ciotola, ammorbiditela lavorandola con una spatola e unite delicatamente la panna montata, tranne due cucchiaiate che terrete da parte.

3 I pan di spagna dovrebbero essere freddi a sufficienza per eliminarne la parte scura esterna. Con un coltello dalla lama lunga incidete orizzontalmente uno dei due, ricavandone tre dischi di uguale spessore, mentre dall'altro tagliate delle fette dello spessore di 1 cm, che poi sezionerete in 3 striscioline da ridurre successivamente in cubetti.

4 È il momento di assemblare la torta – se l'avete, avvaletevi di un cerchio di acciaio regolabile. Inzuppate con la bagna il primo disco di pan di spagna, poi stendete un velo di panna montata zuccherata e, infine, uno strato di circa 1 cm di crema pasticcera mista a panna. Posate quindi il secondo disco e ripetete tutto da capo. Arrivati al terzo disco, sfilate il cerchio d'acciaio e ricoprite superficie e lati della torta con la crema avanzata. Passate quindi alla decorazione, facendo aderire i cubetti di pan di spagna alla crema, che fungerà da collante. Mettete quindi la torta in frigorifero, meglio se coperta da una campana di vetro o plastica.

DOLCI
TORTA PARADISO

Goduriosissima nella sua semplicità, quando l'ho preparata a Giallozafferano la torta paradiso è durata meno di mezz'ora (dopo che l'abbiamo fotografata). Tutta questa voluttà, però, ha un prezzo, e quel prezzo sono le migliaia di calorie date dalla quantità abominevole di uova necessaria per prepararla. Più grassa è, più sarà friabile e spumosa. Ho provato tanto a ridurle, ma non ci sono paragoni (né soluzioni). Lo so, il nome, "paradiso", inganna, ma non c'è niente da fare. Bisogna scegliere: una colazione impareggiabile o il giro vita. Io suggerisco un compromesso: a settimane alterne, una o l'altro.

Difficoltà: ★   **Cottura:** 50'   **Preparazione:** 20'   **Dosi:** 10 persone

Burro: 300 g
Farina 00: 150 g
Fecola di patate: 150 g
Lievito chimico in polvere: 1 bustina
Limoni: 1 (scorza grattugiata)
Uova: 8 tuorli e 4 albumi
Vanillina: 1 bustina
Zucchero: 300 g
Sale: 1 pizzico

PER COSPARGERE
Zucchero a velo: 2 cucchiai

1 Accendete il forno a 180°. Separate i tuorli dagli albumi, tenendo 4 di questi ultimi da parte.

2 Mettete in una ciotola capiente o all'interno di un mixer il burro, metà dello zucchero e la vanillina e mescolate a crema. Amalgamate poi gli 8 tuorli uno alla volta, avendo cura di aggiungere il successivo solo quando il precedente sia stato completamente incorporato (nel mixer potete mettere tutto assieme). Quando avrete ottenuto un composto chiaro, cremoso e senza grumi, unite la buccia grattugiata del limone, la farina setacciata con la fecola di patate e il lievito in polvere.

3 In un altro recipiente dai bordi alti, montate a neve i 4 albumi con un pizzico di sale poi, continuando a sbattere, aggiungete la metà avanzata di zucchero. Incorporate delicatamente gli albumi al composto precedente, mescolando dal basso verso l'alto per incamerare aria.

4 Imburrate e infarinate una tortiera (se l'avete, uno stampo a cerchio apribile) del diametro di 28 cm e versatevi l'impasto. Infornate a 180° per almeno 50 minuti. Verificate la cottura con uno stuzzicadenti: se lo estrarrete completamente asciutto la torta sarà cotta e pronta per essere sfornata. Quando si sarà raffreddata, disponetela su un piatto da portata e cospargetela di abbondante zucchero a velo vanigliato.

DOLCI
TORTA DI PERE E CIOCCOLATO

Latin Lover

Da quando esistono le pere alla Belle Helène, il connubio tra i sapori del cioccolato amaro e delle pere è considerato – ed è – raffinato e sensuale. La fantasia degli chef, negli anni, lo ha reso un must della cucina contemporanea, e anch'io non potevo astenermi dal dire la mia. Vi svelo il mio segreto: cuocere le pere nel moscato, che le rende aromatiche, ne esalta il gusto e darà alla torta il tocco peccaminoso che mancava. Il risultato è seducente al punto che ha fatto crollare una irriducibile parente della mia amica Enrica: dopo anni di angherie, lei le ha preparato questa torta, nel tentativo di blandirla, e, incredibile ma vero, il miracolo è avvenuto. Non dico che sia una pozione magica, ma forse…

Difficoltà: ★ **Cottura:** 40' **Preparazione:** 30' **Dosi:** 8 persone

Amaretti: 100 g
Burro: 170 g
Cioccolato fondente: 200 g
Farina: 200 g
Lievito chimico: 1 bustina
Pere (coscia): 7 (circa 700 g)
Uova: 4
Moscato: 350 ml circa
Zucchero: 100 g

PER SPOLVERIZZARE
Zucchero a velo: q.b.

1 Sbucciate le pere, tagliatele a quarti, togliete i semi e il torsolo, poi lasciatele marinare nel vino per almeno 20 minuti, oppure adagiatele in un tegame largo senza sovrapporle, versate a filo il moscato e fate cuocere a fuoco allegro, fino alla completa evaporazione del liquido di cottura. Nel frattempo tritate il cioccolato fondente e scioglietelo a bagnomaria, aggiungendo 100 g di burro a pezzetti: mescolate per sciogliere il tutto e lasciate intiepidire.

2 In un mixer sbattete il restante burro con lo zucchero e i tuorli, fino a ottenere una bella crema liscia e chiara, nella quale incorporerete il cioccolato fuso ormai tiepido. Versate il composto in una ciotola capiente e mescolatevi gli amaretti sbriciolati finemente, la farina e il lievito setacciati. Montate gli albumi a neve ferma: una volta pronti, amalgamatevi il resto dello zucchero sbattendo per qualche secondo. Unite delicatamente gli albumi al composto, muovendo il cucchiaio dal basso verso l'alto, per incorporare aria.

3 Dividete quindi l'impasto in due parti. Versate la prima metà in una tortiera imburrata e infarinata del diametro di 22-24 cm, proseguite con uno strato di pere e, infine, coprite tutto con il resto della preparazione. Infornate la torta a 180° per almeno 40 minuti. Una volta pronta, lasciatela raffreddare nella tortiera circa 10 minuti, così che non si afflosci, quindi sformatela e spolverizzatela con dello zucchero a velo. Servitela tiepida o fredda.

Il consiglio di Sonia:

" Se volete rendere il tutto ancora più dolce, potete sostituire il vino con il rum. Una variante interessante potrebbe comprendere l'aggiunta di fettine di mele o banane; un'altra l'esclusione degli amaretti, anche se conferiscono un sapore davvero particolare. "

DOLCI
TORTINO DI CIOCCOLATO CON CUORE FONDENTE

Chiunque sia la persona per la quale lo preparerete, potete essere sicuri che farà «oh!» alla vista di questo tortino. Tanti di voi si staranno dicendo: sarà un disastro infilare nel dolce cotto la crema di cioccolato caldo… Dimenticate sac à poche, siringhe e altre diavolerie: il cuore fondente è tutta questione di cottura. In altre parole: dentro rimane crudo, quindi cremoso, ma caldo, perché è stato in forno. Con un paio di accorgimenti (imburrare le pirottine e spolverizzarle con il cacao invece della farina prima di riempirle; guarnire con lo zucchero a velo) i vostri ospiti si chiederanno cosa di bello hanno fatto per ricevere tale libidinosa ricompensa!

Difficoltà: ★   **Cottura:** 12-15'   **Preparazione:** 15'   **Dosi:** 4 tortini

Burro: 80 g
Cacao in polvere: 10 g
Cioccolato fondente: 150 g
Farina: 20 g
Sale: 1 pizzico
Uova: 2 + 1 tuorlo
Vanillina: 1 bustina
Zucchero a velo: 90 g

PER RICOPRIRE GLI STAMPINI
Burro: q.b.
Cacao in polvere: 1 cucchiaio raso

PER SPOLVERIZZARE
Zucchero a velo: q.b.

1 Sciogliete a bagnomaria il cioccolato fondente spezzettato, poi aggiungete il burro tagliato a cubetti. Nel frattempo, sbattete in una ciotola capiente le uova con la vanillina e lo zucchero finché non avrete ottenuto un composto chiaro, gonfio e denso (con uno sbattitore elettrico ci vorranno circa 10 minuti). Quindi incorporate il cioccolato poi, in ultimo, unite la farina e il cacao setacciati con il pizzico di sale.

2 Quando gli ingredienti saranno ben amalgamati, imburrate e ricoprite di cacao in polvere gli stampini in alluminio, riempiteli per ¾ e infornateli a 180°. Dopo 12-15 minuti (non uno di più) togliete i tortini dal forno, lasciateli appena intiepidire e capovolgeteli su di un piatto da portata, cospargeteli di zucchero a velo e serviteli ancora caldi.

Il consiglio di Sonia:

" Il segreto della riuscita di questi tortini sta nella cottura: visto che si tratta di pochi, fondamentali minuti dai quali dipende l'effetto "cuore fondente", vi consiglio di provare a cuocere un tortino di prova, per testare il calore del forno e accertarvi della riuscita. "

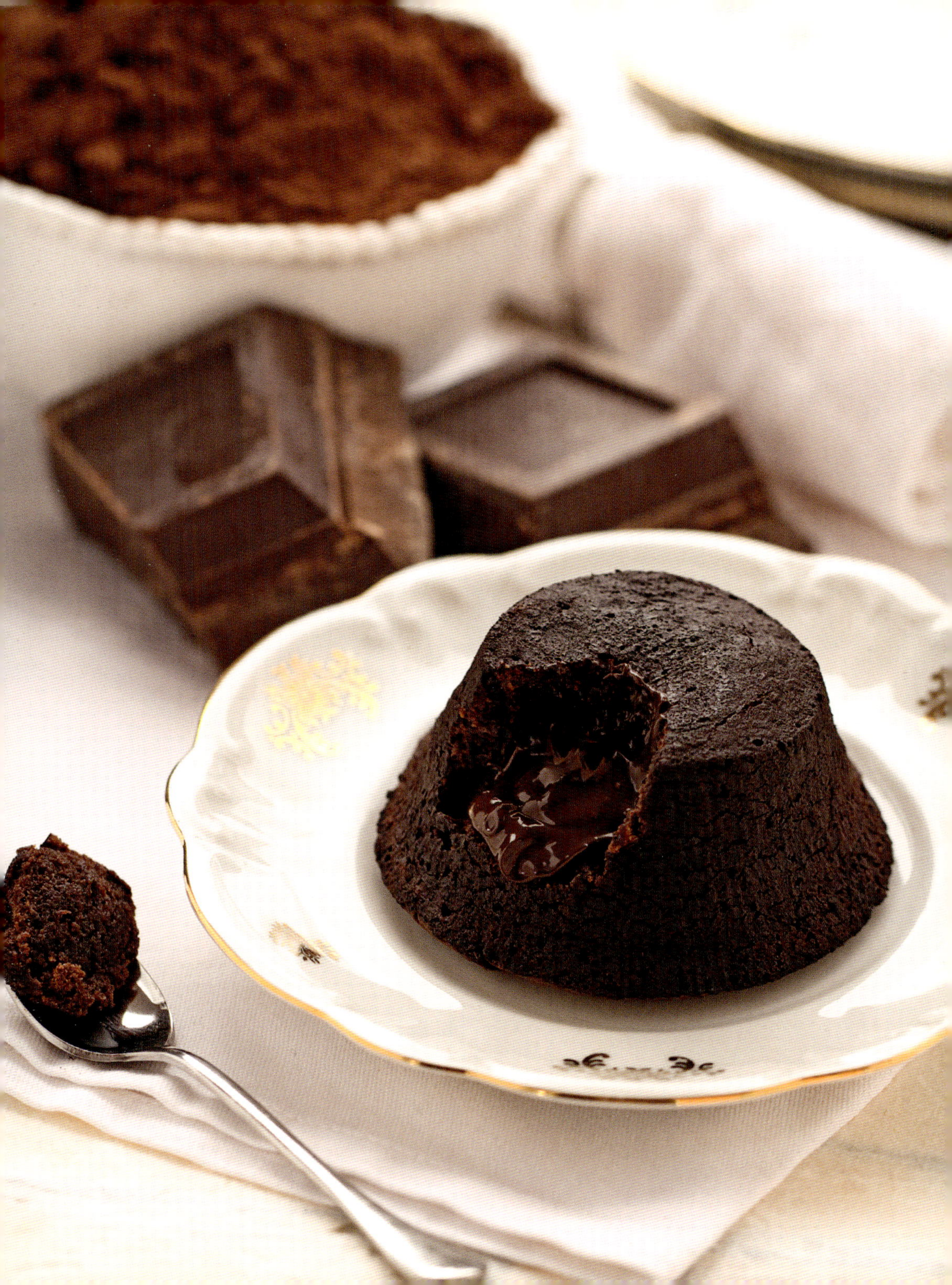

DOLCI
BISCOTTINI DI NATALE ALLE MANDORLE

Mani in pasta

Per i bambini solitamente Natale arriva con il calendario dell'Avvento, per me cominciava alla fine di settembre, quando mia nonna decideva che era ora di "mettersi avanti". Apriva le danze con questi biscottini spettacolari e semplicissimi da fare, anche (posso giurarlo) dai bambini. Oggi suona strano dirlo, ma io ci decoravo l'albero: ancora caldi, li bucavo con uno stecchino e ci passavo un filo dorato, poi mi toccava aspettare dicembre per appenderli insieme a mio fratello. Io adoro la glassa bianca (come il bianco Natale, questione di retaggio culturale) ma aggiungendo un po' di colorante potete preparavi una vera e propria tavolozza con la quale dipingere i biscotti.

Difficoltà: ★   Cottura: **6'**   Preparazione: **120'**   Dosi: **40** biscottini

Farina 00: 300 g
Farina di mandorle: 120 g
Zucchero: 120 g
Burro: 180 g
Uova (medie): 2 tuorli
Vaniglia: 1 bacca

PER LA GLASSA
Uova: 1 albume
Zucchero a velo: 120 g

1 Mettete in una ciotola capiente la farina 00, quella di mandorle, i tuorli, i semini della bacca di vaniglia, lo zucchero e il burro a cubetti. Amalgamate fino a ottenere un impasto omogeneo, con il quale formerete un panetto appiattito. Copritelo con della pellicola e mettetelo in frigorifero per almeno 1 ora.

2 Nel frattempo preparate la glassa con l'albume montato a neve e lo zucchero, da aggiungere lentamente continuando a sbattere: mettere il composto denso in una sac à poche munita di bocchetta fine e liscia.

3 Stendete l'impasto e formate una sfoglia alta 0,5 cm dalla quale ricaverete varie sagome natalizie, che infornerete a 180° per circa 6 minuti (dovranno rimanere chiare). Fate raffreddare e decorate con la glassa. Quando sarà asciutta, potrete servire i biscotti o conservarli in una scatola di latta.

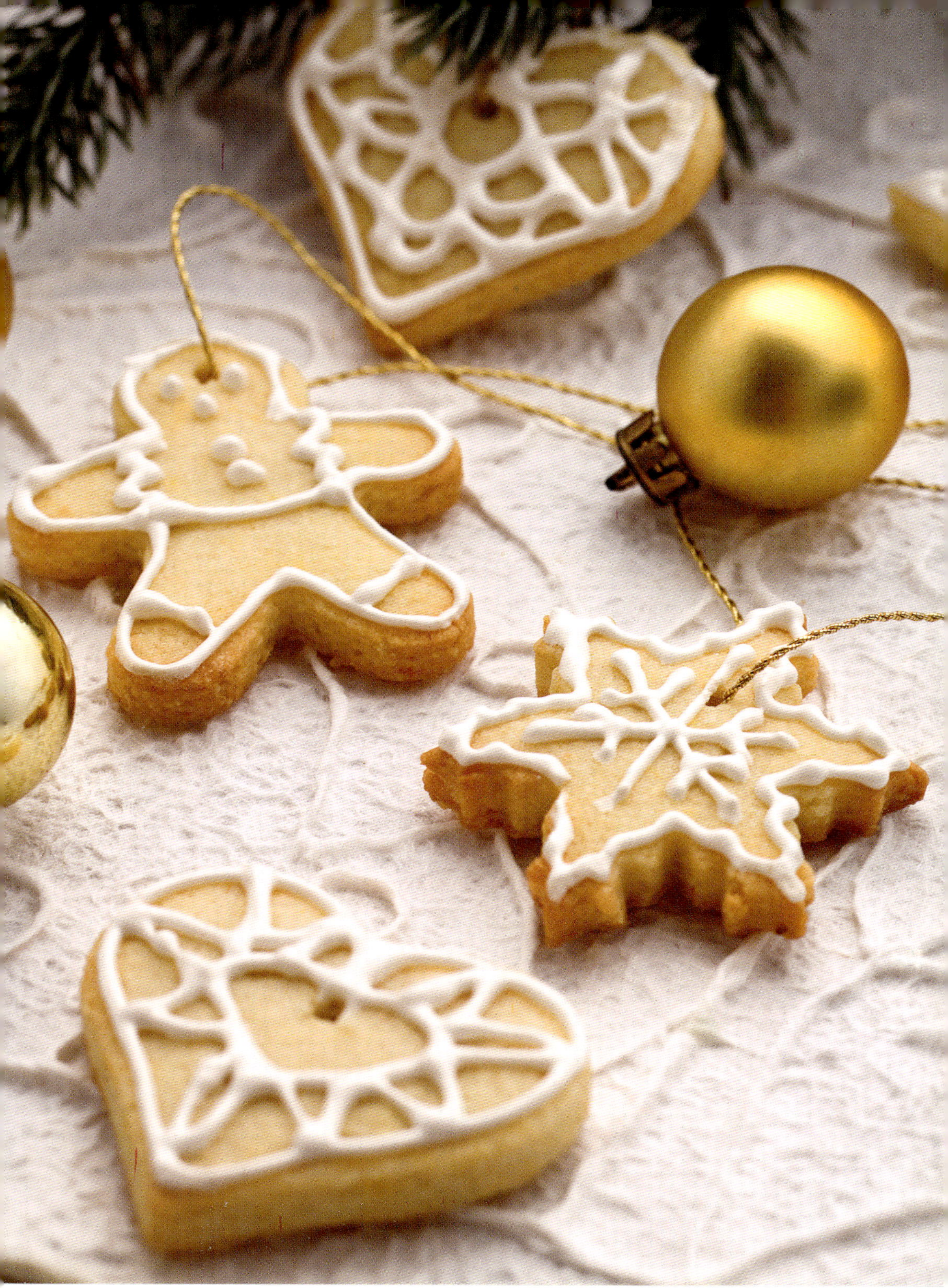

DOLCI
ROTOLO ALLA CREMA DI NOCCIOLE

Ecco una ricetta dalle mille declinazioni: il rotolo può essere farcito veramente con qualunque cosa. Qui lo propongo con una prelibata crema alla nocciola, che richiede anche una certa abnegazione nella preparazione, ma fidatevi: ne varrà assolutamente la pena.
L'unica, vera difficoltà di questa ricetta risiede nel tempo di cottura della pasta biscotto: visto che dovrete arrotolarla su se stessa, dovrà rimanere umida, quindi non lasciatela in forno più di 9 minuti. Con questo accorgimento e una certa qual delicatezza al momento del confezionamento, non potete fallire!

Difficoltà: ★★★ **Cottura:** 20' **Preparazione:** 120' **Dosi:** 1 rotolo (6 persone)

PER LA PASTA BISCOTTO
Farina: 120 g
Zucchero: 120 g
Uova: 4
Vanillina: 1 bustina
Burro: q.b.

PER LA CREMA DI NOCCIOLE
Latte: 250 ml
Burro: 125 g
Zucchero: 100 g
Uova: 2 tuorli
Colla di pesce: 10 g
Crema di nocciole: 3 cucchiai abbondanti
Cioccolato fondente: 50 g
Panna fresca: 250 ml

PER DECORARE
Granella di nocciole o pepite di cioccolato: q.b.

1 Per preparare la crema alle nocciole, mettete innanzitutto a bagno i fogli di colla di pesce in acqua fredda. Mentre si ammorbidiscono, ponete in una casseruola i tuorli, il latte e lo zucchero, e portate a sfiorare il bollore. Aggiungete la colla di pesce strizzata, mescolate e unite la crema di nocciole e il burro a cubetti. Fate bollire, sempre mescolando, e spegnete il fuoco quando il composto comincerà a addensarsi. È quello il momento per far sciogliere nella crema ancora calda il cioccolato fondente tritato a coltello. Versate la crema in un contenitore largo e basso, copritela con la pellicola e fatela rassodare in frigorifero per almeno 3 ore.

2 Passate quindi alla pasta biscotto. Separate i tuorli dagli albumi e montate questi ultimi a neve, quando saranno bianchi e gonfi aggiungete lo zucchero poco alla volta, continuando a montare. Incorporate anche i tuorli a uno a uno, ottenendo un composto spumoso nel quale inserirete la farina e la vanillina setacciate. Fo-

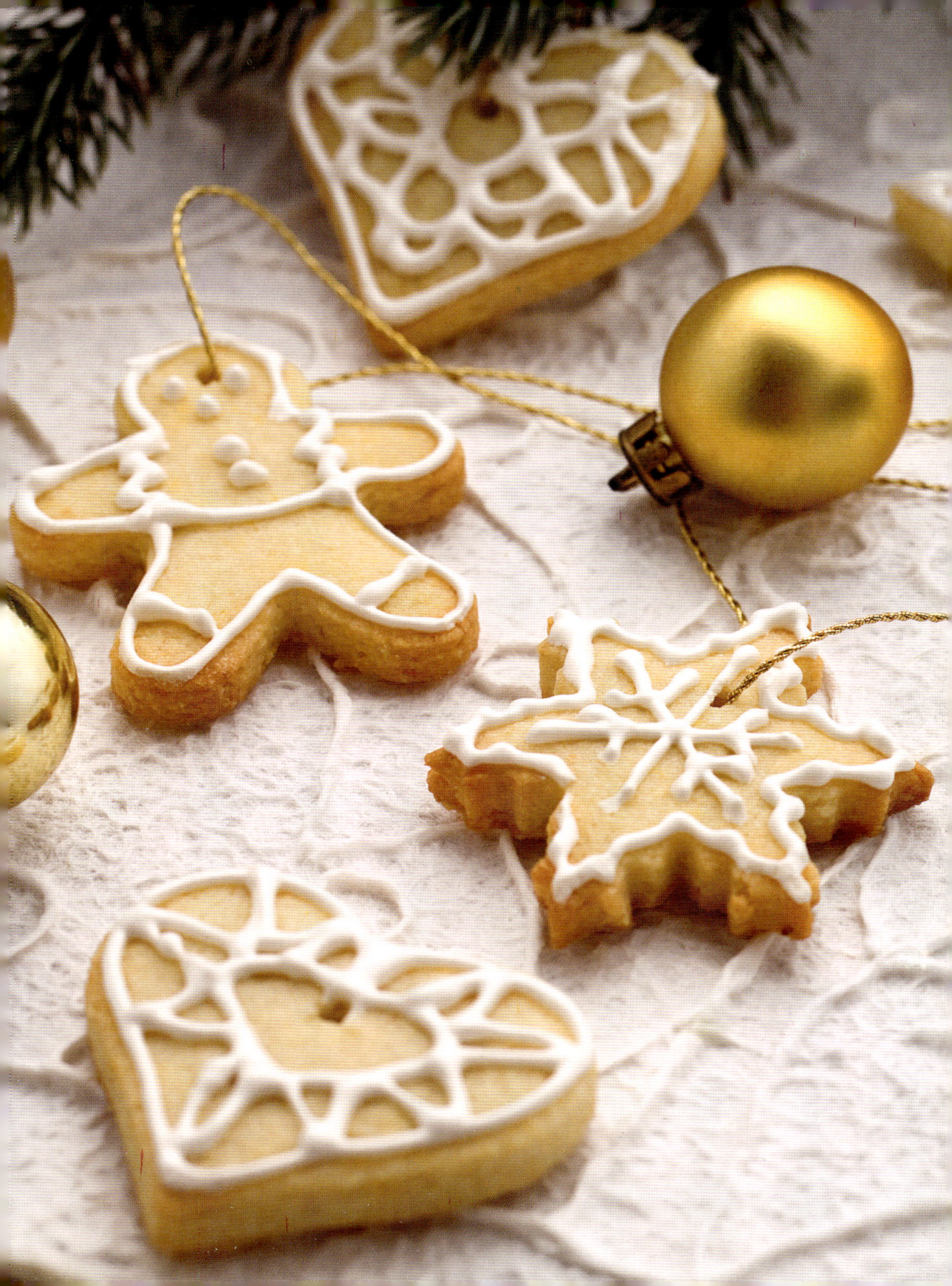

DOLCI
BACETTI GOLOSI

L'idea

Lo so, la "golosità" è già nel nome, ma non posso non raccontarvi, almeno un po', la sinfonia di sapori che gusterete millimetro per millimetro, mentre il pan di spagna si scioglie sprigionando il suo prelibato segreto di confettura e panna montata o di cioccolato fondente.
I bacetti sono un peccato di gola, un'idea favolosa per una festa, una coccola per merenda: potete realizzarli della dimensione che preferite e farcirli con quello che volete, sempre stupendovi del fatto che siete perfettamente in grado di fare concorrenza (una spietata concorrenza) alle merendine del supermercato...

Difficoltà: ★★   **Cottura: 12'**   **Preparazione: 60'**   Dosi: **30** bacetti circa

Uova: 4
Farina: 180 g
Zucchero: 150 g
Lievito: ½ bustina (8 g)

PER 30 BACETTI ALLA CONFETTURA
Confettura di fragole: 350 g
Panna fresca: 250 ml

PER 30 BACETTI AL CIOCCOLATO
Cioccolato fondente: 150 g
Panna fresca: 400 ml

PER DECORARE
Cioccolato fondente: 50 g

1 Accendete il forno a 190°. Montate le uova con lo zucchero utilizzando delle fruste elettriche per almeno 10 minuti a velocità media: otterrete un composto chiaro e spumoso. Aggiungete la farina e il lievito setacciati e mescolate delicatamente, con movimenti dal basso verso l'alto. Quando la farina sarà amalgamata riempite con il composto una sac à poche e, su una teglia foderata con della carta da forno, formate dei dischi di impasto uguali tra loro (del diametro di circa 3 cm: dovreste ottenerne circa 60). Infornate per circa 12 minuti a 190°. Quando le tortine inizieranno a gonfiarsi e dorarsi ai bordi, estraetele e fatele raffreddare.

2 Per la farcitura alla confettura, coprite la parte piatta di 30 dischi con un cucchiaio raso di confettura alle fragole ciascuno, aggiungete la panna montata a neve e richiudete con un altro dischetto di pasta.

3 Se preferite farcirli con il cioccolato, scaldate 150 ml di panna fresca in un pentolino, quando avrà sfiorato il bollore incorporate il cioccolato fondente tritato con un coltello e fatelo sciogliere mescolando. Quando sarà cremoso e omogeneo, fate raffreddare la ganache a temperatura ambiente, poi riponetela in frigorifero. Non appena avrà raggiunto una consistenza spalmabile ponetela in una sac à poche e distribuitela sulla parte piatta di 30 dischetti, poi coprite con la panna che avrete montato a neve e un altro dischetto di pasta.

4 Potete infine decorare i bacetti con del cioccolato fondente fuso a bagnomaria (o nel microonde), che avrete posto in una sac à poche o in un cono di carta da forno: spremetene dei fili sottili formando delle linee parallele sulla superficie dei dolci.

DOLCI
ROTOLO ALLA CREMA DI NOCCIOLE

Ecco una ricetta dalle mille declinazioni: il rotolo può essere farcito veramente con qualunque cosa. Qui lo propongo con una prelibata crema alla nocciola, che richiede anche una certa abnegazione nella preparazione, ma fidatevi: ne varrà assolutamente la pena.
L'unica, vera difficoltà di questa ricetta risiede nel tempo di cottura della pasta biscotto: visto che dovrete arrotolarla su se stessa, dovrà rimanere umida, quindi non lasciatela in forno più di 9 minuti. Con questo accorgimento e una certa qual delicatezza al momento del confezionamento, non potete fallire!

Difficoltà: ★ ★ ★ **Cottura:** 20' **Preparazione:** 120' **Dosi:** 1 rotolo (6 persone)

PER LA PASTA BISCOTTO
Farina: 120 g
Zucchero: 120 g
Uova: 4
Vanillina: 1 bustina
Burro: q.b.

PER LA CREMA DI NOCCIOLE
Latte: 250 ml
Burro: 125 g
Zucchero: 100 g
Uova: 2 tuorli
Colla di pesce: 10 g
Crema di nocciole: 3 cucchiai abbondanti
Cioccolato fondente: 50 g
Panna fresca: 250 ml

PER DECORARE
Granella di nocciole o pepite di cioccolato: q.b.

1 Per preparare la crema alle nocciole, mettete innanzitutto a bagno i fogli di colla di pesce in acqua fredda. Mentre si ammorbidiscono, ponete in una casseruola i tuorli, il latte e lo zucchero, e portate a sfiorare il bollore. Aggiungete la colla di pesce strizzata, mescolate e unite la crema di nocciole e il burro a cubetti. Fate bollire, sempre mescolando, e spegnete il fuoco quando il composto comincerà a addensarsi. È quello il momento per far sciogliere nella crema ancora calda il cioccolato fondente tritato a coltello. Versate la crema in un contenitore largo e basso, copritela con la pellicola e fatela rassodare in frigorifero per almeno 3 ore.

2 Passate quindi alla pasta biscotto. Separate i tuorli dagli albumi e montate questi ultimi a neve, quando saranno bianchi e gonfi aggiungete lo zucchero poco alla volta, continuando a montare. Incorporate anche i tuorli a uno a uno, ottenendo un composto spumoso nel quale inserirete la farina e la vanillina setacciate. Foderate una teglia di 25x35 cm con la carta da forno, che spennellerete di burro fuso. Distribuitevi quindi il composto con l'aiuto di una spatola, livellandolo delicatamente per non smontarlo. Infornate a 220° per 9 minuti.

3 Estraete il rotolo dal forno e rovesciatelo su un foglio di pellicola che avrete steso sul piano da lavoro, così che la parte attaccata alla carta da forno rimanga verso l'alto: dovete rimuoverla e arrotolare la pasta con la pellicola, facendo attenzione a non romperla. Sigillate la pellicola e lasciate raffreddare il rotolo a temperatura ambiente. A quel punto, srotolate la pasta e farcitela con la crema di nocciole, che avrete passato con un mixer e nella quale avrete incorporato la panna montata a neve. Distribuite uniformemente un terzo della crema sul rotolo e riavvolgetelo seguendone la piega.

4 Procedete quindi nella decorazione: riempite una sac à poche con la crema avanzata e realizzate dei ciuffetti tutt'intorno. Guarnite infine con granella di nocciole o piccole pepite di cioccolato.

Il consiglio di Sonia:

" Se avete poco tempo, potete realizzare la pasta biscotto e farcirla con della crema di nocciole e cioccolato già pronta o con della confettura! "

DOLCI
TORTA DI COMPLEANNO

Qual è la vostra idea di "torta"? Che immagine visualizzate quando pensate alla torta perfetta, quella alla quale dedicare un'intera giornata perché la preparate per un'occasione davvero speciale – un compleanno, ma anche una cena, una festa, una dichiarazione d'amore? A me viene in mente questa, perché è sontuosa, ricca, raffinata, a cucinarla ci vuole una vita, ed è il suo bello: tutto il tempo che ci avete messo si vede, questo dolce parla di cura e di dedizione, e permette di sbizzarrirsi sulla decorazione. È impegnativo, lo so, ma una torta così, di quelle importanti, di quelle che si ricordano, deve essere un po' complessa: è giusto che anche lo chef si tolga le sue soddisfazioni!

Difficoltà: ★ ★ ★   **Cottura:** 60'   **Preparazione:** 180'   **Dosi:** 12 persone

Pan di spagna: 1
Crema pasticcera: circa 1,8 kg

PER LA CREMA AL CIOCCOLATO
Cacao amaro: 20 g

PER LA DECORAZIONE
Panna fresca: 500 ml
Zucchero a velo vanigliato: 20 g

PER LA BAGNA
Acqua: 250 ml
Zucchero: 125 g
Aroma alchermes (o altro a scelta): q.b.

1 Preparate un pan di spagna secondo la ricetta di pagina 282. Quando sarà cotto, lasciatelo intiepidire, poi sformatelo e fatelo raffreddare su di una gratella. Preparate quindi la bagna, sciogliendo in un pentolino lo zucchero assieme all'acqua: lasciate raffreddare, poi aggiungete l'aroma.

2 Nel frattempo preparate la crema pasticcera secondo la ricetta di pagina 280 (raddoppiando le dosi indicate). Quando sarà pronta, dividetela in due ciotole: unite in una delle due il cacao amaro setacciato e amalgamate, poi copritele entrambe a pelle con della pellicola e mettetele in frigorifero. Quando saranno sode, qualora fossero troppo dure riprendete e con le fruste di uno sbattitore (se ci fossero dei grumi passatele al setaccio, premendo con una spatola e facendo fuoriuscire la crema in un recipiente sottostante).

3 Tagliate il pan di spagna in tre dischi di uguale spessore. Disponetene uno sul piatto che ospiterà la torta e spruzzatelo con un terzo della bagna, quindi spalmatelo di crema pasticcera. Coprite con un altro disco, che bagnerete a sua volta e spalmerete di crema al cioccolato. Aggiungete il terzo, che inzupperete con la restante bagna. Mettete la torta in frigorifero e nel frattempo montate la panna, addolcendola con lo zucchero a velo. Aiutandovi con una spatola, ricoprite interamente la torta utilizzando non più della metà cella panna, cercando di rendere le superfici lisce. Con la panna restante, riempite una sac à poche con bocchetta a stella e praticate delle siringate dal basso verso l'alto, tutto intorno al perimetro. Decorate con roselline di panna anche la sommità della torta, lasciando libero il centro per un'eventuale scritta di auguri (che potete realizzare con del cioccolato fondente sciolto a bagnomaria). La decorazione della torta di compleanno che vedete nella foto, con rose fresche, è naturalmente solo indicativa: al loro posto, per esempio, potete optare per dei bignè riempiti di crema o panna intervallati da strisce di panna montata.

DOLCI
VENTAGLI DI SFOGLIA

Una sicurezza

O voi arditi che vi siete avventurati nella preparazione della pasta sfoglia, lasciatevi rapire dalle incantevoli forme dei ventagli! Classici come un libro di Jane Austen, tutti, prima o poi, abbiamo assaggiato all'ora del tè o alla fine di una cena raffinata questi dolcetti che assomigliano a biscotti ma guardano anche alla pasticceria. Sono la primissima cosa che si prepara con la pasta sfoglia. Come si evince dalla lista degli ingredienti qua sotto, una volta pronta quella, il grosso è fatto. Vale quindi assolutamente la pena provare, anche perché i ventagli sono scenografici, facili da fare, perfetti per sperimentare e a lunghissima conservazione.

Difficoltà: ★   **Cottura:** 30'   **Preparazione:** 80'   **Dosi:** 30 ventagli

Pasta sfoglia: 1 kg
Zucchero: 100 g

1 Preparate la pasta sfoglia secondo la ricetta di pagina 288, quindi stendetela in un rettangolo spesso 3-4 mm. Arrotolate i lati più lunghi verso il centro, in modo che si tocchino, e schiacciateli l'uno contro l'altro, così da appiattirli leggermente, poi coprite il tutto con la pellicola e mettete in frigorifero per almeno 1 ora.

2 Quando la pasta sarà dura, estraetela e tagliate il rotolo a fette dello spessore di circa 1 cm che cospargerete con lo zucchero su entrambi i lati e disporrete su di una teglia foderata con carta da forno. Infornate a 180° per almeno 30 minuti, avendo cura di rigirarli a metà cottura per far dorare entrambe le superfici.

3 Serviteli appena saranno freddi oppure conservateli in scatole a chiusura ermetica, lontano dall'umidità.

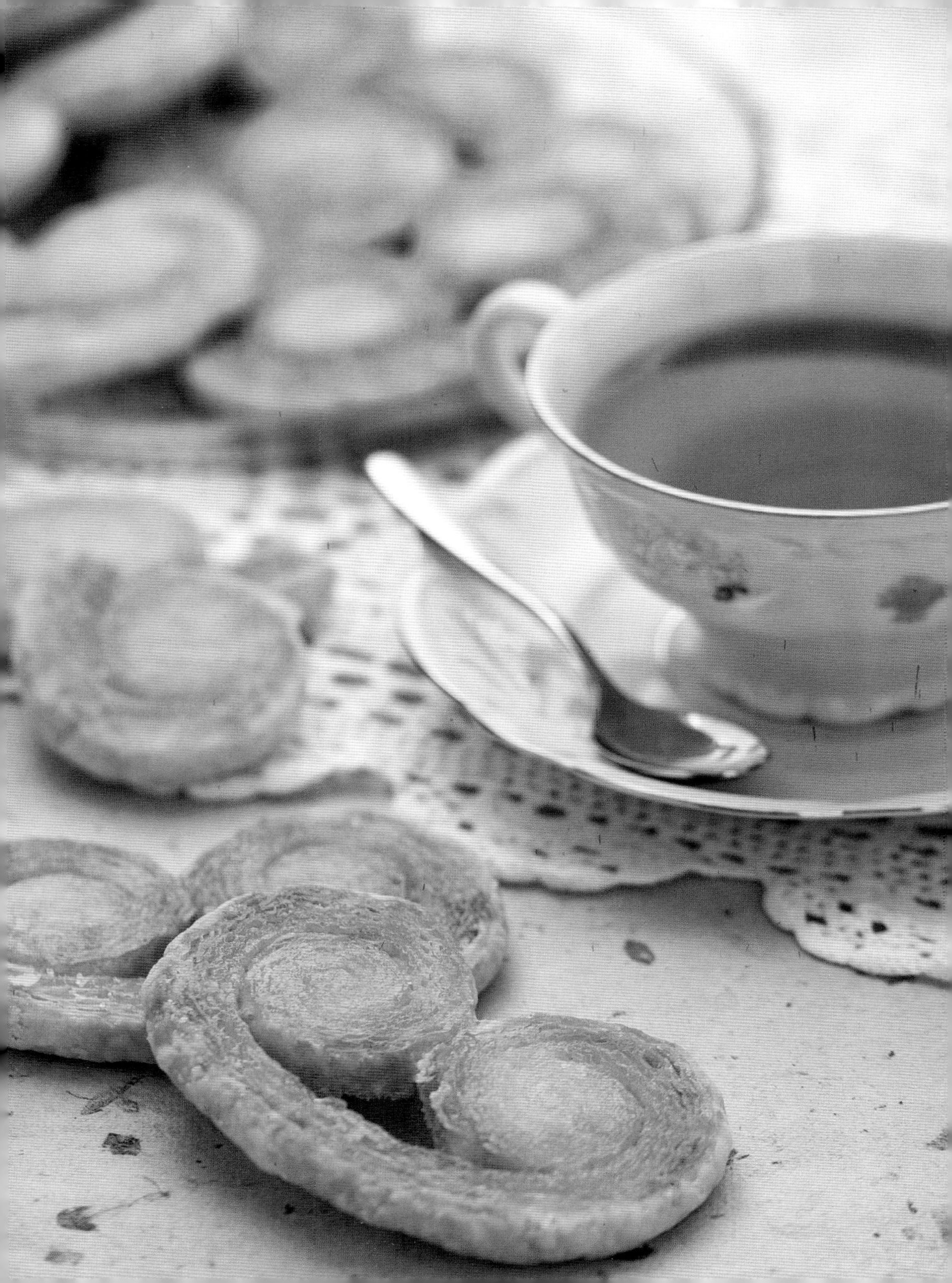

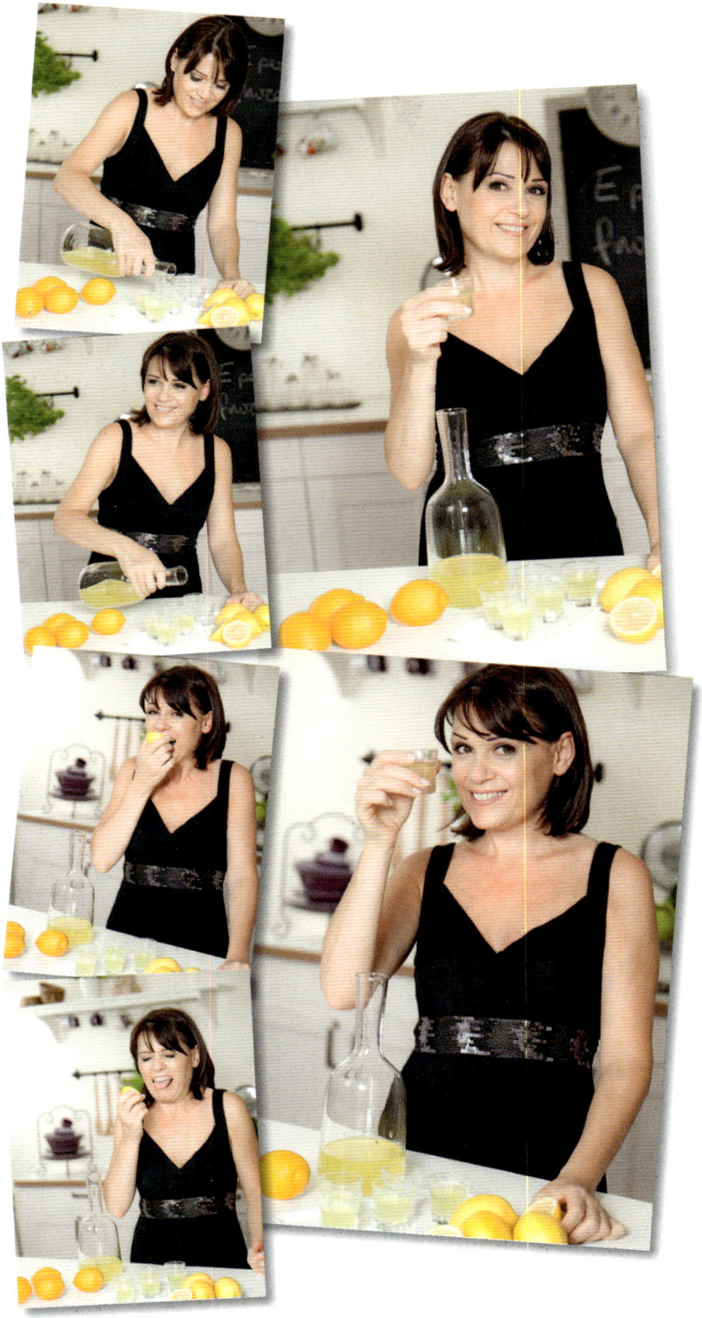

E per finire

Attenti o voi che girate pagina: da lì non si torna indietro.
Sappiate che se per caso decidete di preparare un liquore, un sorbetto, un gelato, scioccati dalla bontà, non li comprerete mai più. Basta una volta sola per ritrovarsi a mettere sotto spirito e a infilare nella gelatiera tutto quello che capita sotto mano.
Arsi dal fuoco sacro della personalizzazione, e soddisfatti come pochi di essere in grado di produrre qualcosa di così particolare e caratterizzante, stupirete i vostri commensali dichiarando che, ebbene sì, anche quest'ultima prelibatezza l'ho preparata io.
Non vorrei sembrare Lucignolo nel dire: provate. Scoprirete che siete capaci di inventare qualcosa di veramente unico, di veramente vostro, qualcosa che vi identifica presso gli altri. Poi ricordatevi di me e passatemi la ricetta.

E PER FINIRE…
ANANAS ALLA PIASTRA CON MIELE E CANNELLA

L'idea

Questo piatto conferma decisamente che in cucina la cosa che ha più valore sono le idee, non la complessità della preparazione. Ho assaggiato l'ananas alla piastra in Spagna, durante una breve vacanza, e mi ha conquistato: non avevo mai pensato al fatto che potesse venire servito anche caldo! Stupefatta con così poco: non ci potevo credere. Al mio ritorno ho subito cercato un modo per riprodurlo evitando il barbecue: in Spagna grigliano a tutto spiano, mentre nei nostri appartamenti senza terrazzo sarebbe meglio evitare… Si perde qualcosina, d'accordo, ma giuro che l'effetto sorpresa è salvo anche con una piastra di ghisa.

Difficoltà: ★ | **Cottura: 10-12'** | **Preparazione: 15'** | **Dosi: 4 persone**

Ananas: 4 grosse fette
Miele: 4 cucchiaini
Zucchero di canna: 4 cucchiaini
Menta fresca: qualche fogliolina
Cannella in polvere: q.b.

1 Pulite l'ananas e tagliatelo a fette alte circa 2 cm, eliminando con cura tutti gli occhi scuri e il torsolo.

2 Adagiate le fette su una piastra ben calda: le rigirerete un paio di volte per parte, lasciandole sul fuoco per almeno 10-12 minuti.

3 Quando si saranno abbrustolite, toglietele dalla piastra e, su un piatto da portata, spolverizzatele con un cucchiaino di zucchero di canna, uno di miele e, infine, un leggero velo di cannella.

Il consiglio di Sonia:

" Se non possedete una piastra, potete utilizzare una padella antiaderente, che svolgerà la stessa funzione. Volendo, potete guarnire il piatto da portata con alcune foglioline di menta fresca. "

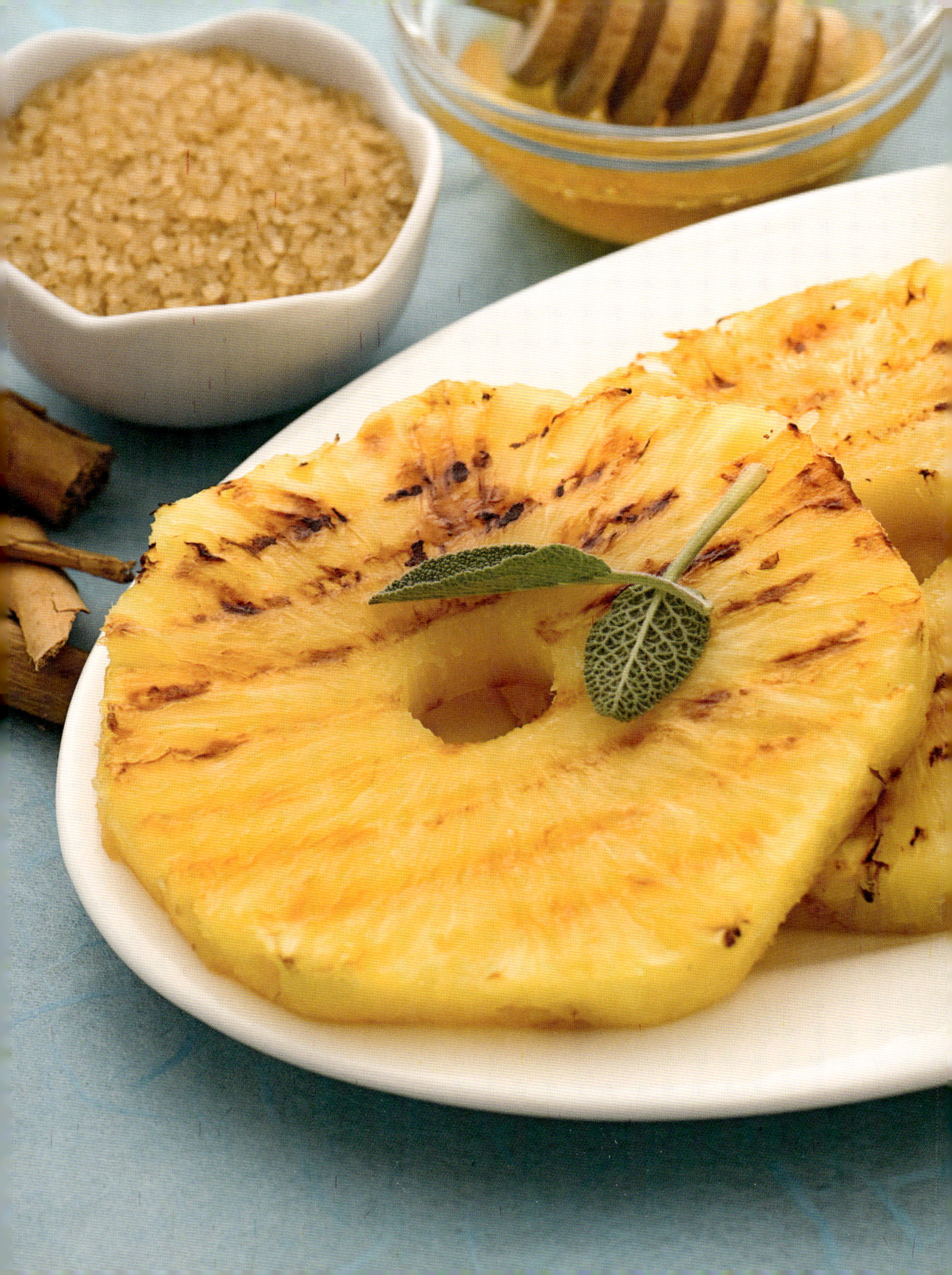

E PER FINIRE...
CANTUCCI E VIN SANTO

Uno dei miei sogni è avere in giardino il forno a legna, proprio uno di quelli tradizionali, fatti a igloo, di terra cruda iper-naturale. Quando vivevo in Calabria potevo utilizzare quello di mia suocera e nei weekend mi scatenavo: ci cuocevo di tutto, dal pane alle focacce, dai dolci ai biscotti. I cantucci non richiedono altro che delle buone mandorle, sono semplicissimi da fare, così ne preparavo quintali, poi li chiudevo in tante scatole di latta colorate, con le quali riempivo gli scaffali della cucina – quelli in alto, dove nessuno arriva mai – e per Natale li confezionavo e li regalavo ad amici, parenti, conoscenti… Ultimamente, forse è la mia nemesi, me li offrono da tutte le parti!

Difficoltà: ★★   **Cottura:** 35'   **Preparazione:** 25'   **Dosi:** 10 persone

Burro: 100 g
Farina 00: 500 g
Lievito chimico: 4 g
Mandorle non spellate: 250 g
Sale: 1 pizzico
Uova: 4 + 1 tuorlo
Zucchero semolato: 280 g

PER SPENNELLARE
Uova: 1

1 Accendete il forno a 190°. Quando avrà raggiunto la temperatura, tostatevi le mandorle disposte su una placca per 3-4 minuti, poi estraetele e fatele raffreddare.

2 Procedete quindi con l'impasto: mettete nella planetaria (o in una ciotola capiente) le 4 uova intere e il tuorlo con il pizzico di sale e lo zucchero semolato e montate. Aggiungete il burro fuso e tiepido e mescolate; quindi incorporate la farina setacciata con il lievito. Amalgamate tutti gli ingredienti: ne risulterà un composto friabile e morbido al quale unirete le mandorle. Trasferite il tutto su una spianatoia infarinata e compattatelo a mano per ottenere una palla uniforme.

3 Suddividete l'impasto in 2-3 palle della stessa dimensione e lavoratele per ricavarne dei filoncini lunghi circa 30 cm (con 2 otterrete biscotti più grandi, con 3 biscotti più piccoli), che porrete su una placca coperta con carta da forno. Spennellateli con l'uovo leggermente sbattuto e fate cuocere per 20 minuti in forno caldo a 190°. Estraete quindi i filoncini, fateli intiepidire qualche minuto e tagliateli in diagonale, ricavandone dei biscotti spessi circa 1-1,5 cm. Disponete anch'essi sulla placca e rimettete tutto in forno a 170° per circa 15 minuti. A quel punto, una volta freddi, i cantucci saranno pronti per essere gustati, naturalmente accompagnati da un buon bicchiere di vin santo.

E PER FINIRE…
GELATO AL CIOCCOLATO E ALLA PANNA

Il gelato è un'arte, non ci sono scuse. Il gelato artigianale, poi, si prepara solo dopo aver studiato raffinati e fragili equilibri tra ingredienti tutti naturali che addensano, zuccherano, sciolgono, rapprendono e un migliaio di altre azioni. Dal momento che non è per niente facile reperire tutte queste sostanze, e che richiede davvero una notevole sapienza mescolarle senza ottenere un risultato tragico, qua propongo una versione "express" di queste ricette, per poter gustare senza troppi preamboli un gelato buonissimo.
Ho scelto i due gusti più diffusi, panna e cioccolato, perché sono davvero un classico intramontabile che fa tornare tutti bambini. Io li mangio anche d'inverno!

Difficoltà: ★   **Cottura:** 5'   **Preparazione:** 40'   **Dosi:** 1kg di gelato

PER IL GELATO AL CIOCCOLATO
Cacao in polvere: 50 g
Farina di carrube: 5 g (facoltativa)
Glucosio: 15 g
Latte: 500 ml
Panna: 150 ml
Uova: 6 tuorli
Zucchero: 160 g

PER IL GELATO ALLA PANNA
Latte: 600 ml
Panna: 250 g
Vanillina: 1 bustina
Zucchero: 250 g

GELATO AL CIOCCOLATO: mischiate in una ciotola lo zucchero con la farina di carrube, unite i tuorli e sbatteteli con uno sbattitore elettrico finché diventeranno chiari. In un pentolino scaldate il latte, la panna e il glucosio, poi versate i liquidi sui tuorli e amalgamate con una frusta. Riportate quindi sul fuoco e cuocete, senza smettere di mescolare, fino a raggiungere la temperatura di 85° (verificatela con un termometro): non portate a bollore, si formerebbero dei grumi. Togliete dal fuoco e incorporate il cacao, poi fate raffreddare rapidamente il composto inserendo la ciotola in un contenitore più grande contenente del ghiaccio. Mettete quindi in frigorifero per almeno 2 ore, poi riversate il composto in una gelatiera. Quando sarà pronto, lasciate il gelato in congelatore per almeno 3 ore prima di gustarlo.

GELATO ALLA PANNA: scaldate in un pentolino il latte con lo zucchero, la panna e la vanillina fino a raggiungere una temperatura di 85°. Togliete quindi dal fuoco e abbassate velocemente la temperatura del composto mettendo il pentolino in un contenitore più grande con acqua e ghiaccio. Una volta freddo, copritelo e lasciatelo in frigorifero per almeno 2 ore. Versate quindi la miscela nella gelatiera e avviatela. Quando il gelato sarà denso e corposo riponetelo in freezer per almeno 3 ore prima di consumarlo.

Il consiglio di Sonia:

" La farina di carrube è un addensante che vendono solitamente nei negozi di prodotti biologici e in farmacia. Se non la trovate potete tranquillamente ometterla. Mentre preparate il gelato alla panna, se un minuto prima di spegnere la gelatiera unirete al gelato 100 g di cioccolato fondente in scaglie, otterrete il gusto stracciatella. "

E PER FINIRE...
LIMONCELLO

> **Una sicurezza**

Il limoncello ha il fascino degli esperimenti degli alchimisti: richiede la macerazione, poi una cottura a fuoco lento, poi una lunga attesa e, infine, la filtrazione. Mio fratello Marco ama sperimentare in questo campo, fa persino arrivare dalla Puglia una serie di essenze introvabili e preziosissime per realizzare liquori di ogni genere e tipo. Io preferisco agire e poter verificare il risultato subito, ma vi assicuro che con questa ricetta non sarete delusi. E pensate che figurone quando, sfoderando bottiglia e bicchierini, potrete far cadere lì, incidentalmente: «Sapete, questo l'ho fatto io».

Difficoltà: ★   **Cottura:** 5'   **Preparazione:** 30'   **Dosi:** 2 litri

Limoni di Sorrento: 10
Zucchero: 1,2 kg
Alcol puro a 95°: 1 litro
Acqua: 1,5 litri

Il consiglio di Sonia:

" Vi suggerisco di procurarvi limoni di Sorrento dalla buccia molto aromatica e alcol di ottima qualità, anche per evitare che il liquore, una volta in freezer, si trasformi in ghiaccio. "

1 Lavate i limoni in acqua tiepida e spazzolateli per ripulirli da eventuali residui, quindi sbucciateli con un pelapatate per evitare di togliere anche la parte bianca della buccia (che risulterebbe amara). Mettete le scorze su un tagliere e riducetele a piccole listarelle. Dovranno macerare per un mese insieme a 750 ml di alcol in un contenitore di vetro (vaso o brocca) chiuso ermeticamente, in un luogo buio e fresco.

2 Passato il mese, portate a ebollizione l'acqua e unitevi lo zucchero, mescolando fino al suo scioglimento. Lasciate raffreddare lo sciroppo e poi versatelo, insieme agli altri 250 ml di alcol, nel contenitore con le scorze in infusione. Sigillate nuovamente e lasciate riposare per altri 40 giorni, sempre al buio. Trascorso questo periodo il limoncello è pronto: non vi resta che filtrarlo, imbottigliarlo e riporlo in freezer prima di gustarlo.

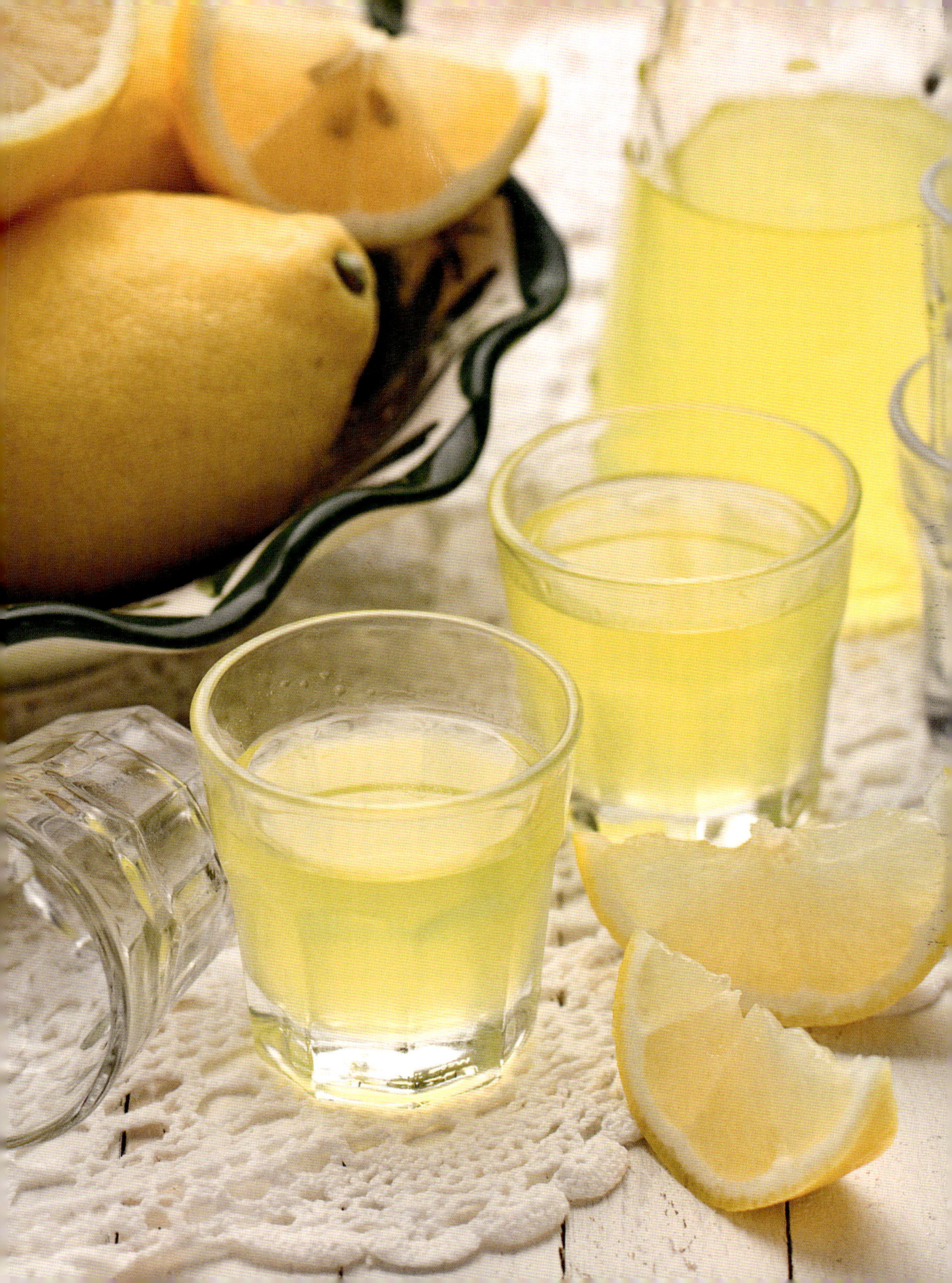

E PER FINIRE...
LIQUORE DI CREMA ALL'UOVO

Il mio compagno ama sciare, è uno di quelli che si alzano alle 7 per essere sulle piste al massimo alle 8 e continua finché gli impianti non si fermano. Tutte le volte che approda in una baita sembra ormai distrutto, poi, come Braccio di Ferro con gli spinaci, beve un bicchierino di liquore all'uovo e riparte con più spinta di prima. Dato che per me questo liquore nella sua versione montanara è un po' forte, ne ho elaborato una variante più cremosa e leggera, diciamo "da signore", che contiene meno alcol ed è buonissima. D'inverno, la sera, dopo cena, avere la possibilità di sorseggiarne un bicchierino è più che un piacere: è una coccola.

Difficoltà: ★   **Cottura:** 10'   **Preparazione:** 10'   **Dosi:** 1 litro

Alcol puro: 75 ml
Cognac: 25 ml
Latte intero: 300 ml
Marsala secco: 25 ml
Uova freschissime: 10 tuorli
Vanillina: 1 bustina
Zucchero a velo: 400 g

Il consiglio di Sonia:

" Per la preparazione di questo liquore è essenziale che usiate uova freschissime, meglio se biologiche. A seconda dei gusti è possibile modificare le percentuali di alcol o zucchero: le dosi della ricetta sono per un liquore leggero e piacevole da bere. "

1 Sbattete in una terrina i tuorli con lo zucchero a velo e la bustina di vanillina fino a ottenere una crema densa e omogenea. Aggiungete quindi l'alcol poco alla volta, il cognac e il marsala, continuando a mescolare. Infine, unite il latte.

2 Fate addensare la crema scaldandola a bagnomaria e continuando a mescolare, fino a che non si sentirà più la consistenza dello zucchero (ci vorranno almeno 10 minuti). Fate attenzione all'acqua del bagnomaria: deve solo fremere, non bollire. In caso contrario potreste cuocere le uova, rovinando tutto.

3 Fate raffreddare il liquore e imbottigliatelo, conservandolo in un luogo fresco e buio, per esempio in frigorifero: le uova sono state "cotte" e l'alcol aiuta la conservazione ma, a differenza dei prodotti commerciali, il nostro liquore non contiene conservanti, quindi la prudenza non è mai troppa. Prima di assaporarlo, ricordatevi di agitare la bottiglia per miscelarlo a dovere.

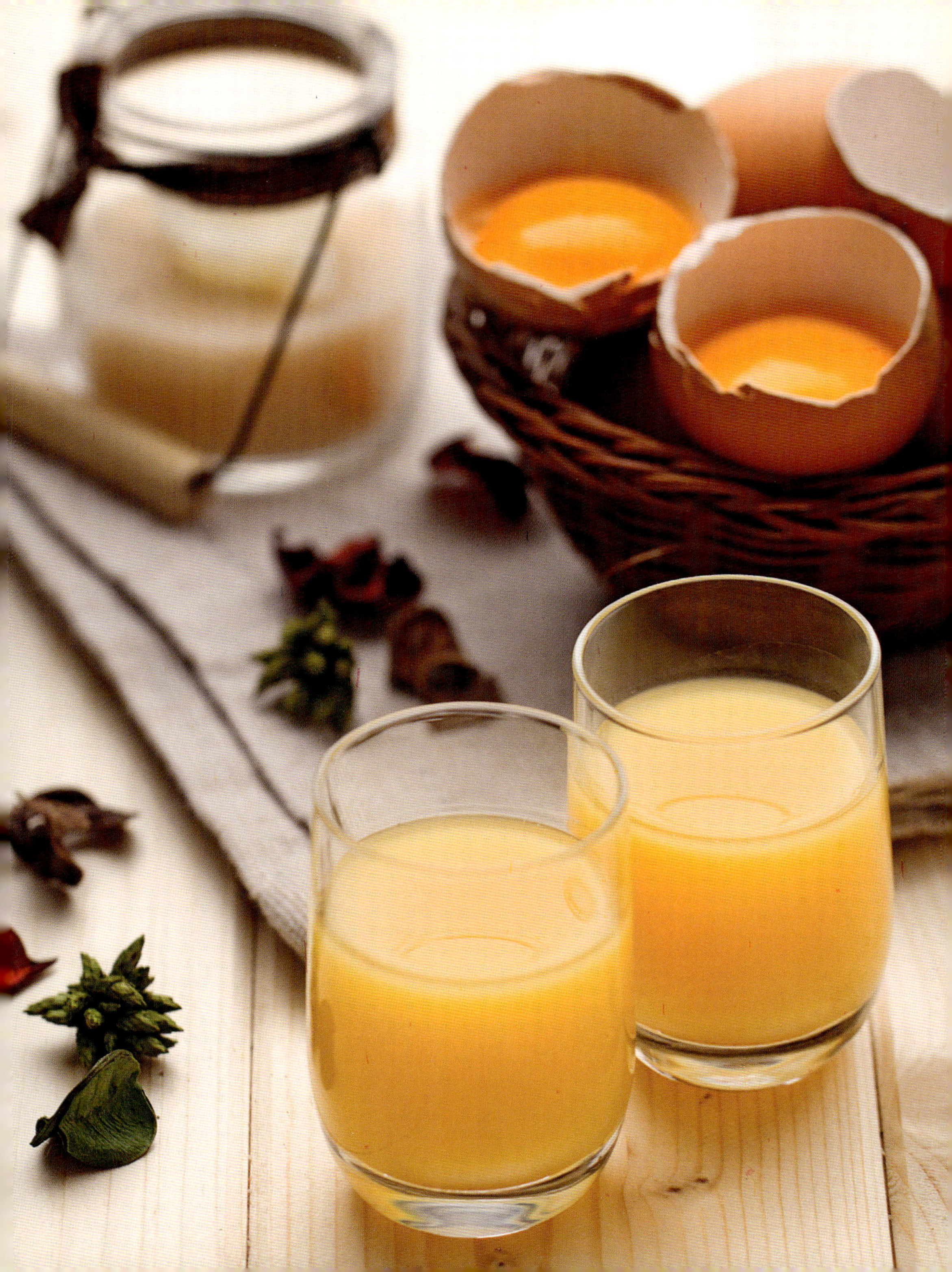

E PER FINIRE...
SPIEDINI DI FRUTTA

Bellissimi da vedere, super adatti a un buffet se presentati in maniera adeguata, gli spiedini di frutta sono leggeri, invitanti e – miracolo – di solito piacciono anche ai bambini. Quando ho scoperto questo trucco per far mangiare la frutta alle mie figlie, non ho più smesso di farli. Delizioso incrocio tra la fonduta di frutta e la macedonia, possono essere impreziositi da qualche prelibatezza come la salsa al cioccolato e la granella di nocciole, come propongo qua sotto, oppure "nudi e crudi", lasciando che il fascino dato dalla forma, dal colore e dalla zuccherosità naturale conquisti i vostri commensali.

Difficoltà: ★   **Preparazione:** 15'   **Dosi:** 4 persone

Banane: 2
Fragole: 12
Kiwi: 1
Melone: ½
Menta: 8 foglioline

PER RICOPRIRE
Cioccolato fondente: 100 g
Granella di nocciole: 8 cucchiaini
Panna fresca: 80 ml

1 Lavate e pulite la frutta, ricavando da ciascun tipo dei bocconcini da infilzare nei bastoncini da spiedini. Con l'apposito attrezzo, quindi, scavate la polpa del melone ottenendo delle palline, tagliate a cubetti il kiwi e la banana a rondelle piuttosto spesse. Lasciate invece intere le fragole, eliminando solo il picciolo verde.

2 Riducete il cioccolato in pezzetti e fatelo sciogliere a bagnomaria con la panna: il risultato sarà una salsa densa e cremosa che potete usare sia tiepida che fredda.

3 Componete gli spiedini alternando pezzetti di frutta diversa e terminando con una fogliolina di menta. Su ogni piatto ponete 2 spiedini, irrorateli con la salsa al cioccolato e spolverizzate con un cucchiaino di granella di nocciole.

Il consiglio di Sonia:

" Naturalmente, potete preparare gli spiedini con qualsiasi tipo di frutta, magari in base alla stagione dell'anno nella quale li servite. "

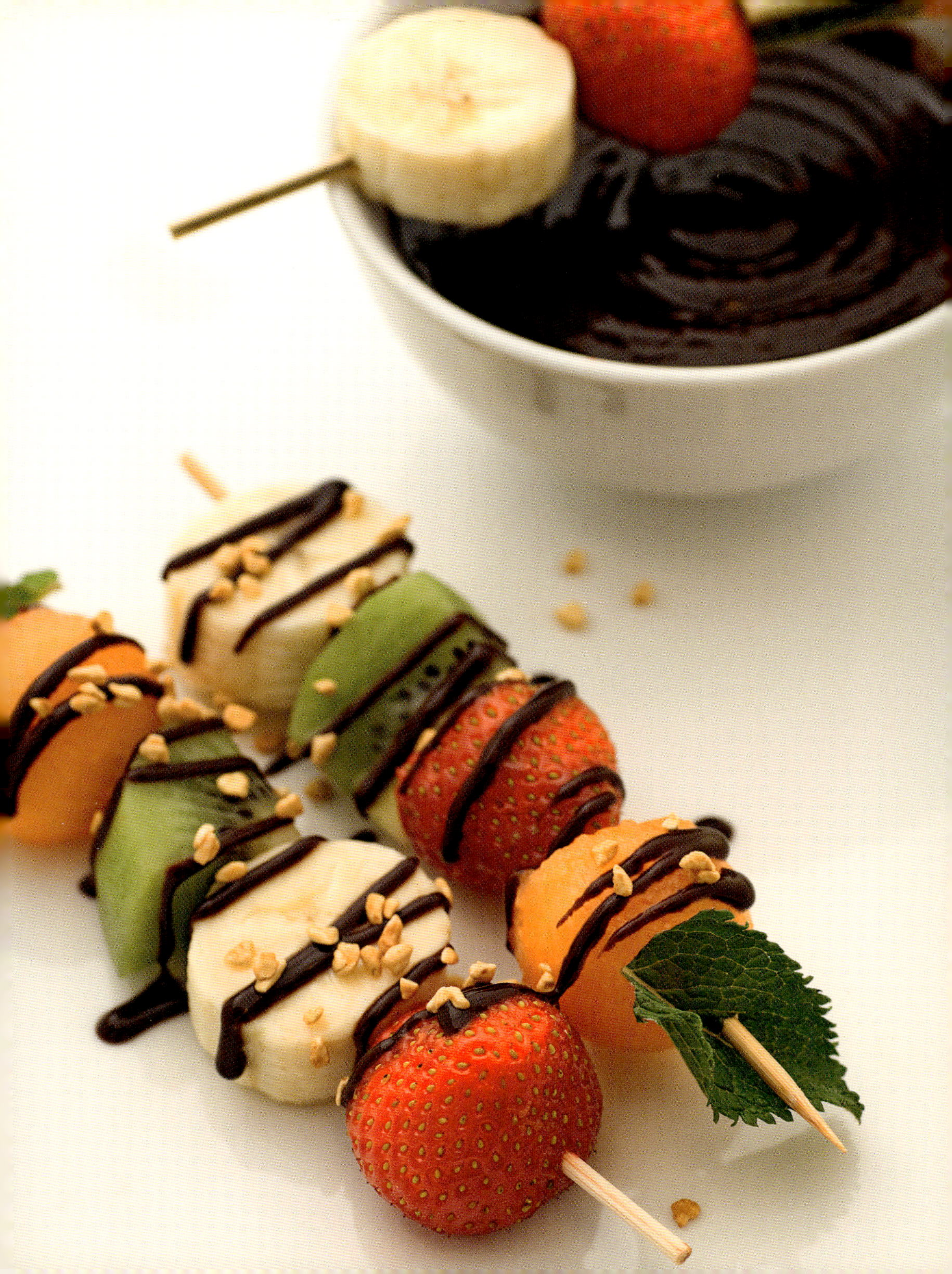

E PER FINIRE...
VIN BRÛLÉ

Il vin brûlé non fallisce mai nel creare l'atmosfera natalizia, nemmeno se è agosto. Profumatissimo, servito bollente, è un toccasana nel gelido inverno. Vale assolutamente la pena prepararlo in casa perché assaggerete finalmente il vero, inimitabile vin brûlé, che è cosa ben diversa da quello iper-alcolico che vi propinano nei bicchieroni taglia "birra media" alle varie sagre e feste di paese. In quei casi, per evidenti ragioni di tempo e di quantità, uno step fondamentale della preparazione viene saltato a piè pari: quello che rende il vin, appunto, "brûlè", cioè bruciato. A bruciare è naturalmente l'alcol, che quindi scompare, lasciando che a regnare siano gli aromi di chiodi di garofano, cannella e noce moscata.

Difficoltà: ★   **Cottura**: 10'   **Preparazione**: 5'   **Dosi**: 4 persone

Vino rosso corposo: 1 litro
Zucchero: 200 g
Arance: 1 (scorza)
Limoni: 1 (scorza)
Cannella: 2 stecche
Chiodi di garofano: 8
Noce moscata: ½

1 Con un pelapatate tagliate sottili fettine di scorza di limone e d'arancia, cercando di escludere quanto più possibile la parte bianca e amarognola. Ponete quindi le scorze in un tegame d'acciaio dai bordi non troppo alti con lo zucchero, le spezie e, in ultimo, il vino. Accendete il fuoco e portate lentamente a ebollizione: senza smettere di mescolare, fate bollire per 5 minuti, fino al completo scioglimento dello zucchero.

2 A questo punto, infiammate il vino utilizzando un lungo stecchino di legno, che garantirà una distanza di sicurezza: lasciate che il fuoco si spenga da solo. Filtrate quindi il vin brûlè con un colino a maglie fittissime e servitelo fumante.

Il consiglio di Sonia:

" Suggerisco di servire il vin brûlè in contenitori di ceramica o di vetro temprato: un normale bicchiere potrebbe non reggere l'eccessivo calore e incrinarsi, o addirittura spaccarsi.
È invece assolutamente da evitare l'uso di pentole antiaderenti nella fase di cottura e bollitura. "

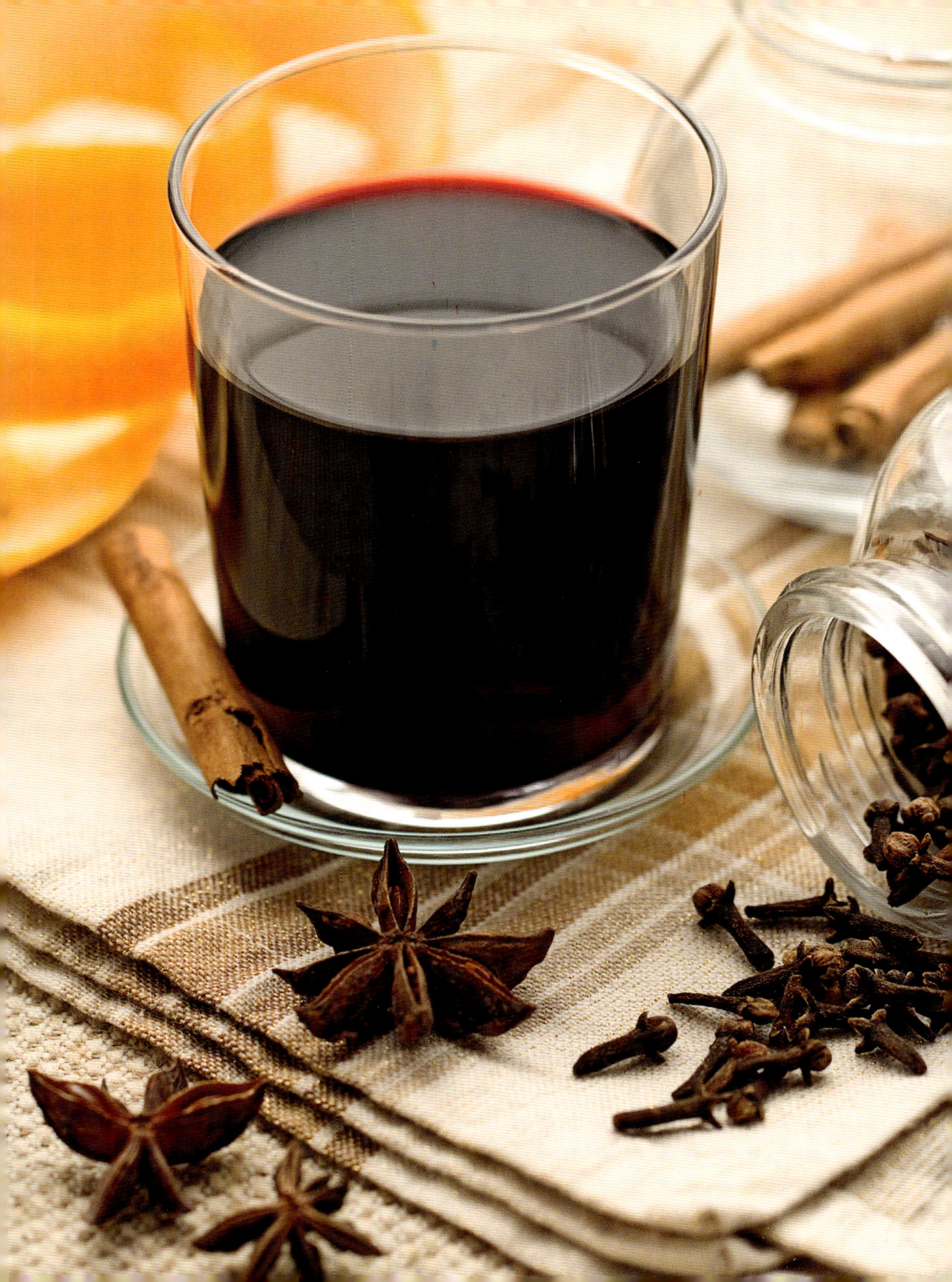

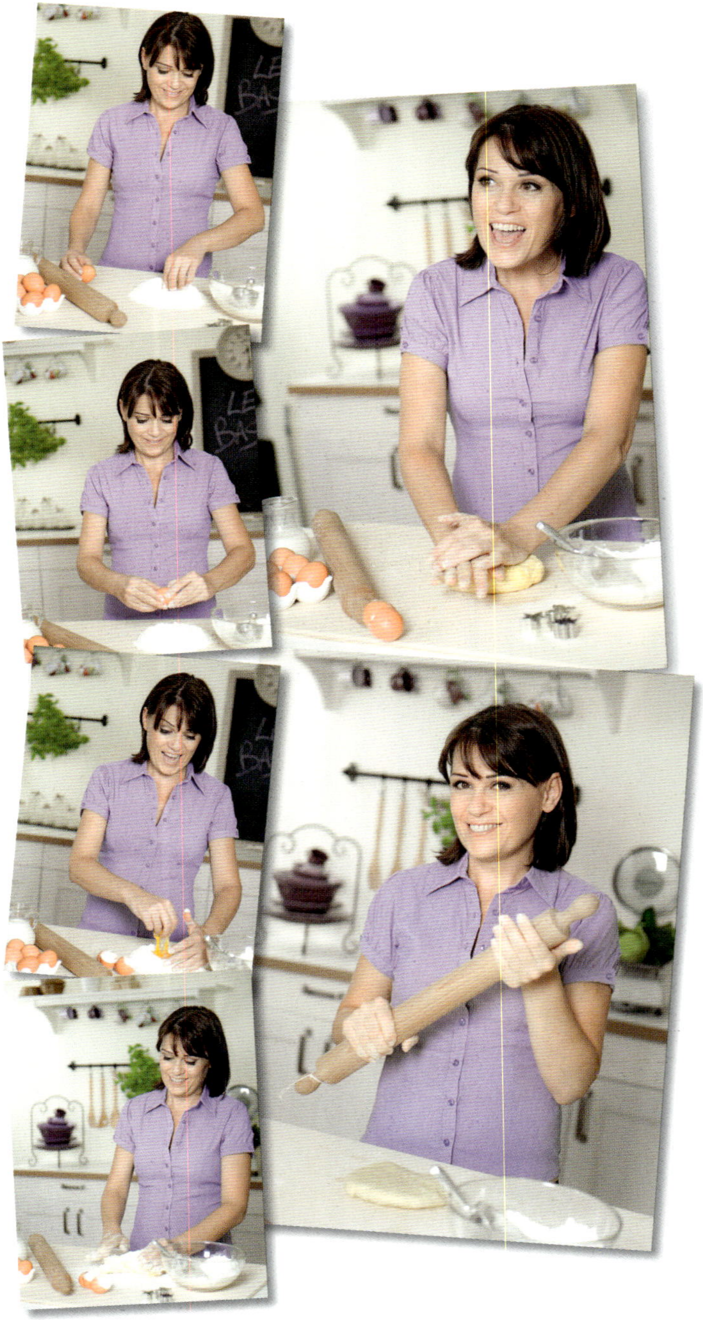

Ricette di base

Quando un architetto costruisce un edificio di solito parte dalle fondamenta. In cucina, incredibile ma vero, no: c'è chi parte dal tetto, chi dagli infissi, chi dalle pareti. Quasi nessuno comincia dalle basi. Ed è un peccato, perché le basi – nonostante lo sembrino – non sono un complemento d'arredo bellissimo e scenografico che, però, se scomparisse nessuno ci farebbe caso. Le basi sono, se non i mattoni, almeno le travi sulle quali poggia l'edificio: un edificio senza travi o è molto basso o non sta in piedi e, se ci sta, traballa.

Le ricette di base sono le bontà più semplici, la quintessenza del sapere culinario che ogni chef dovrebbe possedere e le cose belle che ciascuno di noi, almeno una volta nella vita, deve preparare, pena il perdersi la gratificazione immensa di cuocere e assaggiare le proprie tagliatelle, di scoprire di possedere l'abilità per realizzare una maionese senza farla impazzire, di far colpo sugli ospiti improvvisati con le crêpe dolci e salate fatte sul momento o, ancora, di giocare a dare le forme alla frolla con i propri bambini.

RICETTE DI BASE
PASTA FRESCA ALL'UOVO

Tutte le volte che mi appresto a preparare la pasta fresca mi torna in mente mia suocera, che passava interi pomeriggi d'estate, nel caldo del Sud, a tirare la pasta per mettere a tavola decine di persone. Lavorava con un mattarello lunghissimo – tuttora mi chiedo come facesse a maneggiarlo con tale maestria – e otteneva una sfoglia sottilissima, quasi trasparente, che riteneva pronta solo quando cadeva da entrambi i lati del tavolo, come se fosse una tovaglia. Toccava quasi terra. Io rimanevo incantata a guardarla. Lei, con il suo mattarello, è per me l'immagine dell'antica sapienza culinaria del nostro paese.

Difficoltà: ★   **Preparazione:** 15'   **Dosi: 500 g** circa di pasta

Farina (di grano tenero): 400 g
Uova (grandi): 4
Sale: ½ cucchiaino

1 Setacciate e disponete la farina a fontana sul piano di lavoro (o in una capiente bacinella), formate un incavo nel centro e rompetevi, uno alla volta, le uova, che avrete tenuto a temperatura ambiente. Aggiungete il sale.

2 Cominciando dall'interno, mescolate le uova con una forchetta o un cucchiaio, prendendo man mano la farina dai bordi. Quando l'uovo sarà abbastanza consistente, lavorate l'impasto con le mani, dall'esterno verso l'interno, amalgamando tutta la farina. Nel caso l'impasto non dovesse raccogliere completamente la farina o risultasse leggermente duro, aggiungete uno o due cucchiai di acqua tiepida e continuate a lavorarlo fino a quando non risulterà liscio e compatto. Avvolgete la pasta ottenuta nella pellicola e lasciatela riposare per circa 1 ora in un luogo fresco e asciutto. A quel punto, morbida ed elastica, sarà pronta per essere stesa.

3 Infarinate il piano di lavoro e appiattite il vostro panetto con le dita. Una delle tecniche migliori per stendere la sfoglia è tenerne ferma un'estremità con una mano, arrotolare l'altra al mattarello e farlo scorrere. Ripetete lo stesso movimento facendo fare alla sfoglia ogni volta un quarto di giro. Quando avrete raggiunto il giusto spessore (0,5 mm), potrete dare alla pasta la forma che preferite.

4 Per **tagliatelle**, **tagliolini** o **pappardelle**, infarinate la sfoglia, quindi arrotolatela su se stessa. Tagliate il rotolo in tante fettine di larghezza diversa a seconda del formato scelto: dai 5 ai 7 millimetri per le tagliatelle; 2-3 per i tagliolini e 1,5-2 centimetri per le pappardelle. Una volta tagliato, svolgete immediatamente il singolo rotolino, per evitare che si incolli, e posizionatelo su un piano infarinato. Per ottenere i **quadrucci**, ottimi con il brodo di carne, sovrapponete delle strisce di pasta infarinate e larghe 1 cm: con un coltello tagliate dei quadratini aventi 1 centimetro circa di lato. Per le **lasagne**, munitevi di una rotella e tagliate dei rettangoli di 20 centimetri per 14, oppure della dimensione che più si addice alla teglia che utilizzerete per la loro preparazione. Basterà porre una striscia di ripieno sul rettangolo di sfoglia e arrotolarlo per ottenere i **cannelloni**. Della pasta non si butta niente: se avanza qualche striscia che non sapete come utilizzare, potete tagliarla in piccoli pezzi ed ecco i **maltagliati**!

Il consiglio di Sonia:

" Le prime volte forse vi sarà più facile impastare in una ciotola capiente, almeno fino a quando tutti i liquidi non saranno assorbiti, e poi procedere con la lavorazione sulla spianatoia, che consente maggiore libertà di movimento. "

RICETTE DI BASE
PASTA PER LA PIZZA

La soddisfazione di prepararsi la pizza a casa non ha eguali, soprattutto perché la pasta si trasforma, lievita e si gonfia, stupendo anche il più incredulo dei bambini. Lavorarla è una gioia per il tatto: liscia, morbida ed elastica, prende forma e consistenza sotto le nostre mani. Questa ricetta è una delle più apprezzate dagli utenti di Giallozafferano: naturalmente è solo una delle tante versioni possibili, ma è buonissima e rapida.
La dosi indicate sono corrette, però, se avete tempo, vale la pena di ridurre la quantità di lievito: la pasta ci metterà di più a crescere ma sarà più leggera e il sapore del lievito si avvertirà di meno.

Difficoltà: ★   **Preparazione:** 15'   **Dosi:** 4 persone

Acqua: 600 ml
Farina: 1 kg + 1 spolverata per la spianatoia
Lievito di birra: 50 g
Olio: 6 cucchiai
Sale: 20 g
Zucchero: 2 cucchiaini rasi

1 Disponete la farina a fontana su una spianatoia (o in una capiente bacinella) e formate un buco al centro. Sbriciolate i due cubetti di lievito di birra (o il lievito disidratato) e lo zucchero in una ciotolina di vetro dove avrete versato un bicchiere d'acqua tiepida: mescolate fino a far sciogliere il tutto. Versate il composto nella farina. A parte, sciogliete i 20 g di sale in un altro bicchiere d'acqua tiepida e aggiungete l'olio, poi inserite nella farina.

2 Cominciate a impastare, tenendo a portata di mano un po' di farina e la restante acqua tiepida, che integrerete nella pasta a mano a mano, fino a raggiungere la consistenza desiderata.

3 Quando l'impasto sarà liscio, morbido e consistente, formate una palla e adagiatela in una capiente ciotola adeguatamente spolverizzata di farina sul fondo. Coprite il recipiente con un canovaccio e riponetelo in un luogo tiepido e lontano da correnti d'aria, come il forno spento.

4 Attendete che l'impasto abbia raddoppiato il proprio volume (ci vorrà 1 ora, 1 ora e mezza), poi procedete alla stesura della pasta per la pizza.

Il consiglio di Sonia:

Sciogliere il sale a parte è fondamentale per evitare che, venendo a contatto con il lievito, inibisca l'azione lievitante. Con lo stesso impasto si possono realizzare pagnottelle o panini e, naturalmente, calzoni (formando dischi di pasta, che farcirete al centro, a piacere, e richiuderete conferendo la classica forma a mezzaluna, bagnando i bordi per sigillarli).

RICETTE DI BASE
CRÊPE

Le crêpe sono un bel gioco per i bambini, piacciono a tutti e, se quindici amici vi piombano improvvisamente a cena, salvano palati, tasche e serata. E forse rimediate anche qualche complimento per creatività e spirito di adattamento.
Questa ricetta è in assoluto la più cliccata dagli utenti di Giallozafferano, e i motivi sono tanti. Non ultimo il fatto che la possono preparare veramente tutti: un bimbo mi ha raccontato su Facebook di aver fatto trovare alla sua mamma, nel giorno del suo compleanno, le crêpe in tavola, con tanto di barattolo di Nutella pronto per essere aggredito. Non c'è dubbio: per lo sforzo che richiedono, le crêpe danno veramente moltissima soddisfazione!

Difficoltà: ★ **Cottura:** 2' **Preparazione:** 10' **Dosi:** 6 persone

PER LE CRÊPE SALATE
Burro: 40 g
Farina: 250 g
Latte: 500 ml
Uova: 3
Sale: 1 pizzico

PER LE CRÊPE DOLCI
Burro: 40 g
Farina: 250 g
Latte: 500 ml
Uova: 3
Zucchero: 60 g
Vanillina: 1 bustina
Sale: 1 pizzico

1 Ponete in una ciotola dai bordi alti la farina preventivamente setacciata (insieme a zucchero e vanillina se preparate crêpe dolci), il pizzico di sale e il mezzo litro di latte. Lavorate il composto finché sarà liscio e senza grumi. A parte sbattete le uova, poi unitele alla pastella e continuate a mescolare. Una volta aggiunto il burro sciolto, l'impasto sarà pronto per riposare in frigo, coperto, per mezz'ora.

2 A quel punto, scaldate sul fuoco una padella antiaderente. Quando sarà bollente, versate al centro un mestolino di pastella. Inclinando e ruotando velocemente la padella riuscirete a coprire tutta la superficie disponibile. In alternativa, potete spalmare la pastella con un cucchiaio o con l'apposito attrezzo.

3 Lasciate cuocere per un minuto, scuotendo di tanto in tanto la padella per non far attaccare la crêpe al fondo: non appena sarà dorata giratela dall'altra parte e attendete che assuma lo stesso colore. Appena pronta, fatela scivolare su un piatto, dove ammonticchierete anche le crêpe successive.

Il consiglio di Sonia:

"Se non le servite subito, tenete le crêpe una sull'altra e sigillatele con della pellicola, in modo che non si asciughino, poi scaldatele nel microonde e arricchitele con marmellate, gelatine, creme, gelati o preparazioni salate. Per aromatizzarle, potete aggiungere all'impasto un pizzico di cannella o un bicchierino di rum o cognac."

RICETTE DI BASE
PASTA BRISÉE

La pasta brisée è uno dei fondamentali della cucina francese. Preparazione neutra, consente di realizzare sia piatti salati (come la quiche lorraine o le torte salate) sia dolci, come lo strudel o la tarte tatin. È così versatile che, quando mi venne chiesto da Studenti.it di proporre ai maturandi una ricetta rapida e "svuota frigo", non ebbi esitazioni e sfoderai la pasta brisée, farcita con quello che c'è mescolato con panna e uova.
Qualsiasi cuoco prima o poi ci si cimenterà, quindi è bene ricordare che tutto, dagli attrezzi agli ingredienti, deve essere freddo e che bisogna impastare il più velocemente possibile.

Difficoltà: ★   **Preparazione: 60'**   **Dosi: 250 g** circa di pasta

Acqua ghiacciata: 70 ml
Burro freddo: 100 g
Farina: 200 g
Sale: 1 pizzico

1 Mettete nel frullatore la farina, il burro a pezzi freddo di frigo e un pizzico di sale. Frullate il tutto fino a ottenere un composto sabbiato, cioè dall'aspetto farinoso. A questo punto, disponetelo su una superficie possibilmente di metallo, vetro o marmo (più fredda è, meglio è), nella classica forma a fontana e impastate il tutto velocemente, aggiungendo poco alla volta l'acqua fredda. Quando avrete ottenuto un impasto compatto, sodo e abbastanza elastico la pasta brisée sarà pronta.

2 Avvolgetela in un foglio di pellicola da cucina e lasciatela riposare in frigo per almeno 40 minuti prima di utilizzarla. Se la preparate in anticipo, sappiate che la pasta brisée si conserva in frigorifero per uno o due giorni. In questo caso ricordate di estrarla almeno 1 ora prima di stenderla, perché deve avere il tempo di ammorbidirsi.

Il consiglio di Sonia:

" È fondamentale ricordare che il burro deve essere freddo, appena tolto dal frigo: in questo modo si evita che, durante la cottura in forno, si sciolga troppo rapidamente e la pasta diventi dura. Volendo, per stenderla esistono mattarelli appositi che possono essere riempiti di acqua e ghiaccio, che non surriscaldano la pasta. Lo spessore varierà naturalmente a seconda dell'uso che intendete farne: se la vostra pasta diventerà la base per una torta la lascerete di 4-5 millimetri; se, invece, vi servisse per realizzare tartellette o crostatine, la assottiglierete ancora un po'. Se con la pasta brisée avete intenzione di realizzare una torta salata, per evitare che il fondo rimanga crudo potete effettuare una "cottura alla cieca" o "in bianco". Cioè, cuocete parzialmente il guscio poggiandovi un foglio di carta da forno riempito di legumi, poi estraetelo e riempitelo con il ripieno scelto.

"

RICETTE DI BASE
PIADINA ROMAGNOLA

In casa mia si è sempre cucinato di tutto, compresa la piadina. La preparava mio nonno, che veniva dal ferrarese e aveva passato decine di estati sulla riviera romagnola. La faceva sembrare una magia: ci metteva la stessa allegra e fasulla disattenzione dei prestigiatori. La piadina è uno di quei piatti che dovrebbero essere sempre fatti in casa: in pochi minuti si ottiene un cibo dal sapore infinitamente più prelibato di qualsiasi prodotto si possa acquistare. Tra l'altro, se capitano gli amici a cena, magari di domenica sera, quando è impossibile trovare anche solo mezza pagnotta, in pochissimo tempo il figurone è assicurato.

Difficoltà: ★   **Cottura:** 10'   **Preparazione:** 30'   **Dosi:** 4 piadine

Acqua: 160 ml
Bicarbonato: 2 g
Farina: 500 g
Sale: 10 g
Strutto: 75 g

1 In una ciotola versate la farina e il bicarbonato, unite lo strutto e l'acqua tiepida (o il latte, se preferite una piadina più morbida) nella quale avrete disciolto il sale. Manipolate l'impasto per una decina di minuti per far amalgamare bene tutti gli ingredienti, poi infarinate la ciotola, copritela con un panno umido e lasciate che la pasta riposi per una mezz'ora.

2 A quel punto, dividetela in quattro palle equivalenti, che vi consentiranno di ottenere 4 piadine del diametro di 25 centimetri circa. Stendete i dischi con il mattarello infarinato, fino a quando lo spessore non supererà i 4-5 millimetri. Per ottenere un bordo liscio potete utilizzare un coppapasta di forma circolare oppure una rotella tagliapasta dalla lama liscia, da far scorrere, per esempio, lungo il contorno di un piatto.

3 Fate scaldare una padella antiaderente (l'ideale sarebbe di ghisa o di terracotta) e scaldate le piadine da entrambi i lati, velocemente e a fuoco allegro. La cottura non deve superare i due minuti per lato. Se si formassero delle bolle in superficie, schiacciatele con i rebbi della forchetta. Le piadine sono pronte per la farcitura.

Il consiglio di Sonia:

" La piadina è un gustoso piatto unico ed è buonissima sia da sola sia farcita con salumi, formaggi, salsiccia, verdure gratinate o erbette. La mia preferita è in pieno stile romagnolo, con lo squacquerone, il più fresco possibile. Da non disdegnare neppure i ripieni dolci, come Nutella, miele, marmellata o frutta fresca. "

RICETTE DI BASE
GNOCCHI DI PATATE

Proposta di matrimonio

Io sono golosa di dolci, ma agli gnocchi di patate non posso resistere. Questa ricetta per me vale una proposta di matrimonio: chi riuscirebbe a rimanere indifferente di fronte al perfetto equilibrio tra farina e patate, alla consistenza morbida ma soda degli gnocchi?
Uno dei segreti per preparare questo piatto semplicissimo, che incute un po' di timore a chi in cucina sia alle prime armi, è disporre delle patate giuste. Quando il fruttivendolo ve ne sciorinerà di diversi tipi, basterà tenere presenti due regole: mai le patate novelle e sì alle patate farinose, cioè sì alle più asciutte, come quelle olandesi o quelle rosse.

Difficoltà: ★   **Cottura:** 5'   **Preparazione:** 20'   **Dosi:** 4 persone

- **Farina**: 300 g
- **Patate**: 1 kg
- **Uova**: 1
- **Sale**: q.b.

1 Lavate le patate e, senza sbucciarle, immergetele in una pentola d'acqua salata e lasciate bollire, altrimenti cuocetele al vapore. Quando saranno cotte, sbucciatele ancora calde, schiacciatele e mettetele su un piano di lavoro ben infarinato. Aggiungete un pizzico di sale, la farina e un uovo e lavorate il tutto fino a ottenere un composto compatto ma, allo stesso tempo, soffice. La pasta non deve essere troppo asciutta, ma umida quel tanto che basta per non appiccicarsi su una spianatoia.

2 Per realizzare la forma degli gnocchi, staccate la pasta poco per volta e lavoratela fino a ottenere tanti bastoncini del diametro di 2-3 centimetri. Divideteli a tocchetti, che passerete uno per uno su una forchetta o sull'apposita tavoletta, schiacciando appena: gli gnocchi acquisiranno la classica rigatura e, dalla parte opposta, si formerà il caratteristico incavo. Adagiateli su un piano o un vassoio infarinato e lasciateli riposare.

3 Per cuocerli utilizzate una pentola abbastanza grande con acqua salata, nella quale li inserirete una porzione alla volta. Scolateli man mano che saliranno a galla e conditeli immediatamente.

Il consiglio di Sonia:

"Se non avete tempo ma volete comunque stupire con un effetto speciale, potete colorare i vostri gnocchi semplicemente aggiungendo all'impasto un cucchiaino di salsa di pomodoro, oppure degli spinaci lessi ben strizzati, o ancora del nero di seppia (in quest'ultimo caso, solo se li accompagnerete con un sugo di pesce)."

RICETTE DI BASE
RAGÙ ALLA BOLOGNESE

Pranzo della domenica

Il segreto del ragù è la pazienza: bisogna seguire la cottura, che dura almeno 3 ore, con cura e attenzione. È una ricetta tradizionale emiliana da giorno di festa che richiede tempo e dedizione, anche se la preparazione si esaurisce in pochi minuti. Ne esistono versioni a non finire, tutte personalizzate. Io faccio riferimento a quella ufficiale, depositata il 17 ottobre 1982 dall'Accademia Italiana della Cucina alla Camera di commercio di Bologna, che raccomanda di utilizzare un taglio di bovino piuttosto grasso, chiamato "cartella". Se volete diminuire l'apporto di grassi saturi potete utilizzare tagli di carne più magri, nonché sostituire la pancetta con la salsiccia.

Difficoltà: ★   **Cottura:** 180'   **Preparazione:** 10'   **Dosi:** 6 persone

Brodo di carne: 250 ml
Burro: 50 g
Carne macinata di bovino: 250 g
Carne macinata di suino: 250 g
Carote: 1
Cipolle: 1
Sedano: 1 gambo
Latte intero: 1 bicchiere
Vino rosso: 1 bicchiere
Olio: 3 cucchiai
Pancetta: 100 g
Concentrato di pomodoro: 30 g
Sale e pepe: q.b.

1 Pelate la cipolla e la carota, togliete i filamenti al sedano e tritate tutto finemente. Ponete l'olio e il burro in una pentola dai bordi alti dove, una volta sciolto il burro, aggiungerete il trito di verdure, che lascerete imbiondire.

2 Nel frattempo tritate la pancetta e unitela alla carne macinata. Versate tutto in pentola e lasciate soffriggere finché la carne non si sia rosolata, mescolando di tanto in tanto. Aggiungete quindi il vino rosso e lasciatelo sfumare, dopodiché sciogliete il concentrato di pomodoro in poco brodo e unitelo alla carne. Mescolate, salate e fate cuocere per circa 2 ore a fuoco lento, unendo, poco alla volta, il brodo residuo e, infine, il latte. Quando il ragù sarà pronto, aggiustate di sale e pepate a piacere.

Il consiglio di Sonia:

" L'accompagnamento ideale per il ragù alla bolognese sono le tagliatelle fresche all'uovo, accoppiata emiliana di sicuro successo! Al momento di servirle, portate in tavola del parmigiano reggiano grattugiato, che i vostri commensali possano spolverizzare a piacere sulla pasta. "

RICETTE DI BASE
MAIONESE

Con il caldo, la maionese tende a impazzire. Peccato che io non lo sapessi quando, anni fa, in agosto, per il battesimo di una delle mie figlie mi venne la geniale idea di prepararla per accompagnare il pesce. Molti ospiti, molta maionese: ne avevo una vasca, tutta raggrumata. A nulla servì mescolarla furiosamente. Ero ancora in preda al panico quando vidi comparire mia cognata che, tranquillissima, mi levò la bacinella dalle mani, spaccò un uovo in un altro recipiente e cominciò a montarlo, aggiungendo un cucchiaio per volta la mia povera maionese distrutta. Tempo un quarto d'ora e la salsa (e i miei nervi) erano salvi.

Difficoltà: ★   Preparazione: **30'**   Dosi: **400 g** circa di maionese

Uova: 2 tuorli
Olio di semi: 250 ml
Limone: ½ (succo filtrato)
Aceto: 1 cucchiaio
Sale: q.b.
Pepe bianco macinato (facoltativo)

1 Innanzitutto ricordate che, per preparare la maionese, olio e uova devono essere a temperatura ambiente e il tuorlo deve essere perfettamente separato dal bianco.

2 Per cominciare, prendete una ciotola dai bordi alti e posizionatela su di un canovaccio inumidito (così durante la lavorazione non si muoverà). Versatevi i tuorli con un pizzico di sale e il pepe, se volete, poi aggiungete un cucchiaino d'aceto. Sbattete gli ingredienti fino ad amalgamarli, poi cominciate a versare l'olio a filo. Senza mai smettere di mescolare, e avendo cura di farlo sempre nello stesso senso, quando avrete aggiunto tutto l'olio e la salsa sarà della giusta cremosità potrete unire il succo di limone ed eventualmente aggiustare ancora di sale e pepe. Se non la consumate immediatamente, potete conservare la maionese in frigo, coperta con la pellicola trasparente.

Il consiglio di Sonia:

" La maionese fatta in casa è una salsa per veri intenditori: il sapore è molto diverso da quella che si trova in commercio e vale assolutamente la pena prepararla con le proprie mani, anche se probabilmente poi non acquisterete mai più tubetti preconfezionati. La maionese di solito impazzisce per il caldo o perché l'olio è stato unito troppo velocemente: finite quindi di inglobare la quantità di olio che avete versato prima di aggiungerne ancora. "

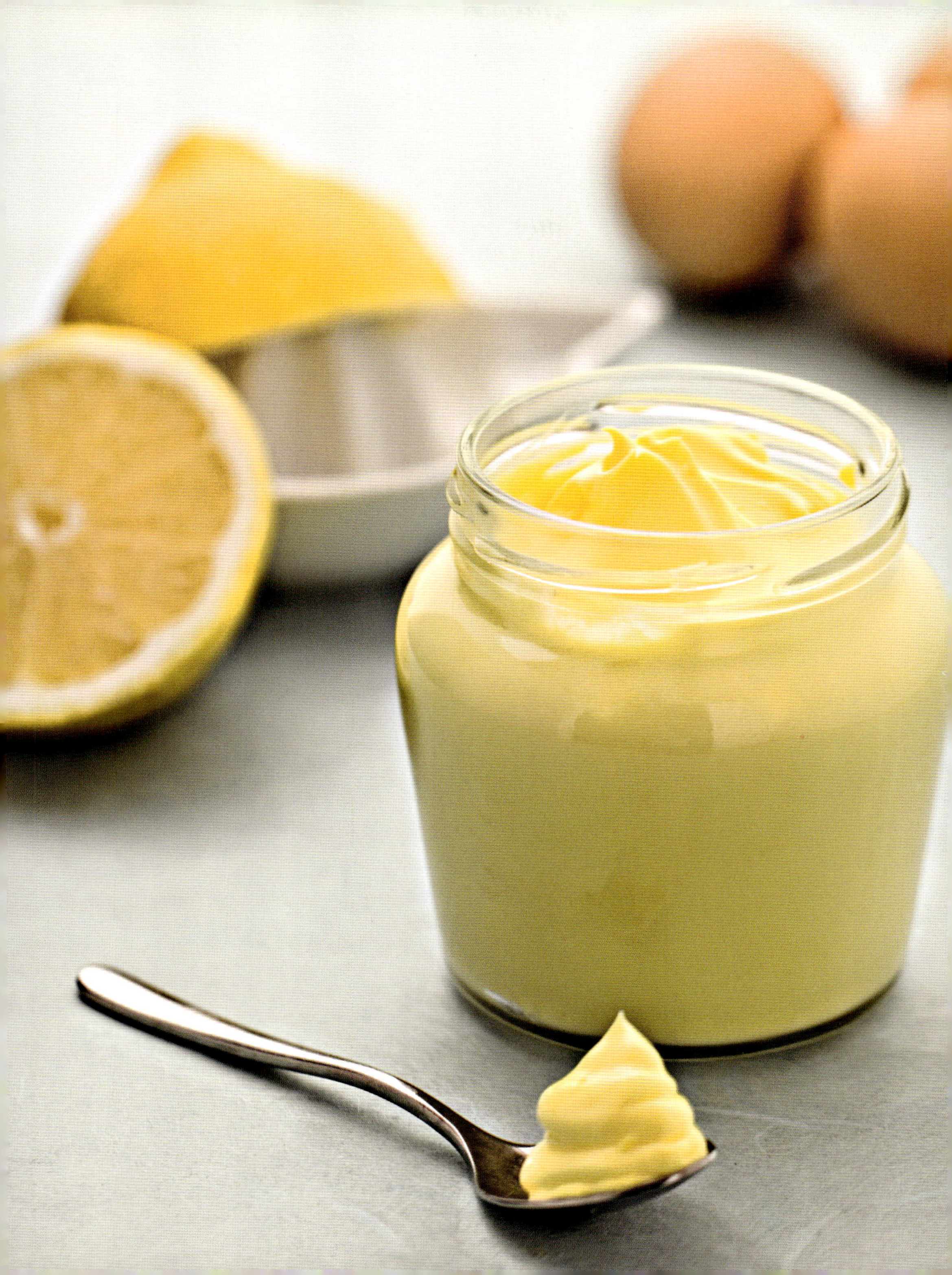

RICETTE DI BASE
BESCIAMELLA

Io la adoro. Corposa al punto di assomigliare a un budino o fluida come una crema, la besciamella è buonissima e talmente semplice da cucinare che non la comprerei mai. Riuscire a ottenerla della densità giusta sembra richiedere la conoscenza di raffinate alchimie, invece è molto semplice. È tutta questione di farina: per ogni litro di latte (fresco, rigorosamente), 100 g di burro e 100 di farina, da aggiungere o calare a seconda della fluidità desiderata.

Difficoltà: ★   **Cottura:** 15-20'   **Preparazione:** 10'   **Dosi:** 1,2 kg

Latte: 1 litro
Burro: 100 g
Farina: 100 g
Noce moscata, sale: 1 pizzico

1 Fate sciogliere il burro in un pentolino, poi unite la farina setacciata e cuocete il tutto per qualche minuto, mescolando continuamente per evitare che il composto si attacchi. In questo modo avrete ottenuto quello che i francesi chiamano "roux", la base della salsa.

2 Togliete il pentolino dalla fiamma e versatevi il latte caldo, mescolando con un cucchiaio di legno, poi riportatelo sul fuoco e fate cuocere finché la besciamella comincerà a bollire: è il momento di aggiungere un pizzico di sale e uno di noce moscata. A questo punto, lasciatela cuocere a fuoco basso il tempo necessario perché si addensi, mescolando di tanto in tanto.

Il consiglio di Sonia:

"Burro e farina non andrebbero mischiati sul fuoco per evitare che la farina, cuocendo troppo in fretta, non si amalgami e formi grumi difficili da sciogliere, anche con l'aggiunta del latte. È meglio togliere per un istante il pentolino dalla fiamma, mescolare i due ingredienti e, solo poi, riprendere la cottura. La besciamella è molto versatile e può essere modificata a seconda dell'uso che intendete farne. Se la volete più consistente (per mescolarla, per esempio, all'impasto delle crocchette) aggiungete farina; se la volete più fluida, perché magari dovete stenderla su una lasagna, aggiungete latte. Aggiunte ad hoc, invece, la renderanno perfetta per usi meno comuni: insaporitela con del brodo vegetale per accompagnare le verdure, o con le erbe aromatiche per la carne e il pesce."

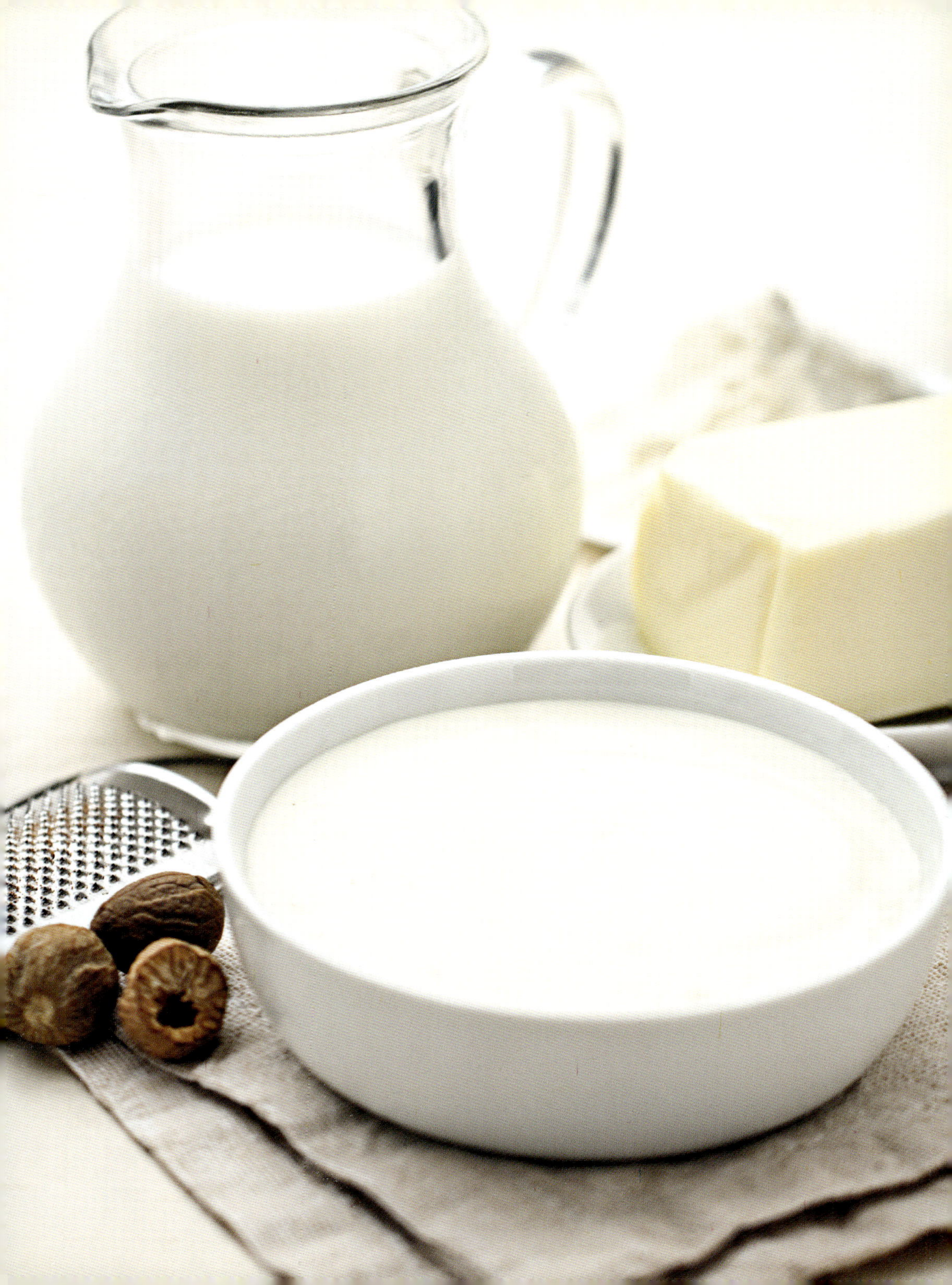

RICETTE DI BASE
CREMA PASTICCERA

Con tre figlie, non so se nella mia vita ho fatto più caffè o crema pasticcera.
Prima o poi tutti si buttano e scelgono di prepararla da soli e, proprio per questo, della ricetta esistono infinite versioni. La mia è stata modificata nel tempo e oggi posso quasi garantirla. L'ho testata innumerevoli volte per feste e compleanni: non c'è stata volta che non abbia pescato qualcuno con il dito indice immerso nella farcitura della torta!
Nella versione classica, o nella sua variante al cioccolato, la crema pasticcera è una preparazione base di grande effetto e dai molteplici usi: è perfetta per farcire sia deliziose torte di compleanno sia bignè ed éclair.

Difficoltà: ★   **Cottura**: 10'   **Preparazione**: 15'   **Dosi**: **900 g** circa

Farina: 50 g
Latte: 500 ml
Uova: 6 tuorli
Zucchero: 150 g
Vaniglia: 1 baccello

1 Lasciate da parte un bicchiere di latte e fate sfiorare il bollore al resto in una capiente casseruola con il baccello di vaniglia, poi toglietelo dal fuoco e lasciatelo in infusione per 10 minuti.

2 A parte, sbattete i tuorli con lo zucchero, unite il bicchiere di latte a filo, poi incorporate pian piano la farina setacciata. Togliete il baccello dalla casseruola e versatevi, poco alla volta e senza smettere di mescolare con una frusta, il composto di uova, farina, zucchero e latte.

3 Portate il tutto a ebollizione e lasciate sobbollire a fuoco dolce per alcuni minuti, finché la crema si sarà addensata. Continuate a sbattere con la frusta per evitare la formazione di grumi. Quando la crema sarà arrivata alla giusta densità, fatela raffreddare in un recipiente basso, largo e freddo, coprendola a pelle con la pellicola, che eviterà la formazione di una crosticina più scura sulla superficie.

Il consiglio di Sonia:

"Se non trovate il baccello di vaniglia, potete sostituirlo con qualche goccia di essenza di vaniglia. Il baccello, però, oltre a conferire alla crema un sapore più genuino, ha un uso ulteriore: una volta svuotato dei semi, se lasciato per una settimana nel barattolo dello zucchero vi regalerà dell'ottimo zucchero vanigliato. Una gustosa variante: una volta che il composto si sarà addensato, toglietelo dal fuoco e aggiungete 100-150 g (a seconda dei gusti) di cioccolato fondente finemente tritato. Mescolando finché non si sarà sciolto otterrete la crema pasticcera al cioccolato, ottima anche come dessert al cucchiaio."

RICETTE DI BASE
PAN DI SPAGNA

Semplice e rapido da preparare, il pan di spagna è la base per indimenticabili torte di compleanno e dolci comuni ma raffinati, come la zuppa inglese.
È una di quelle ricette che, avendo tre figlie che compiono gli anni, ciascuna con amici che a loro volta compiono gli anni, ho preparato centinaia di volte.
Per fare il pan di spagna esistono due scuole di pensiero: la mia ricetta si basa sulla doppia montata, cioè rossi e bianchi d'uovo montati separatamente con lo zucchero, ma è possibile montare i vari ingredienti anche contemporaneamente nella planetaria.

Difficoltà: ★ **Cottura:** 40' **Preparazione:** 25' **Dosi:** 6 persone

Farina: 75 g
Fecola di patate: 75 g
Uova (medie): 5
Zucchero: 150 g
Sale: 1 pizzico
Vaniglia: 1 baccello

1 Prima di fare qualsiasi altra cosa, preriscaldate il forno a 180°.

2 Dividete poi gli albumi dai tuorli e metteteli in due grandi ciotole separate. Sbattete i tuorli con metà dello zucchero fino a ottenere un composto spumoso, gonfio e di colore giallo chiaro.

3 Ora, dopo aver ripulito bene le fruste elettriche o la planetaria, passate agli albumi. Dopo circa 5 minuti, quando saranno abbastanza gonfi e bianchi, aggiungete lo zucchero rimanente e proseguite a montare ancora per qualche secondo. La consistenza finale dovrà essere spumosa ma morbida, non a neve troppo ferma, per evitare la formazione di grumi nella fase immediatamente successiva.

4 Unite albumi e tuorli e, al composto, aggiungete la farina, la fecola di patate (volendo la vaniglia), versandole insieme con l'ausilio di un setaccio, per evitare la formazione di grumi, e il sale. Mescolate il tutto con un cucchiaio di legno fino a ottenere un impasto omogeneo, che verserete in una teglia rotonda a cerniera del diametro di 24 centimetri, precedentemente infarinata e imburrata. Livellate e infornate per almeno 35-40 minuti senza mai aprire il forno nella prima mezz'ora di cottura.

5 Una volta cotto, fate raffreddare il pan di spagna nello stampo prima di aprirlo.

Il consiglio di Sonia:

"Per verificare la cottura, passati i 40 minuti, bucate il centro della torta con uno stuzzicadenti: se vedete che è rimasta attaccata della pasta, la cottura non è ultimata. Per evitare che il pan di spagna, una volta cotto, si sgonfi, lasciatelo raffreddare per 10 minuti nel forno spento. Una volta pronto, potete tagliarlo orizzontalmente o a quadrotti e farcirlo a piacimento."

RICETTE DI BASE
PASTA FROLLA

Mani in pasta

La pasta frolla è la palestra di chi si avvicina alla preparazione dei dolci, ma anche un gioco spettacolare da fare con i vostri bambini: va impastata, manipolata, può essere guarnita con codette e diavolini di diverse forme e sapori e, nella versione al cioccolato, cambia addirittura colore. Perfetta per passare un piovoso pomeriggio d'inverno.
La ricetta francese originale vuole che il burro debba pesare la metà della farina, poi ciascuno chef la modifica a suo piacimento. Io, per esempio, sono una sostenitrice della versione con lo zucchero a velo, che la rende assai più croccante di quanto faccia lo zucchero semolato.

Difficoltà: ★   **Preparazione: 60'**   **Dosi: 6 persone**

Burro: 250 g
Farina 00: 500 g
Uova (grandi): 4 tuorli
Zucchero a velo: 200 g
Limone: 1 (scorza grattugiata)
Sale: 1 pizzico

1 Mettete la farina, un pizzico di sale e il burro appena tolto dal frigo nel mixer e frullate fino a ottenere un composto dall'aspetto sabbioso e farinoso, al quale aggiungerete lo zucchero a velo. A questo punto, formate sulla spianatoia la classica fontana, nel cui centro verserete la scorza del limone e i tuorli. Amalgamate velocemente il tutto: l'impasto che ne risulterà sarà compatto ed elastico.

2 Formate una palla, avvolgetela con la pellicola trasparente e lasciatela riposare in frigo per almeno mezz'ora, dopo la quale la pasta frolla sarà pronta per essere stesa e utilizzata per preparare biscotti e crostate.

Il consiglio di Sonia:

" La miglior pasta frolla si ottiene con il burro appena estratto dal frigo. Tutto ciò che entrerà in contatto con l'impasto durante la lavorazione dovrà essere molto freddo, compresi gli attrezzi e, possibilmente, le vostre mani. Vi suggerisco di utilizzare della farina povera di glutine, come la 00, che renderà l'impasto, una volta cotto, friabile. In altre parole, "frollo". Se la vostra frolla dovesse impazzire, ovvero sbriciolarsi nel corso del procedimento, niente paura: invece di aggiungere altra farina basterà aggiungere all'impasto un po' d'acqua fredda o mezzo albume per recuperarla e renderla più elastica. "

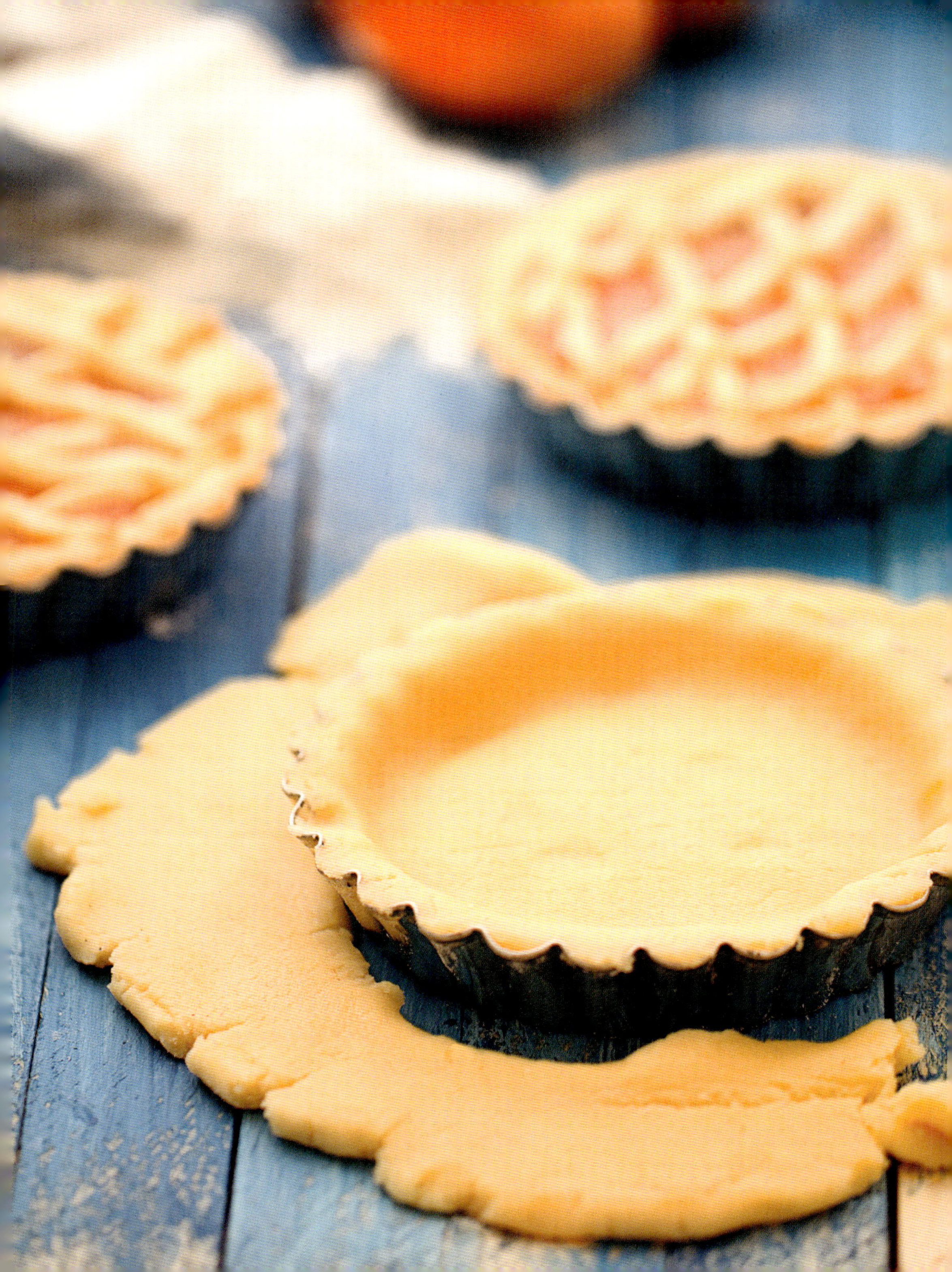

RICETTE DI BASE
PASTA CHOUX

"Conosci il tuo forno" dovrebbe essere il mantra di chi prepara la pasta choux. L'aspetto più delicato di questa ricetta è la cottura, sia perché avviene in due tempi (prima sul fuoco, poi in forno), sia perché, una volta infornata, bisogna diminuire la temperatura al momento e al grado giusti.
Il forno, per chi cucina abitualmente, non è una macchina, ma un compagno di squadra. Ciascuno è diverso, quindi consiglio di fare qualche piccolo esperimento per prenderci confidenza e capire come si comporta prima di fare danni. Io, ogni volta che l'ho cambiato, e ne ho cambiati parecchi, ho dovuto adattare i tempi di cottura.

Difficoltà: ★ **Cottura: 25-30'** **Preparazione: 30'** **Dosi: 60** bignè

Acqua: 200 ml
Burro: 100 g
Farina: 130 g
Uova: 4
Zucchero: 1 cucchiaino (per preparazioni dolci)
Sale: 1 pizzico

1 Versate in un tegame i 200 ml d'acqua (potete anche unire 100 ml di acqua e 100 di latte) con il burro, lo zucchero e un pizzico di sale. Non appena l'acqua comincerà a bollire, togliete il tegame dal fuoco e buttateci dentro la farina setacciata, mescolando bene e rapidamente così da evitare la formazione di grumi.

2 Una volta che gli ingredienti saranno amalgamati, rimettete il tegame sul fuoco e, a fiamma bassa, mescolate con vigore: la miscela diverrà presto consistente e morbida e si staccherà dalle pareti, formando una palla. Quando sul fondo della pentola si sarà formata una patina bianca, togliete l'impasto dal fuoco e lasciatelo raffreddare completamente su un piatto. Per accelerare questo procedimento potete immergere il tegame in acqua fredda.

3 Rompete le uova – che nel frattempo avrete estratto dal frigo e quindi saranno a temperatura ambiente – e inseritele nel composto uno per volta, aspettando che ciascun uovo sia completamente assorbito dall'impasto prima di passare al successivo. Questa operazione può essere svolta a mano, con un cucchiaio di legno, oppure in una planetaria dotata di gancio a foglia.

4 Quando avrete terminato di incorporare le uova nell'impasto, la pasta choux sarà pronta. È perfetta se, facendola scendere da un cucchiaio di legno, forma una specie di nastro.

5 Mettetela in una tasca da pasticcere con bocchetta liscia, ungete di burro la placca del forno (oppure copritela con la carta da forno) e formate dei mucchietti di pasta rotondi (per i bignè), oppure dei bastoncini lunghi 5 centimetri (per gli éclair).

6 Fate cuocere per 15 minuti a 220° in forno statico (con forno ventilato tenete la temperatura a 200°) evitando di aprirlo, poi abbassate la temperatura a 190° e cuocete per altri 10 minuti, trascorsi i quali potete spegnere il forno e lasciare i bignè riposare al suo interno per altri 10-15 minuti con lo sportello leggermente aperto, per far uscire l'eventuale umidità. Potete anche bucarli con uno stecchino, così che l'aria li asciughi internamente, evitando di vederli ammosciare una volta estratti dal forno. Quando saranno completamente freddi potete utilizzarli per le vostre preparazioni.

RICETTE DI BASE
PASTA SFOGLIA

La pasta sfoglia richiede molta attenzione: bisogna infatti permettere all'aria di inglobarsi tra i vari strati di pasta e burro, in modo da dilatarsi poi durante la cottura, grazie a un processo chiamato "lievitazione fisica". La preparazione è complessa al punto che, al giorno d'oggi, la fanno sostanzialmente solo i pasticceri.
In una raccolta di ricette davvero completa, però, non può mancare per la sua versatilità. In teoria è una base neutra, ma a seconda della spennellatura diventa perfetta per torte salate e vol-au-vent (solo uovo) o per dolci e pasticcini (uovo e zucchero).

Difficoltà: ★ ★ ★   **Preparazione: 130'**   **Dosi: 1 kg** di pasta circa

PER IL PASTELLO
Farina manitoba: 150 g
Farina 00: 200 g
Acqua: circa 250 ml
Sale: 8 g

PER IL PANETTO
Burro: 250 g
Farina 00: 75 g

1 Iniziate con la preparazione del pastello. Mescolate e setacciate le due farine, preferibilmente in una planetaria con gancio a foglia, oppure a mano. Sciogliete il sale nell'acqua e impastate il tutto a media velocità per circa 8 minuti: dovete ottenere un composto più morbido ed elastico di quello del pane e, naturalmente, liscio e omogeneo. Lasciatelo riposare, coperto con un canovaccio, in un luogo fresco per almeno mezz'ora.

2 Nel frattempo occupatevi del panetto. Estraete il burro dal frigo, tagliatelo a cubetti e inseritelo nella planetaria con i 75 g di farina: mischiate fino a ottenere un composto amalgamato e senza grumi, che ridurrete in un quadrato dello spessore di circa 1 centimetro, o con le mani infarinate o ponendolo tra due fogli di carta da forno e appiattendolo con l'ausilio di un mattarello. Inserite il panetto nella parte bassa del frigo – la più fredda – per almeno mezz'ora.

3 Stendete il pastello: ne ricaverete un rettangolo di circa 50 centimetri di lunghezza al centro del quale posizionerete il panetto, ormai pronto (1), che coprirete con i due lembi più lunghi del pastello, facendoli combaciare (2). Ripiegate anche gli altri due, fino a chiudere il panetto su ogni lato (3). Ricordatevi sempre di infarinare il piano di lavoro e la pasta per facilitarvi il lavoro di stesura.

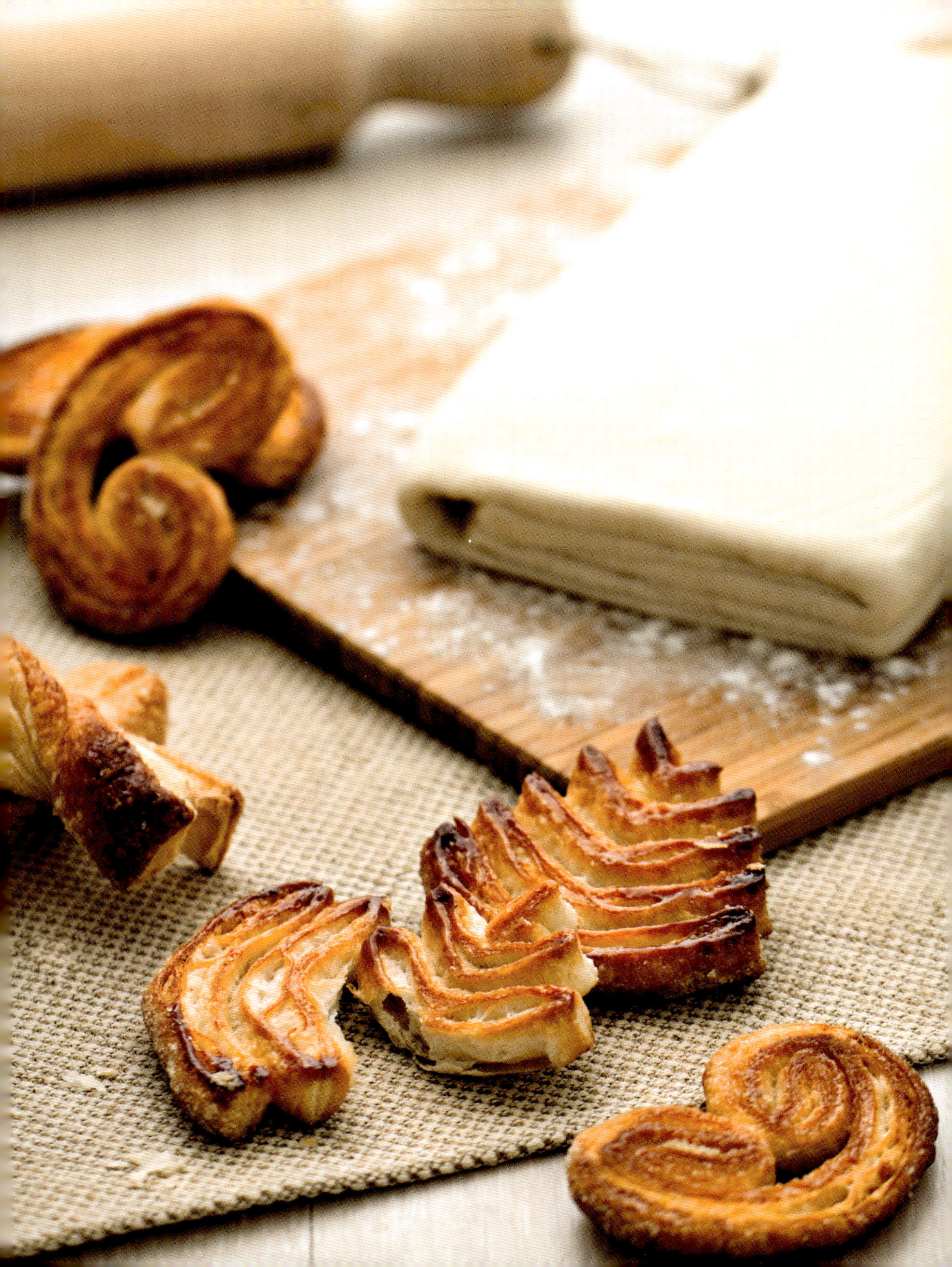

1.

2.

3.

4.

5.

6.

4 Prendete un mattarello ed esercitate una pressione sull'impasto, così da rendere più cedevole il panetto di burro (4). Potete quindi cominciare a stendere la sfoglia, che dovrà acquisire una forma rettangolare, regolare. Per fare ciò non limitatevi a stenderla muovendo il mattarello avanti e indietro (perché rischiate di ottenere una sfoglia a forma di clessidra), ma dovete imprimere dei movimenti obliqui, tenendo il mattarello lungo la diagonale del vostro rettangolo ideale, in modo da allargarne anche il centro. Quando otterrete una larghezza di circa 25 centimetri sarete pronti per procedere con le pieghe.

5 Piegate i due lati più corti in modo da farli combaciare al centro del lato più lungo (5), dopodiché ripiegate la sfoglia a libro, segnatela con una pressione del dito (che vi ricorderà che avete appena praticato la prima piega, 6), avvolgetela nella pellicola e mettetela in frigo per almeno mezz'ora.

6 A quel punto estraete la sfoglia, posizionatela di fronte a voi con l'apertura sulla destra e ripetete l'operazione di stesura e piegatura. Prima di riavvolgerla nella pellicola e di riposizionarla in frigo, segnatela per due volte per ricordare di aver effettuato la seconda piega.

7 L'intero procedimento andrà ripetuto altre due volte, per un totale di quattro pieghe.

8 Alla fine, la pasta andrà lasciata riposare in frigo per almeno 1 ora. Qualora non intendeste utilizzarla subito, potete fasciarla nella pellicola e congelarla.

Il consiglio di Sonia:

" Per non compromettere la realizzazione della ricetta, tutto – ingredienti, ambiente, mani e attrezzi – deve essere assolutamente freddo. "

RICETTE DI BASE
MERINGA ALLA FRANCESE

Quando preparo le meringhe faccio contenti i due uomini di casa, cioè il mio compagno e il cane, Leo, che si piazza davanti al forno in trepidante attesa del risultato.
Le meringhe sono uno di quei piatti generalmente temuti, ma che, con qualche piccolo accorgimento, non possono non riuscire. I segreti sono due: i bianchi d'uovo non devono essere freddi, ma almeno a temperatura ambiente (è possibile anche scaldarli, fino a 35-40°), e lo zucchero a velo va montato per metà con lo sbattitore elettrico, mentre il resto deve essere incorporato a mano nell'impasto.

Difficoltà: ★   **Cottura:** 120'   **Preparazione:** 15'   **Dosi:** 300 g circa

Uova: 100 g di albumi
Zucchero: 220 g
Sale: 1 pizzico
Limone: qualche goccia di succo

1 Accendete il forno a 80-100°. Dividete i tuorli dagli albumi e ponete questi ultimi, insieme a un pizzico di sale e a un terzo dello zucchero, in un contenitore dai bordi alti. Se volete rendere l'impasto lucido e attenuare il forte odore dell'uovo, aggiungete qualche goccia di succo di limone filtrato. Con uno sbattitore elettrico montate gli albumi a neve fermissima fino a raddoppiarne il volume, poi inglobate un altro terzo di zucchero. Poi, con una spatola, unite l'ultimo terzo mescolando delicatamente dal basso verso l'alto, come per incorporare aria.

2 Inserite il composto in una sac à poche (tasca da pasticcere) munita di bocchetta larga (liscia o dentellata) e, in una teglia foderata con la carta da forno, formate meringhe del diametro di 4-5 centimetri.

3 Le meringhe devono asciugare più che cuocere, quindi lasciatele in forno, a bassa temperatura, per almeno 2 ore (a temperature inferiori agli 80° potreste protrarre la cottura anche a 4-6 ore). Non devono prendere colore quindi, dopo la prima ora, date un'occhiata: se stanno ingiallendo, abbassate ulteriormente la temperatura e socchiudete lo sportello, prevenendo così il formarsi di umidità, acerrima nemica delle meringhe.

Il consiglio di Sonia:

" Per una perfetta riuscita, dovrete stare molto attenti nel separare i bianchi dai rossi d'uovo, poiché una minima traccia di tuorlo impedirebbe agli albumi di montare a neve ferma. Parimenti, non deve esserci traccia di grasso sugli attrezzi che utilizzerete, che dovranno essere ben puliti e asciutti. Le meringhe possono essere insaporite con l'aggiunta di altri ingredienti, come cacao, cannella o mandorle, che incorporerete nell'impasto alla fine della preparazione, mescolando delicatamente dal basso verso l'alto. "

Le ricette di GialloZafferano
in ordine di apparizione

Antipasti

Arancini di riso, 10
Bignè salati, 12
Bocconcini di patate
   con formaggio e pancetta, 14
Bruschette al lardo e rosmarino, 16
Caponata, 18
Caviale di melanzane, 20
Cipolline in agrodolce, 22
Cozze gratinate, 24
Crocchette di patate, 26
Frollini al parmigiano, 28
Funghi trifolati, 30
Insalata russa, 32
Involtini di peperoni con cuore di caprino, 34
Mozzarella in carrozza, 36
Olive all'ascolana, 38
Pâté di fegato, 40
Pizzelle fritte, 42
Rotolini di zucchine con crudo e robiola, 44
Supplì al telefono, 46
Tartufini colorati al formaggio, 48
Tris di tartine, 50
Uova alla greca, 52
Vol-au-vent fantasia, 54
Mini cheesecake al salmone, 56
Pizzette di sfoglia, 58
Crostini rustici di polenta, 60
Capesante gratinate alla provenzale, 62
Vellutata di lenticchie in crosta, 64

Primi

Canederli alla tirolese, 68
Spätzle panna e speck, 70
Pizzoccheri alla valtellinese, 72
Lasagne alla bolognese, 74
Parmigiana di melanzane, 76
Cannelloni, 78

Crespelle con speck, radicchio e fontina, 80
Gnocchi alla romana, 82
Gnocchi alla sorrentina, 84
Caramelle ricotta e spinaci, 86
Penne all'arrabbiata, 88
Pennette alla boscaiola, 90
Trofie al pesto, 92
Caserecce con pesto alla siciliana, 94
Risotto ai funghi porcini, 96
Risotto affumicato, 98
Risotto alla zucca, 100
Risotto allo zafferano, 102
Spaghetti all'amatriciana, 104
Spaghetti alla carbonara, 106
Pici all'aglione, 108
Tagliolini salmone e piselli, 110
Linguine con pomodori confit, 112
Spaghetti cacio e pepe, 114
Spaghetti alla norma, 116
Spaghetti allo scoglio, 118
Spaghetti alle vongole, 120
Pasta e fagioli, 122
Zuppa di cipolle, 124

Secondi

Calamari ripieni, 128
Sogliola arrotolata alle erbe e olive, 130
Insalata di polpo e patate, 132
Medaglioni di salmone al pepe verde, 134
Branzino in crosta di sale, 138

Impepata di cozze, 140
Orata all'acqua pazza, 142
Brasato al barolo, 144
Filetto al pepe verde, 146
Costoletta alla milanese, 148
Ossibuchi alla milanese, 150
Pollo alla cacciatora, 152
Spiedini di pollo, 154
Roastbeef all'inglese, 156
Arrosto di maiale alla birra, 158
Saltimbocca alla romana, 160
Scaloppine al limone, 162
Vitello tonnato, 164
Arrosto alla panna, 166
Spezzatino di vitello con patate, 170
Trippa con fagioli, 172
Polpette al sugo, 174
Zucchine ripiene, 176
Focaccia alla genovese, 178
Frittata di patate, 180
Cordon bleu, 182
Pizze!, 184

Dolci

Baci di dama, 188
New York cheesecake, 190
Creme brûlée, 192
Crostata alla confettura di albicocche, 194
Delizie al limone, 196
Frittelle del luna park, 200

Panna cotta, 202

Krapfen, 204

Muffin con gocce di cioccolato, 206

Pastiera napoletana, 208

Profiteroles al cioccolato, 210

Salame di cioccolato, 212

Strudel di mele, 214

Torta rustica di mele, 216

Tiramisù, 218

Torta al caffè, 220

Torta caprese, 222

Torta della nonna, 224

Torta mimosa, 226

Torta paradiso, 228

Torta di pere e cioccolato, 230

Tortino di cioccolato con cuore fondente, 232

Biscottini di natale alle mandorle, 234

Bacetti golosi, 236

Rotolo alla crema di nocciole, 238

Torta di compleanno, 240

Ventagli di sfoglia, 242

E per finire...

Ananas alla piastra con miele e cannella, 246

Cantucci e vin santo, 248

Gelato al cioccolato e alla panna, 250

Limoncello, 252

Liquore di crema all'uovo, 254

Spiedini di frutta, 256

Vin brûlé, 258

Ricette di base

Pasta fresca all'uovo, 262

Pasta per la pizza, 264

Crêpe, 266

Pasta brisée, 268

Piadina romagnola, 270

Gnocchi di patate, 272

Ragù alla bolognese, 274

Maionese, 276

Besciamella, 278

Crema pasticcera, 280

Pan di spagna, 282

Pasta frolla, 284

Pasta choux, 286

Pasta sfoglia, 288

Meringa alla francese, 292

Le ricette di GialloZafferano in ordine alfabetico

Ananas alla piastra con miele e cannella, 246
Arancini di riso, 10
Arrosto alla panna, 166
Arrosto di maiale alla birra, 158
Bacetti golosi, 236
Baci di dama, 188
Besciamella, 278
Bignè salati, 12
Biscottini di Natale alle mandorle, 234
Bocconcini di patate con formaggio e pancetta, 14
Branzino in crosta di sale, 138
Brasato al Barolo, 144
Bruschette al lardo e rosmarino, 16
Calamari ripieni, 128
Canederli alla tirolese, 68
Cannelloni, 78
Cantucci e vin santo, 248

Capesante gratinate alla provenzale, 62
Caponata, 18
Caramelle ricotta e spinaci, 86
Caserecce con pesto alla siciliana, 94
Caviale di melanzane, 20
Cipolline in agrodolce, 22
Cordon bleu, 182
Costoletta alla milanese, 148
Cozze gratinate, 24
Crema pasticcera, 280
Creme brûlée, 192
Crespelle con speck, radicchio e fontina, 80
Crocchette di patate, 26
Crostata alla confettura di albicocche, 194
Crostini rustici di polenta, 60
Crêpe, 266
Delizie al limone, 196
Filetto al pepe verde, 146
Focaccia alla genovese, 178

Frittata di patate, 180
Frittelle del luna park, 200
Frollini al parmigiano, 28
Funghi trifolati, 30
Gelato al cioccolato e alla panna, 250
Gnocchi alla romana, 82
Gnocchi alla sorrentina, 84
Gnocchi di patate, 272
Impepata di cozze, 140
Insalata di polpo e patate, 132
Insalata russa, 32
Involtini di peperoni con cuore di caprino, 34
Krapfen, 204
Lasagne alla bolognese, 74
Limoncello, 252
Linguine con pomodori confit, 112
Liquore di crema all'uovo, 254
Maionese, 276
Medaglioni di salmone al pepe verde, 134
Meringa alla francese, 292
Mini cheesecake al salmone, 56
Mozzarella in carrozza, 36
Muffin con gocce di cioccolato, 206
New York cheesecake, 190
Olive all'ascolana, 38
Orata all'acqua pazza, 142
Ossibuchi alla milanese, 150
Pan di spagna, 282
Panna cotta, 202

Parmigiana di melanzane, 76
Pasta brisée, 268
Pasta choux, 286
Pasta e fagioli, 122
Pasta fresca all'uovo, 262
Pasta frolla, 284
Pasta per la pizza, 264
Pasta sfoglia, 288
Pastiera napoletana, 208
Pâté di fegato, 40
Penne all'arrabbiata, 88
Pennette alla boscaiola, 90
Piadina romagnola, 270
Pici all'aglione, 108
Pizze!, 184
Pizzelle fritte, 42
Pizzette di sfoglia, 58
Pizzoccheri alla valtellinese, 72
Pollo alla cacciatora, 152
Polpette al sugo, 174
Profiterole al cioccolato, 210
Ragù alla bolognese, 274
Risotto affumicato, 98
Risotto ai funghi porcini, 96
Risotto alla zucca, 100
Risotto allo zafferano, 102
Roast-beef all'inglese, 156
Rotolini di zucchine con crudo e robiola, 44
Rotolo alla crema di nocciole, 238
Salame di cioccolato, 212

Saltimbocca alla romana, 160

Scaloppine al limone, 162

Sogliola arrotolata alle erbe e olive, 130

Spaghetti alla carbonara, 106

Spaghetti alla norma, 116

Spaghetti alle vongole, 120

Spaghetti allo scoglio, 118

Spaghetti all'amatriciana, 104

Spaghetti cacio e pepe, 114

Spezzatino di vitello con patate, 170

Spiedini di frutta, 256

Spiedini di pollo, 154

Spätzle panna e speck, 70

Strudel di mele, 214

Supplì al telefono, 46

Tagliolini salmone e piselli, 110

Tartufini colorati al formaggio, 48

Tiramisù, 218

Torta al caffè, 220

Torta caprese, 222

Torta della nonna, 224

Torta di compleanno, 240

Torta di pere e cioccolato, 230

Torta mimosa, 226

Torta paradiso, 228

Torta rustica di mele, 216

Tortino di cioccolato con cuore fondente, 232

Trippa con fagioli, 172

Tris di tartine, 50

Trofie al pesto, 92

Uova alla greca, 52

Vellutata di lenticchie in crosta, 64

Ventagli di sfoglia, 242

Vin brûlé, 258

Vitello tonnato, 164

Vol-au-vent fantasia, 54

Zucchine ripiene, 176

Zuppa di cipolle, 124

Grazie allo staff di GialloZafferano, che lavora con me quotidianamente con grande passione: Francesco Lopes, Julien Giusta, Deborah Nania, Valentina Nania, Anna Tipaldi, Giampiero D'Amato, Martina Spinaci, Arianna Lasorsa, Carolina Turconi e Mauro Padula.
Grazie ad Andrea Santagata, per aver sempre creduto in me, per aver valorizzato il mio lavoro e per i suoi fondamentali consigli, senza i quali questo libro sarebbe stato diverso.
Grazie a Paolo Gavazza per i preziosi consigli stilistici e a Francesca Parravicini per l'importante supporto testuale e la grande complicità che mi ha dimostrato.
Grazie a Simona Giacomazzo per il trucco.
Infine, grazie a tutti coloro con i quali mi sono contaminata durante questo percorso: i vostri commenti, suggerimenti e spunti sono per me uno stimolo quotidiano a crescere, a migliorarmi, a inventare.

Indice

- 9 Antipasti
- 67 Primi
- 127 Secondi
- 187 Dolci
- 245 E per finire...
- 261 Ricette di base
- 295 *Le ricette di GialloZafferano in ordine di apparizione*
- 299 *Le ricette di GialloZafferano in ordine alfabetico*

«Le mie migliori ricette»
di Sonia Peronaci
Oscar bestsellers
Arnoldo Mondadori Editore

Questo volume è stato stampato
presso ELCOGRAF S.p.A.
Stabilimento di Verona
Stampato in Italia - Printed in Italy